이렇게
기막힌
적중률

ITQ 엑셀
ver.2016

"이" 한 권으로 합격의 "기적"을 경험하세요!

자격증은 이기적!

구매자 혜택 BIG 6

동영상 재생 목록

이기적이 수험생들의 합격을 위해 모든 것을 드립니다.
동영상을 무료로 시청하세요.

* 도서에 따라 동영상 제공 범위가 다를 수 있습니다.

이기적 스터디 카페

이기적 스터디 카페에서 함께 자격증을 준비하세요.
다양한 시험 정보와 이벤트, 1:1 질문답변까지 해결해 드립니다.

* 이기적 스터디 카페 : cafe.naver.com/yjbooks

자료실

책에 수록된 문제의 정답파일, 기출문제 해설 PDF를 받으실 수 있습니다.
이기적 홈페이지에서 제공하는 다양한 자료를 다운로드 받으세요.

* 이기적 홈페이지 : license.youngjin.com

☞ "제1작업" 시트를 이용하여 조건에 따라 ≪출력형태≫와 같이 작업하시오.

조건

(1) 차트 종류 ⇒ 〈묶은 세로 막대형〉으로 작업하시오.

(2) 데이터 범위 ⇒ "제1작업" 시트의 내용을 이용하여 작업하시오.

(3) 위치 ⇒ "새 시트"로 이동하고, "제4작업"으로 시트 이름을 바꾸시오.

(4) 차트 디자인 도구 ⇒ 레이아웃 3, 스타일 1을 선택하여 ≪출력형태≫에 맞게 작업하시오.

(5) 영역 서식 ⇒ 차트 : 글꼴(굴림, 11pt), 채우기 효과(질감 – 파랑 박엽지)

                   그림 : 채우기(흰색, 배경1)

(6) 제목 서식 ⇒ 차트 제목 : 글꼴(굴림, 굵게, 20pt), 채우기(흰색, 배경1), 테두리

(7) 서식 ⇒ 이 계열의 차트 종류를 〈표식이 있는 꺾은선형〉으로 변경한 후 보조 축으로 지정하시오.

            계열 : ≪출력형태≫를 참조하여 표식(세모, 크기 10)과 레이블 값을 표시하시오.

            눈금선 : 선 스타일 – 파선

            축 : ≪출력형태≫를 참조하시오.

(8) 범례 ⇒ 범례명을 변경하고 ≪출력형태≫를 참조하시오.

(9) 도형 ⇒ '모서리가 둥근 사각형 설명선'을 삽입한 후 ≪출력형태≫와 같이 내용을 입력하시오.

(10) 나머지 사항은 ≪출력형태≫에 맞게 작성하시오.

출력형태

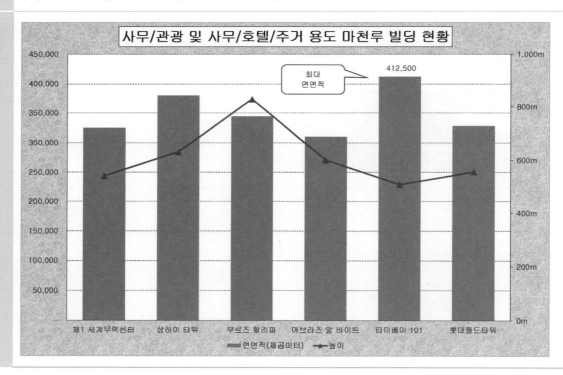

주의 시트명 순서가 차례대로 "제1작업", "제2작업", "제3작업", "제4작업"이 되도록 할 것.

자동 채점 서비스

화면으로 정답파일과 직접 비교해볼 수 있는 채점 서비스를 제공합니다.
PC에서 아래 주소로 바로 접속하세요.

* 자동 채점 서비스 : itq.youngjin.com

정오표

이미 출간된 도서에는 오류가 있을 수 있습니다.
출간 후 발견되는 오류는 정오표를 확인해 주세요.

* 도서의 오류는 교환, 환불의 사유에 해당하지 않습니다.

추가 기출문제

도서에 수록되지 않은 기출문제들을 추가로 받으실 수 있습니다.
이기적 홈페이지에서 과목별 기출문제를 다운로드 받아 이용하세요.

☞ "제1작업" 시트의 「B4:H12」 영역을 복사하여 "제2작업" 시트의 「B2」 셀부터 모두 붙여넣기를 한 후 다음의 조건과 같이 작업하시오.

조건	
	(1) 목표값 찾기 − 「B11:G11」 셀을 병합하여 "연면적(제곱미터)의 전체 평균"을 입력한 후 「H11」 셀에 연면적(제곱미터)의 전체 평균을 구하시오(AVERAGE 함수, 테두리, 가운데 맞춤).
	− '연면적(제곱미터)의 전체 평균'이 '361,000'가 되려면 CTF 빌딩의 연면적(제곱미터)이 얼마가 되어야 하는지 목표값을 구하시오.
	(2) 고급필터 − 건물코드가 'T'로 시작하거나 높이가 '800' 이상인 자료의 건물명, 높이, 층수, 연면적(제곱미터) 데이터만 추출하시오.
	− 조건 범위 : 「B14」 셀부터 입력하시오.
	− 복사 위치 : 「B18」 셀부터 나타나도록 하시오.

☞ "제1작업" 시트의 「B4:H12」 영역을 복사하여 "제3작업" 시트의 「B2」 셀부터 모두 붙여넣기를 한 후 다음의 조건과 같이 작업하시오.

조건	
	(1) 부분합 − ≪출력형태≫처럼 정렬하고, 건물명의 개수와 연면적(제곱미터)의 평균을 구하시오.
	(2) 윤곽 − 지우시오.
	(3) 나머지 사항은 ≪출력형태≫에 맞게 작성하시오.

출력형태

	B	C	D	E	F	G	H
2	건물코드	건물명	주요 용도	완공 연도	높이	층수	연면적 (제곱미터)
3	BR-341	부르즈 할리파	사무/호텔/주거	2010년	830m	130	344,000
4	AB-211	아브라즈 알 바이트	사무/호텔/주거	2012년	601m	120	310,638
5	LT-102	롯데월드타워	사무/호텔/주거	2016년	556m	123	328,351
6			사무/호텔/주거 평균				327,663
7		3	사무/호텔/주거 개수				
8	FC-452	CTF 빌딩	사무/호텔	2015년	530m	111	398,000
9	PA-212	핑안 국제금융센터	사무/호텔	2017년	599m	115	385,918
10			사무/호텔 평균				391,959
11		2	사무/호텔 개수				
12	TC-143	제1 세계무역센터	사무/관광	2013년	541m	108	325,279
13	SH-122	상하이 타워	사무/관광	2015년	632m	128	380,000
14	TC-422	타이베이 101	사무/관광	2004년	509m	101	412,500
15			사무/관광 평균				372,593
16		3	사무/관광 개수				
17			전체 평균				360,586
18		8	전체 개수				

이기적 200% 활용 가이드

STEP 1

시험 유형 따라하기

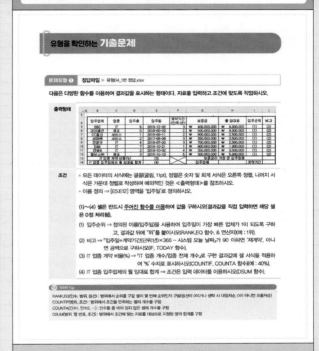

다년간 분석한 기출문제의 출제경향, 난이도를 토대로 따라하기 쉽게 구성하였습니다.

① ▶ 합격 강의

동영상 강의를 무료로 제공합니다. QR 코드를 스캔하거나 이기적 홈페이지에서 시청하세요.

② 문제파일

도서에 수록된 내용의 파일을 다운로드 하실 수 있습니다.

③ 기적의 Tip

출제 경향이나 학습 노하우를 알려주는 기막히게 잘 맞는 내용을 제시하였습니다.

④ 해결 Tip

실수하거나 감점이 될 수 있는 부분들을 세심히 짚어드립니다.

STEP 2

유형을 확인하는 기출문제

시험유형을 실습해본 후 중요 부분을 확인하는 기출문제로 자신의 실력을 체크하세요.

① 정답파일 ▶

도서에 수록된 문제의 파일을 다운로드 받으실 수 있습니다.

② 조건

문제의 조건을 먼저 확인하세요. 출력형태와 최대한 비슷하게 작업해야 합니다.

☞ 다음은 '세계의 마천루 빌딩 현황'에 대한 자료이다. 자료를 입력하고 조건에 맞도록 작업하시오.

출력형태

건물코드	건물명	주요 용도	완공 연도	높이	충수	연면적 (제곱미터)	순위	지역
				확인	담당	팀장	부장	
	세계의 마천루 빌딩 현황							
FC-452	CTF 빌딩	사무/호텔	2015년	530	111	398,000	(1)	(2)
TC-143	제1 세계무역센터	사무/관광	2013년	541	108	325,279	(1)	(2)
PA-212	핑안 국제금융센터	사무/호텔	2017년	599	115	385,918	(1)	(2)
SH-122	상하이 타워	사무/관광	2015년	632	128	380,000	(1)	(2)
BR-341	부르즈 할리파	사무/호텔/주거	2010년	830	130	344,000	(1)	(2)
AB-211	아브라즈 알 바이트	사무/호텔/주거	2012년	601	120	310,638	(1)	(2)
TC-422	타이베이 101	사무/관광	2004년	509	101	412,500	(1)	(2)
LT-102	롯데월드타워	사무/호텔/주거	2016년	556	123	328,351	(1)	(2)
주요 용도에 호텔이 포함된 건물의 개수			(3)			최대 연면적(제곱미터)		(5)
아브라즈 알 바이트의 충수			(4)		건물명	CTF 빌딩	연면적 (제곱미터)	(6)

조건

○ 모든 데이터의 서식에는 글꼴(굴림, 11pt), 정렬은 숫자 및 회계 서식은 오른쪽 정렬, 나머지 서식은 가운데 정렬로 작성하며 예외적인 것은 ≪출력형태≫를 참조하시오.

○ 제목 ⇒ 도형(육각형)과 그림자(오프셋 오른쪽)를 이용하여 작성하고 "세계의 마천루 빌딩 현황"을 입력한 후 다음 서식을 적용하시오
　　(글꼴 – 굴림, 24pt, 검정, 굵게, 채우기 – 노랑).

○ 임의의 셀에 결재란을 작성하여 그림으로 복사 기능을 이용하여 붙이기 하시오(단, 원본 삭제).

○ 「B4:J4, G14, I14」 영역은 '주황'으로 채우기 하시오.

○ 유효성 검사를 이용하여 「H14」 셀에 건물명(「C5:C12」 영역)이 선택 표시되도록 하시오.

○ 셀 서식 ⇒ 「F5:F12」 영역에 셀 서식을 이용하여 숫자 뒤에 'm'를 표시하시오(예 : 530m).

○ 「D5:D12」 영역에 대해 '용도'로 이름정의를 하시오.

☞ (1)~(6) 셀은 반드시 <u>주어진 함수</u>를 이용하여 값을 구하시오(결과값을 직접 입력하면 해당 셀은 0점 처리됨).

(1) 순위 ⇒ 높이의 내림차순 순위를 구한 결과값에 '위'를 붙이시오(RANK.EQ 함수, & 연산자)(예 : 1위).

(2) 지역 ⇒ 건물코드의 마지막 글자가 1이면 '서아시아', 2이면 '동아시아', 3이면 '미주'로 구하시오.
　　(CHOOSE, RIGHT 함수).

(3) 주요 용도에 호텔이 포함된 건물의 개수 ⇒ 정의된 이름(용도)을 이용하여 구하시오(COUNTIF 함수).

(4) 아브라즈 알 바이트의 충수 ⇒ (INDEX, MATCH 함수)

(5) 최대 연면적(제곱미터) ⇒ (MAX 함수)

(6) 연면적(제곱미터) ⇒ 「H14」 셀에서 선택한 건물명에 대한 연면적(제곱미터)를 구하시오(VLOOKUP 함수).

(7) 조건부 서식의 수식을 이용하여 연면적(제곱미터)이 '380,000' 이상인 행 전체에 다음의 서식을 적용하시오
　　(글꼴 : 파랑, 굵게).

기출문제 따라하기

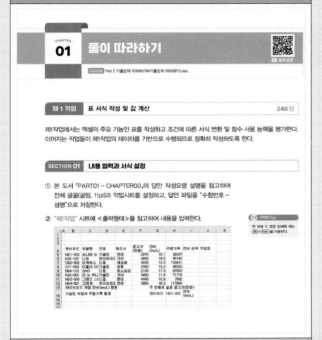

STEP 3 기출문제를 처음부터 단계별로 따라하며 풀이과정을 연습할 수 있습니다.

① ▶ 합격 강의
동영상 강의를 무료로 제공합니다. QR 코드를 스캔하거나 이기적 홈페이지에서 시청하세요.

② 문제파일
정답과 비교할 수 있도록 파일이 제공됩니다.

③ 기적의 Tip
출제 경향이나 학습 노하우를 알려주는 기막히게 잘 맞는 내용을 제시하였습니다.

모의고사 / 기출문제

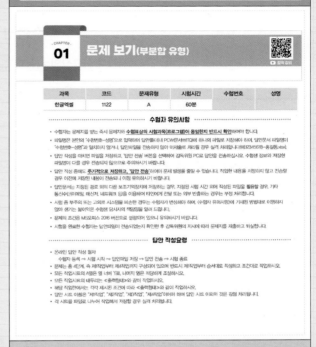

2022, 2023년 최신 기출문제를 수록하였습니다. 모의고사와 기출문제로 시험 전 마지막 테스트를 진행하세요.

① ▶ 합격 강의
회차별 풀이 강의 영상을 제공합니다. QR 코드를 스캔하거나 이기적 홈페이지에서 시청하세요.

② 정답파일
직접 정답파일과 비교해보는 것도 매우 좋은 공부가 됩니다. 부록 자료를 다운로드 받아 확인하세요.

기출문제 10회

▶ 합격 강의

정답파일 Part 4 기출문제\기출문제 10회 답안.xlsx

과목	코드	문제유형	시험시간	수험번호	성명
한글엑셀	1122	A	60분	20243020	홍길동

······· **수험자 유의사항** ·······

- 수험자는 문제지를 받는 즉시 문제지와 **수험표상의 시험과목(프로그램)이 동일한지 반드시 확인**하여야 합니다.

- 파일명은 본인의 "수험번호-성명"으로 입력하여 답안폴더(내 PC\문서\ITQ)에 하나의 파일로 저장해야 하며, 답안문서 파일명이 "수험번호-성명"과 일치하지 않거나, 답안파일을 전송하지 않아 미제출로 처리될 경우 실격 처리합니다(예:12345678-홍길동.xlsx).

- 답안 작성을 마치면 파일을 저장하고, '답안 전송' 버튼을 선택하여 감독위원 PC로 답안을 전송하십시오. 수험생 정보와 저장한 파일명이 다를 경우 전송되지 않으므로 주의하시기 바랍니다.

- 답안 작성 중에도 **주기적으로 저장하고, '답안 전송'**하여야 문제 발생을 줄일 수 있습니다. 작업한 내용을 저장하지 않고 전송할 경우 이전에 저장된 내용이 전송되니 이점 유의하시기 바랍니다.

- 답안문서는 지정된 경로 외의 다른 보조기억장치에 저장하는 경우, 지정된 시험 시간 외에 작성된 파일을 활용할 경우, 기타 통신수단(이메일, 메신저, 네트워크 등)을 이용하여 타인에게 전달 또는 외부 반출하는 경우는 부정 처리합니다.

- 시험 중 부주의 또는 고의로 시스템을 파손한 경우는 수험자가 변상해야 하며, 〈수험자 유의사항〉에 기재된 방법대로 이행하지 않아 생기는 불이익은 수험생 당사자의 책임임을 알려 드립니다.

- 문제의 조건은 MS오피스 2016 버전으로 설정되어 있으니 유의하시기 바랍니다.

- 시험을 완료한 수험자는 답안파일이 전송되었는지 확인한 후 감독위원의 지시에 따라 문제지를 제출하고 퇴실합니다.

······· **답안 작성요령** ·······

- 온라인 답안 작성 절차
    수험자 등록 ⇒ 시험 시작 ⇒ 답안파일 저장 ⇒ 답안 전송 ⇒ 시험 종료
- 문제는 총 4단계, 즉 제1작업부터 제4작업까지 구성되어 있으며 반드시 제1작업부터 순서대로 작성하고 조건대로 작업하시오.
- 모든 작업시트의 A열은 열 너비 '1'로, 나머지 열은 적당하게 조절하시오.
- 모든 작업시트의 테두리는 ≪출력형태≫와 같이 작업하시오.
- 해당 작업란에서는 각각 제시된 조건에 따라 ≪출력형태≫와 같이 작업하시오.
- 답안 시트 이름은 "제1작업", "제2작업", "제3작업", "제4작업"이어야 하며 답안 시트 이외의 것은 감점 처리됩니다.
- 각 시트를 파일로 나누어 작업해서 저장할 경우 실격 처리됩니다.

차례

부록 자료 다운로드 안내

영진닷컴 이기적 홈페이지(license.youngjin.com)에서 [자료실]–[ITQ]를 클릭하시면, 답안 파일을 다운로드하실 수 있습니다.

[2024] 이기적 ITQ 엑셀 ver.2016 부록 자료를 클릭하고 첨부 파일을 다운로드 받아 압축을 해제하시면 됩니다.

▶ **합격 강의**

※ 동영상 강의가 제공되는 파트입니다. 영진닷컴 이기적 수험서 사이트(license.youngjin.com)에 접속하여 해당 강의를 시청하세요.

▶ 본 도서에서 제공하는 동영상 시청은 1판 1쇄 기준 2년간 유효합니다. 단, 출제기준안에 따라 동영상 내용은 변경될 수 있습니다.

☞ **"제1작업"** 시트를 이용하여 조건에 따라 ≪출력형태≫와 같이 작업하시오.

조건	(1) 차트 종류 ⇒ 〈묶은 세로 막대형〉으로 작업하시오.
	(2) 데이터 범위 ⇒ "제1작업" 시트의 내용을 이용하여 작업하시오.
	(3) 위치 ⇒ "새 시트"로 이동하고, "제4작업"으로 시트 이름을 바꾸시오.
	(4) 차트 디자인 도구 ⇒ 레이아웃 3, 스타일 1을 선택하여 ≪출력형태≫에 맞게 작업하시오.
	(5) 영역 서식 ⇒ 차트 : 글꼴(굴림, 11pt), 채우기 효과(질감 – 분홍 박엽지)
	그림 : 채우기(흰색, 배경1)
	(6) 제목 서식 ⇒ 차트 제목 : 글꼴(굴림, 굵게, 20pt), 채우기(흰색, 배경1), 테두리
	(7) 서식 ⇒ 가입연수 계열의 차트 종류를 〈표식이 있는 꺾은선형〉으로 변경한 후 보조 축으로 지정하시오.
	계열 : ≪출력형태≫를 참조하여 표식(세모, 크기 10)과 레이블 값을 표시하시오.
	눈금선 : 선 스타일 – 파선
	축 : ≪출력형태≫를 참조하시오.
	(8) 범례 ⇒ 범례명을 변경하고 ≪출력형태≫를 참조하시오.
	(9) 도형 ⇒ '모서리가 둥근 사각형 설명선'을 삽입한 후 ≪출력형태≫와 같이 내용을 입력하시오.
	(10) 나머지 사항은 ≪출력형태≫에 맞게 작성하시오.
출력형태	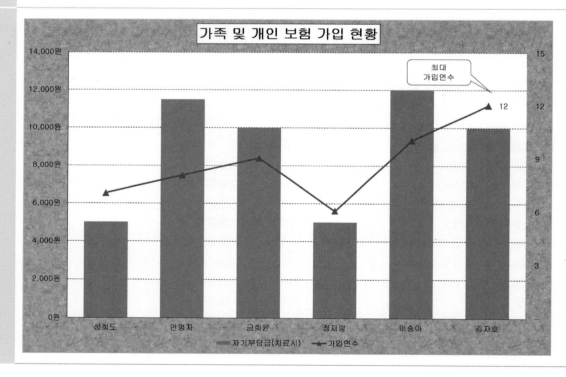

주의 시트명 순서가 차례대로 "제1작업", "제2작업", "제3작업", "제4작업"이 되도록 할 것.

자동 채점 서비스

설치 없이 웹에 접속하여 바로 이용할 수 있습니다.

01 이기적 채점 서비스(itq.youngjin.com)에 접속한 후 ISBN 5자리 번호(도서 표지에서 확인)를 입력하고 [체크]를 클릭한다. 체크가 완료되면 [확인]을 클릭한다.

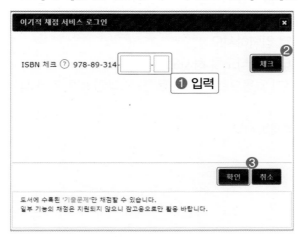

02 [작성한 파일 선택] 버튼을 클릭한다. 직접 작성하여 저장한 파일을 선택하고 '열기'를 클릭한다. 화면에 보이는 보안문자를 똑같이 입력하고 [실행]을 클릭한다.

03 채점 결과를 확인한다(왼쪽 상단이 정답 파일, 하단이 사용자 작성 파일).

※ 현재 시범 서비스 중으로 답안의 일부 요소는 정확한 인식이 되지 않을 수 있습니다.

※ 본 서비스는 영진닷컴이 직접 설정한 기준에 의해 채점되므로 참고용으로만 활용 바랍니다.

제 2 작업 필터 및 서식 **80**점

☞ "제1작업" 시트의 「B4:H12」 영역을 복사하여 "제2작업" 시트의 「B2」 셀부터 모두 붙여넣기를 한 후 다음의 조건과 같이 작업하시오.

조건	
	(1) 고급 필터 – 생년월일이 '1990 – 01 – 01' 이후(해당일 포함)이거나 구분이 '단체'인 자료의 사원코드, 가입연수, 월 보험료(단위:원), 자기부담금(치료시) 데이터만 추출하시오. – 조건 범위 : 「B14」 셀부터 입력하시오. – 복사 위치 : 「B18」 셀부터 나타나도록 하시오. (2) 표 서식 – 고급필터의 결과셀을 채우기 없음으로 설정한 후 '표 스타일 보통 7'의 서식을 적용하시오. – 머리글 행, 줄무늬 행을 적용하시오.

제 3 작업 피벗 테이블 **80**점

☞ "제1작업" 시트를 이용하여 "제3작업" 시트에 조건에 따라 ≪출력형태≫와 같이 작업하시오.

조건	
	(1) 가입연수 및 구분별 사원명의 개수와 월 보험료(단위:원)의 평균을 구하시오. (2) 가입연수를 그룹화하고, 구분을 ≪출력형태≫와 같이 정렬하시오. (3) 레이블이 있는 셀 병합 및 가운데 맞춤 적용 및 빈 셀은 '＊＊＊'로 표시하시오. (4) 행의 총합계는 지우고, 나머지 사항은 ≪출력형태≫에 맞게 작성하시오.

출력형태

가입연수	구분						
	단체		개인		가족		
	개수 : 사원명	평균 : 월 보험료(단위:원)	개수 : 사원명	평균 : 월 보험료(단위:원)	개수 : 사원명	평균 : 월 보험료(단위:원)	
6-8	＊＊＊	＊＊＊	1	82,000	2	79,500	
9-11	1	57,000	1	26,000	1	32,000	
12-14	1	43,600	1	25,000	＊＊＊	＊＊＊	
총합계	2	50,300	3	44,333	3	63,667	

시험 출제 경향

시험은 이렇게 출제된다!

ITQ 엑셀은 주요 기능들을 두루 이해하고, 또 활용할 수 있는지를 평가하는 시험입니다. 타 과목에 비해서 학습 난이도가 있지만 실무적인 활용도가 가장 높은 과목입니다. 60분 동안 4개의 작업시트를 작성해야 합니다.

구성	기능	배점
제1작업	표 서식 작성 및 값 계산	240
제2작업	목표값 찾기/고급 필터, 고급 필터/표 서식, 중복 데이터 제거/자동 필터	80
제3작업	정렬 및 부분합, 피벗 테이블	80
제4작업	그래프	100
	합계	500

제1작업   표 서식 작성 및 값 계산

✅ 체크포인트
- 셀 서식 기능과 유효성 검사
- 셀 병합 기능과 열 너비 조정
- 서식 도구 모음의 활용과 다양한 함수의 활용
- 그림 복사 기능과 조건부 서식 지정
- 그리기 도구 활용과 그림자 스타일 적용

▶ **평가기능** : 조건에 따른 서식과 다양한 함수 사용 능력 등을 종합적으로 평가

    가장 배점이 높으며 제2, 3, 4작업이 제1작업 데이터를 기반으로 하기 때문에, 제1작업에서 틀린 내용이 발생하면 합격이 어려울 수 있습니다. 계산작업을 포함한 다양한 기능을 사용해야 하므로 집중해서 연습하세요.

제2작업   목표값 찾기/고급 필터, 고급 필터/표 서식, 중복 데이터 제거/자동 필터

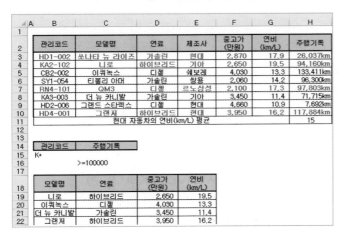

✅ 체크포인트
- 셀의 복사와 간단한 함수 이용
- 중복 데이터 제거와 자동 필터
- 선택하여 붙여넣기
- 고급 필터, 표 서식
- 목표값 찾기

☞ 다음은 '사원 실비보험 가입 현황'에 대한 자료이다. 자료를 입력하고 조건에 맞도록 작업하시오.

출력형태

사원코드	사원명	생년월일	가입연수	구분	월 보험료 (단위:원)	자기부담금 (치료시)	근무지	나이
SK8-122	정은지	1982-04-12	14	단체	43,600	10000	(1)	(2)
DP8-234	성희도	1979-03-16	7	가족	50,000	5000	(1)	(2)
EP7-145	안영자	1984-01-07	8	가족	109,000	11500	(1)	(2)
SP7-165	금희윤	1976-05-14	9	개인	26,000	10000	(1)	(2)
DP7-221	박숭호	1991-08-15	11	단체	57,000	5000	(1)	(2)
EP8-145	정재량	1990-12-03	6	개인	82,000	5000	(1)	(2)
DP6-288	이숭아	1989-09-19	10	가족	32,000	12000	(1)	(2)
EP6-137	김지호	1985-04-08	12	개인	25,000	10000	(1)	(2)

사원 실비보험 가입 현황

결재: 담당 / 팀장 / 센터장

| 월 보험료(단위:원) 최고 금액 | | | (3) | | | 단체 가입자 수 | | | (5) |
| 10년 이상된 가입자 수 | | | (4) | | | 사원코드 | SK8-122 | 가입연수 | (6) |

조건

○ 모든 데이터의 서식에는 글꼴(굴림, 11pt), 정렬은 숫자 및 회계 서식은 오른쪽 정렬, 나머지 서식은 가운데 정렬로 작성하며 예외적인 것은 ≪출력형태≫를 참조하시오.

○ 제목 ⇒ 도형(십자형)과 그림자(오프셋 오른쪽)를 이용하여 작성하고 "사원 실비보험 가입 현황"을 입력한 후 다음 서식을 적용하시오
(글꼴 – 굴림, 24pt, 검정, 굵게, 채우기 – 노랑).

○ 임의의 셀에 결재란을 작성하여 그림으로 복사 기능을 이용하여 붙이기 하시오(단, 원본 삭제).

○ 「B4:J4, G14, I14」 영역은 '주황'으로 채우기 하시오.

○ 유효성 검사를 이용하여 「H14」 셀에 사원코드(「B5:B12」 영역)가 선택 표시되도록 하시오.

○ 셀 서식 ⇒ 「H5:H12」 영역에 셀 서식을 이용하여 숫자 뒤에 '원'을 표시하시오(예 : 10,000원).

○ 「G5:G12」 영역에 대해 '보험료'로 이름정의를 하시오.

☞ (1)~(6) 셀은 반드시 <u>주어진 함수를 이용하여</u> 값을 구하시오(결과값을 직접 입력하면 해당 셀은 0점 처리됨).

(1) 근무지 ⇒ 사원코드의 첫 번째 글자가 S이면 '본부', D이면 '연수원', 그 외에는 '센터'로 구하시오.
(IF, LEFT 함수).

(2) 나이 ⇒ 「현재 시스템의 연도 – 생년월일의 연도」로 구하시오(TODAY, YEAR 함수).

(3) 월 보험료(단위:원) 최고 금액 ⇒ 정의된 이름(보험료)을 이용하여 구하시오(MAX 함수).

(4) 10년 이상된 가입자 수 ⇒ 가입연수가 10 이상인 수를 구한 결과값 뒤에 '명'을 붙이시오
(COUNTIF 함수, & 연산자)(예 : 2명).

(5) 단체 가입자 수 ⇒ 조건은 입력 데이터를 이용하시오(DCOUNTA 함수).

(6) 가입연수 ⇒ 「H14」 셀에서 선택한 사원코드에 대한 가입연수를 구하시오(VLOOKUP 함수).

(7) 조건부 서식의 수식을 이용하여 가입연수가 '10' 이상인 행 전체에 다음의 서식을 적용하시오
(글꼴 : 파랑, 굵게).

▶ **평가기능** : 제1작업의 데이터를 이용하여 고급 필터 능력과 서식 적용 능력, 중복 데이터 제거 능력, 자동 필터 능력을 평가
제2작업은 제1작업의 데이터를 기반으로 작성하며 다음과 같은 기능의 조합으로 출제됩니다.
- **목표값 찾기/고급 필터** : 목표값을 찾은 후 조건에 맞는 데이터 추출
- **고급 필터/표 서식** : 조건에 맞는 데이터 추출 후 표 서식 적용
- **중복 데이터 제거/자동 필터** : 중복 데이터 삭제 후 조건에 맞는 데이터 추출

제3작업   정렬 및 부분합, 피벗 테이블

관리코드	모델명	연료	제조사	중고가 (만원)	연비 (km/L)	주행기록
KA2-102	니로	하이브리드	기아	2,650	19.5	94,160km
HD4-001	그랜저	하이브리드	현대	3,950	16.2	117,884km
		하이브리드 평균		3,300		
		하이브리드 개수	2			
CB2-002	이쿼녹스	디젤	쉐보레	4,030	13.3	133,411km
RN4-101	QM3	디젤	르노삼성	2,100	17.3	97,803km
HD2-006	그랜드 스타렉스	디젤	현대	4,660	10.9	7,692km
		디젤 평균		3,597		
		디젤 개수	3			
HD1-002	쏘나타 뉴 라이즈	가솔린	현대	2,870	16.1	26,037km
SY1-054	티볼리 아머	가솔린	쌍용	2,060	14.2	96,300km
KA3-003	더 뉴 카니발	가솔린	기아	3,450	11.4	71,715km
		가솔린 평균		2,793		
		가솔린 개수	3			
		전체 평균		3,221		
		전체 개수	8			

✅ **체크포인트**
- 셀의 복사와 정렬
- 윤곽 지우기
- 선택하여 붙여넣기
- 부분합과 피벗 테이블의 자세한 기능

▶ **평가기능** : 필드별 분류, 계산 능력과 특정 항목의 요약 분석 능력 평가
제3작업은 '정렬 및 부분합', '피벗 테이블' 중 하나가 출제됩니다. 제1작업의 데이터를 기반으로 작성하며, 책에 작성과정과
요령을 자세히 수록하였습니다.
- **표시 형식** : 소수 자릿수 변경 등

제4작업   그래프

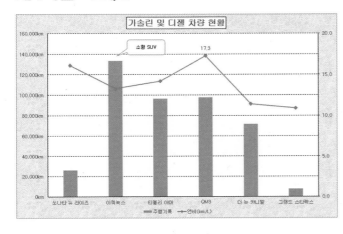

✅ **체크포인트**
- 차트 종류와 데이터 범위 파악
- 차트 제목의 글꼴과 채우기
- 범례의 위치 및 수정
- 차트 영역 글꼴과 채우기 설정
- 축 최소값, 최대값, 주 단위 설정
- 그림 영역 채우기
- 데이터 계열 표식과 레이블 설정
- 도형 삽입

▶ **평가기능** : 차트 작성 능력 평가
제4작업 역시 제1작업의 데이터를 기반으로 합니다. 차트에 사용될 제1작업의 데이터는 출력형태를 보고 직접 판단해야 합
니다. 책의 꼼꼼이론과 기출문제 따라하기로 충분히 터득하실 수 있습니다.

기출문제 9회

▶ 합격 강의

정답파일 Part 4 기출문제₩기출문제 9회 답안.xlsx

과목	코드	문제유형	시험시간	수험번호	성명
한글엑셀	1122	A	60분	20243019	홍길동

수험자 유의사항

- 수험자는 문제지를 받는 즉시 문제지와 **수험표상의 시험과목(프로그램)이 동일한지 반드시 확인**하여야 합니다.
- 파일명은 본인의 "수험번호−성명"으로 입력하여 답안폴더(내 PC₩문서₩ITQ)에 하나의 파일로 저장해야 하며, 답안문서 파일명이 "수험번호−성명"과 일치하지 않거나, 답안파일을 전송하지 않아 미제출로 처리될 경우 실격 처리합니다(예:12345678−홍길동.xlsx).
- 답안 작성을 마치면 파일을 저장하고, '답안 전송' 버튼을 선택하여 감독위원 PC로 답안을 전송하십시오. 수험생 정보와 저장한 파일명이 다를 경우 전송되지 않으므로 주의하시기 바랍니다.
- 답안 작성 중에도 **주기적으로 저장하고, '답안 전송'**하여야 문제 발생을 줄일 수 있습니다. 작업한 내용을 저장하지 않고 전송할 경우 이전에 저장된 내용이 전송되니 이점 유의하시기 바랍니다.
- 답안문서는 지정된 경로 외의 다른 보조기억장치에 저장하는 경우, 지정된 시험 시간 외에 작성된 파일을 활용할 경우, 기타 통신수단(이메일, 메신저, 네트워크 등)을 이용하여 타인에게 전달 또는 외부 반출하는 경우는 부정 처리합니다.
- 시험 중 부주의 또는 고의로 시스템을 파손한 경우는 수험자가 변상해야 하며, 〈수험자 유의사항〉에 기재된 방법대로 이행하지 않아 생기는 불이익은 수험생 당사자의 책임임을 알려 드립니다.
- 문제의 조건은 MS오피스 2016 버전으로 설정되어 있으니 유의하시기 바랍니다.
- 시험을 완료한 수험자는 답안파일이 전송되었는지 확인한 후 감독위원의 지시에 따라 문제지를 제출하고 퇴실합니다.

답안 작성요령

- 온라인 답안 작성 절차
    수험자 등록 ⇒ 시험 시작 ⇒ 답안파일 저장 ⇒ 답안 전송 ⇒ 시험 종료
- 문제는 총 4단계, 즉 제1작업부터 제4작업까지 구성되어 있으며 반드시 제1작업부터 순서대로 작성하고 조건대로 작업하시오.
- 모든 작업시트의 A열은 열 너비 '1'로, 나머지 열은 적당하게 조절하시오.
- 모든 작업시트의 테두리는 ≪출력형태≫와 같이 작업하시오.
- 해당 작업란에서는 각각 제시된 조건에 따라 ≪출력형태≫와 같이 작업하시오.
- 답안 시트 이름은 "제1작업", "제2작업", "제3작업", "제4작업"이어야 하며 답안 시트 이외의 것은 감점 처리됩니다.
- 각 시트를 파일로 나누어 작업해서 저장할 경우 실격 처리됩니다.

엑셀 주요 함수 정리

01 날짜/텍스트

함수	예문	설명
DATE	=DATE(년,월,일)	년, 월, 일에 해당하는 날짜를 구함
WEEKDAY	=WEEKDAY(날짜,[옵션])	날짜에 해당하는 요일의 번호를 구함 – 옵션 1 또는 생략 시 : 일요일이 '1' – 옵션 2 : 월요일이 '1'
YEAR	=YEAR(날짜)	날짜에서 연도를 추출
TODAY	=TODAY()	시스템에 설정된 오늘의 날짜를 반환
LEFT	=LEFT(문자열,개수)	문자열의 왼쪽에서 개수만큼 문자를 추출
MID	=MID(문자열,시작 위치,개수)	문자열의 시작 위치에서 개수만큼 문자를 추출
RIGHT	=RIGHT(문자열,개수)	문자열의 오른쪽에서 개수만큼 추출
REPT	=REPT(문자열,반복수)	문자열을 반복수만큼 표시함

02 수학

함수	예문	설명
SUM	=SUM(인수1,인수2,…)	인수들의 합계를 구함
SUMIF	=SUMIF(조건 범위,조건,합계 범위)	조건 범위에서 조건에 맞는 자료의 합계를 구함
ROUND	=ROUND(인수,자릿수)	인수를 지정한 자릿수까지 반올림
ROUNDUP	=ROUNDUP(인수,자릿수)	인수를 지정한 자릿수까지 올림
ROUNDDOWN	=ROUNDDOWN(인수,자릿수)	인수를 지정한 자릿수까지 내림
SUMPRODUCT	=SUMPRODUCT(배열1,배열2,…)	배열1과 배열2를 곱한 값들의 합계를 구함
MOD	=MOD(인수1,인수2)	인수1을 인수2로 나눈 나머지를 구함

03 데이터베이스

함수	예문	설명
DSUM	=DSUM(범위,열 번호,조건 범위)	범위에서 조건에 맞는 자료를 대상으로 지정된 열의 합계
DAVERAGE	=DAVERAGE(범위,열 번호,조건 범위)	범위에서 조건에 맞는 자료를 대상으로 지정된 열의 평균
DCOUNTA	=DCOUNTA(범위,열 번호,조건 범위)	범위에서 조건에 맞는 자료를 대상으로 지정된 열의 비어 있지 않은 셀 개수
DCOUNT	=DCOUNT(범위,열 번호,조건 범위)	범위에서 조건에 맞는 자료를 대상으로 지정된 열의 숫자가 있는 셀 개수

☞ "제1작업" 시트를 이용하여 조건에 따라 ≪출력형태≫와 같이 작업하시오.

조건	(1) 차트 종류 ⇒ 〈묶은 세로 막대형〉으로 작업하시오.
	(2) 데이터 범위 ⇒ "제1작업" 시트의 내용을 이용하여 작업하시오.
	(3) 위치 ⇒ "새 시트"로 이동하고, "제4작업"으로 시트 이름을 바꾸시오.
	(4) 차트 디자인 도구 ⇒ 레이아웃 3, 스타일 1을 선택하여 ≪출력형태≫에 맞게 작업하시오.
	(5) 영역 서식 ⇒ 차트 : 글꼴(굴림, 11pt), 채우기 효과(질감 – 파랑 박엽지)
	그림 : 채우기(흰색, 배경1)
	(6) 제목 서식 ⇒ 차트 제목 : 글꼴(굴림, 굵게, 20pt), 채우기(흰색, 배경1), 테두리
	(7) 서식 ⇒ 출장일수 계열의 차트 종류를 〈표식이 있는 꺾은선형〉으로 변경한 후 보조 축으로 지정하시오.
	계열 : ≪출력형태≫를 참조하여 표식(세모, 크기 10)과 레이블 값을 표시하시오.
	눈금선 : 선 스타일 – 파선
	축 : ≪출력형태≫를 참조하시오.
	(8) 범례 ⇒ 범례명을 변경하고 ≪출력형태≫를 참조하시오.
	(9) 도형 ⇒ '모서리가 둥근 사각형 설명선'을 삽입한 후 ≪출력형태≫와 같이 내용을 입력하시오.
	(10) 나머지 사항은 ≪출력형태≫에 맞게 작성하시오.

출력형태	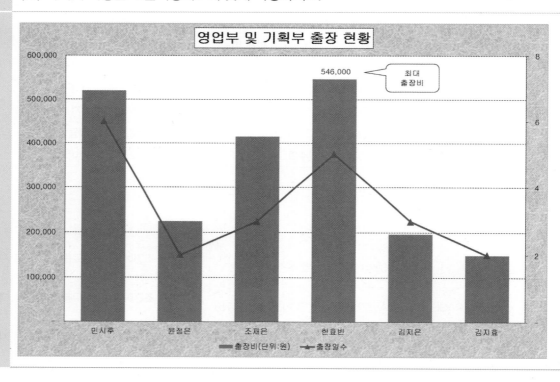

주의 시트명 순서가 차례대로 "제1작업", "제2작업", "제3작업", "제4작업"이 되도록 할 것.

04 통계

함수	예문	설명
MAX	=MAX(인수1,인수2,…)	인수들 중 가장 큰 값을 표시
RANK.EQ	=RANK.EQ(인수1,범위,옵션)	범위에서 셀이 몇 번째 순위인지 구함 옵션이 0이거나 생략 시 내림차순 옵션이 1이면 오름차순
AVERAGE	=AVERAGE(인수1,인수2,…)	인수들의 평균을 구함
COUNTIF	=COUNTIF(범위,조건)	범위에서 조건을 만족하는 셀의 개수를 구함
COUNTA	=COUNTA(인수1,인수2,…)	인수들 중 비어 있지 않은 셀의 개수를 구함
COUNT	=COUNT(인수1,인수2,…)	인수들 중 숫자가 들어 있는 셀의 개수를 구함
COUNTBLANK	=COUNTBLANK(인수1,인수2,…)	인수들 중 비어 있는 셀의 개수를 구함
MIN	=MIN(인수1,인수2,…)	인수들 중 가장 작은 값을 구함
MEDIAN	=MEDIAN(인수1,인수2,…)	인수들 중 중간 값을 구함
LARGE	=LARGE(인수,숫자)	인수에서 숫자 번째로 큰 값을 구함

05 찾기/참조

함수	예문	설명
INDEX	=INDEX(범위,행 번호, 열 번호)	범위에서 행 번호와 열 번호에 위치한 데이터를 표시
MATCH	=MATCH(찾을 값,범위,옵션)	범위에서 찾을 값과 같은 데이터를 찾아 그 위치를 번호로 표시
CHOOSE	=CHOOSE(인수,첫 번째,두 번째,…)	인수가 1일 때 첫 번째, 2일 때 두 번째를 출력
VLOOKUP	=VLOOKUP(찾을 값,범위,열 번호)	범위의 첫 번째 열에서 찾을 값과 같은 데이터를 찾은 후 지정된 열 번호에서 동일한 행에 있는 데이터를 표시

06 논리값

함수	예문	설명
IF	=IF(조건,참,거짓)	조건이 참(TRUE)이면 참 내용을 표시, 거짓(FALSE)이면 거짓 내용을 표시
AND	=AND(조건1,조건2,…)	조건이 모두 참(TRUE)일 때만 TRUE를 표시
OR	=OR(조건1,조건2,…)	조건 중에 하나라도 참(TRUE)이면 TRUE를 표시

※ 이기적 스터디 카페(cafe.naver.com/yjbooks)에서 구매인증하고 "ITQ 엑셀 출제 함수 정리" PDF를 받아보세요.

제 2 작업	목표값 찾기 및 필터	**80**점

☞ "제1작업" 시트의 「B4:H12」 영역을 복사하여 "제2작업" 시트의 「B2」 셀부터 모두 붙여넣기를 한 후 다음의 조건과 같이 작업하시오.

조건	(1) 목표값 찾기 – 「B11:G11」 셀을 병합하여 "영업부의 출장비(단위:원) 평균"을 입력한 후 「H11」 셀에 영업부의 출장비(단위:원) 평균을 구하시오. 단 조건은 입력데이터를 이용하시오 (DAVERAGE 함수, 테두리, 가운데 맞춤).
	    – '영업부의 출장비(단위:원) 평균'이 '300,000'이 되려면 민시후의 출장비(단위:원)가 얼마가 되어야 하는지 목표값을 구하시오.
	 (2) 고급필터 – 부서명이 '영업부'가 아니면서 출장일수가 '4' 이하인 자료의 사원명, 직급, 출장일수, 출발일자 데이터만 추출하시오.
	    – 조건 범위 : 「B14」 셀부터 입력하시오.
	    – 복사 위치 : 「B18」 셀부터 나타나도록 하시오.

제 3 작업	정렬 및 부분합	**80**점

☞ "제1작업" 시트의 「B4:H12」 영역을 복사하여 "제3작업" 시트의 「B2」 셀부터 모두 붙여넣기를 한 후 다음의 조건과 같이 작업하시오.

조건	(1) 부분합 – 《출력형태》처럼 정렬하고, 사원명의 개수와 출장비(단위:원)의 평균을 구하시오. (2) 윤곽 – 지우시오. (3) 나머지 사항은 《출력형태》에 맞게 작성하시오.

출력형태

	사원번호	사원명	직급	부서명	출장비 (단위:원)	출장일수	출발일자
	C10-25	한창훈	사원	인사부	128,000	2	2023-01-21
	E10-25	박금희	대리	인사부	280,000	2	2023-01-15
				인사부 평균	204,000		
		2		인사부 개수			
	C11-23	민시후	사원	영업부	520,000	6	2023-01-07
	A07-01	윤정은	대리	영업부	225,000	2	2023-01-07
	E09-53	김지은	과장	영업부	197,000	3	2023-01-06
				영업부 평균	314,000		
		3		영업부 개수			
	A07-45	조재은	사원	기획부	415,000	3	2023-01-03
	A08-23	한효빈	과장	기획부	546,000	5	2023-01-17
	E09-12	김지효	대리	기획부	150,000	2	2023-01-12
				기획부 평균	370,333		
		3		기획부 개수			
				전체 평균	307,625		
		8		전체 개수			

시험의 모든 것

01 ITQ 응시 자격 조건

제한 없음

02 원서 접수하기

https://license.kpc.or.kr 인터넷 접수
- 직접 선택한 고사장, 날짜, 시험시간 확인(방문 접수 가능)
- 응시료
- 1과목 : 20,000원 I 2과목 : 38,000원 I 3과목 : 54,000원

03 시험 응시

- 60분 안에 답안 파일 작성
- 네트워크로 연결된 감독위원 PC로 답안 전송

04 합격자 발표

https://license.kpc.or.kr에서 성적 확인 후
자격증 발급 신청

☞ 다음은 '1월 사원 출장 현황'에 대한 자료이다. 자료를 입력하고 조건에 맞도록 작업하시오.

출력형태

사원번호	사원명	직급	부서명	출장비 (단위:원)	출장일수	출발일자	출발 요일	비고
						결 재	담당	팀장	부장
		1월 사원 출장 현황							
C11-23	민시후	사원	영업부	520,000	6일	2023-01-07	(1)	(2)
C10-25	한창훈	사원	인사부	128,000	2일	2023-01-21	(1)	(2)
A07-01	윤정은	대리	영업부	225,000	2일	2023-01-07	(1)	(2)
A07-45	조재은	사원	기획부	415,000	3일	2023-01-03	(1)	(2)
E10-25	박금희	대리	인사부	280,000	2일	2023-01-15	(1)	(2)
A08-23	한효빈	과장	기획부	546,000	5일	2023-01-17	(1)	(2)
E09-53	김지은	과장	영업부	197,000	3일	2023-01-06	(1)	(2)
E09-12	김지효	대리	기획부	150,000	2일	2023-01-12	(1)	(2)
인사부의 출장일수 평균			(3)			최대 출장비(단위:원)		(5)
사원의 출장일수 합계			(4)			사원번호	C11-23	출장일수	(6)

조건

○ 모든 데이터의 서식에는 글꼴(굴림, 11pt), 정렬은 숫자 및 회계 서식은 오른쪽 정렬, 나머지 서식은 가운데 정렬로 작성하며 예외적인 것은 ≪출력형태≫를 참조하시오.

○ 제목 ⇒ 도형(평행 사변형)과 그림자(오프셋 오른쪽)를 이용하여 작성하고 "1월 사원 출장 현황"을 입력한 후 다음 서식을 적용하시오

　　(글꼴 – 굴림, 24pt, 검정, 굵게, 채우기 – 노랑).

○ 임의의 셀에 결재란을 작성하여 그림으로 복사 기능을 이용하여 붙이기 하시오(단, 원본 삭제).

○ 「B4:J4, G14, I14」 영역은 '주황'으로 채우기 하시오.

○ 유효성 검사를 이용하여 「H14」 셀에 사원번호(「B5:B12」 영역)가 선택 표시되도록 하시오.

○ 셀 서식 ⇒ 「G5:G12」 영역에 셀 서식을 이용하여 숫자 뒤에 '일'을 표시하시오(예 : 6일).

○ 「F5:F12」 영역에 대해 '출장비'로 이름정의를 하시오.

☞ (1)~(6) 셀은 반드시 <u>주어진 함수</u>를 이용하여 값을 구하시오(결과값을 직접 입력하면 해당 셀은 0점 처리됨).

(1) 출발요일 ⇒ 출발일자의 요일을 예와 같이 구하시오(CHOOSE, WEEKDAY 함수)(예 : 월요일).

(2) 비고 ⇒ 출장일수가 5 이상이면 '출장일수 많음', 그 외에는 공백으로 표시하시오(IF 함수).

(3) 인사부의 출장일수 평균 ⇒ (SUMIF, COUNTIF 함수)

(4) 사원의 출장일수 합계 ⇒ 결과값에 '일'을 붙이시오. 단, 조건은 입력데이터를 이용하시오

　　　　　　(DSUM 함수, & 연산자)(예 : 1일).

(5) 최대 출장비(단위:원) ⇒ 정의된 이름(출장비)을 이용하여 구하시오(MAX 함수).

(6) 출장일수 ⇒ 「H14」셀에서 선택한 사원번호에 대한 출장일수를 표시하시오(VLOOKUP 함수).

(7) 조건부 서식의 수식을 이용하여 출장비(단위:원)가 '200,000' 이하인 행 전체에 다음의 서식을 적용하시오

　(글꼴 : 파랑, 굵게).

1. ITQ 시험 과목

자격 종목	시험 과목	S/W Version	접수 방법	시험 방식
정보기술자격 (ITQ)	아래한글	한컴오피스 2020/2016(NEO) 선택	온라인/방문	PBT
	한글엑셀 한글파워포인트 한글액세스	MS Office 2016		
	인터넷	익스플로러 8.0 이상		

- 정보 기술 자격(ITQ) 시험은 정보 기술 실무능력을 평가하는 시험으로 국민 누구나 응시가 가능한 시험이다.
- 동일 회차에 최대 3과목까지 신청자가 선택하여 응시할 수 있다.
- 아래한글 과목은 2020, 2016(NEO) 두 개 버전의 선택응시가 가능하다.

2. 시험 배점 및 시험 시간

시험 배점	시험 방법	시험 시간
과목당 500점	실무작업형 실기시험	과목당 60분

3. 시험 검정 기준

ITQ 시험은 500점 만점을 기준으로 200점 이상 취득자에 한해서 C등급부터 A등급까지 등급별 자격을 부여하며, 낮은 등급을 받은 수험생이 차기시험에 재응시하여 높은 등급을 받으면 등급을 업그레이드 할 수 있다.

A등급	B등급	C등급
500 ~ 400점	399 ~ 300점	299 ~ 200점

※ 200점 미만은 불합격 처리

4. 등급 기준

A등급	주어진 과제의 100~80%를 정확히 해결할 수 있는 능력 수준
B등급	주어진 과제의 79~60%를 정확히 해결할 수 있는 능력 수준
C등급	주어진 과제의 59~40%를 정확히 해결할 수 있는 능력 수준

기출문제 8회

▶ 합격 강의

정답파일 Part 4 기출문제₩기출문제 8회 답안.xlsx

과목	코드	문제유형	시험시간	수험번호	성명
한글엑셀	1122	A	60분	20243018	홍길동

·················· **수험자 유의사항** ··················

- 수험자는 문제지를 받는 즉시 문제지와 **수험표상의 시험과목(프로그램)이 동일한지 반드시 확인**하여야 합니다.
- 파일명은 본인의 "수험번호–성명"으로 입력하여 답안폴더(내 PC₩문서₩ITQ)에 하나의 파일로 저장해야 하며, 답안문서 파일명이 "수험번호–성명"과 일치하지 않거나, 답안파일을 전송하지 않아 미제출로 처리될 경우 실격 처리합니다(예:12345678–홍길동.xlsx).
- 답안 작성을 마치면 파일을 저장하고, '답안 전송' 버튼을 선택하여 감독위원 PC로 답안을 전송하십시오. 수험생 정보와 저장한 파일명이 다를 경우 전송되지 않으므로 주의하시기 바랍니다.
- 답안 작성 중에도 **주기적으로 저장하고, '답안 전송'**하여야 문제 발생을 줄일 수 있습니다. 작업한 내용을 저장하지 않고 전송할 경우 이전에 저장된 내용이 전송되니 이점 유의하시기 바랍니다.
- 답안문서는 지정된 경로 외의 다른 보조기억장치에 저장하는 경우, 지정된 시험 시간 외에 작성된 파일을 활용할 경우, 기타 통신수단(이메일, 메신저, 네트워크 등)을 이용하여 타인에게 전달 또는 외부 반출하는 경우는 부정 처리합니다.
- 시험 중 부주의 또는 고의로 시스템을 파손한 경우는 수험자가 변상해야 하며, 〈수험자 유의사항〉에 기재된 방법대로 이행하지 않아 생기는 불이익은 수험생 당사자의 책임임을 알려 드립니다.
- 문제의 조건은 MS오피스 2016 버전으로 설정되어 있으니 유의하시기 바랍니다.
- 시험을 완료한 수험자는 답안파일이 전송되었는지 확인한 후 감독위원의 지시에 따라 문제지를 제출하고 퇴실합니다.

·················· **답안 작성요령** ··················

- 온라인 답안 작성 절차
  수험자 등록 ⇒ 시험 시작 ⇒ 답안파일 저장 ⇒ 답안 전송 ⇒ 시험 종료
- 문제는 총 4단계, 즉 제1작업부터 제4작업까지 구성되어 있으며 반드시 제1작업부터 순서대로 작성하고 조건대로 작업하시오.
- 모든 작업시트의 A열은 열 너비 '1'로, 나머지 열은 적당하게 조절하시오.
- 모든 작업시트의 테두리는 ≪출력형태≫와 같이 작업하시오.
- 해당 작업란에서는 각각 제시된 조건에 따라 ≪출력형태≫와 같이 작업하시오.
- 답안 시트 이름은 "제1작업", "제2작업", "제3작업", "제4작업"이어야 하며 답안 시트 이외의 것은 감점 처리됩니다.
- 각 시트를 파일로 나누어 작업해서 저장할 경우 실격 처리됩니다.

답안 전송 프로그램 설치

01 이기적 홈페이지(license.youngjin.com)에 접속한 후 상단에 있는 [자료실]–[ITQ]를 클릭한다. '[2024] 이기적 ITQ 엑셀 ver.2016 부록 자료'를 클릭하고 첨부 파일을 다운로드 받아 압축을 해제한다.

02 다음과 같은 폴더가 열리면 'SETUP.EXE'를 더블클릭하여 프로그램을 실행시킨다.
(※ 운영체제가 Windows 7 이상인 경우는 마우스 오른쪽 버튼을 클릭해 '관리자 권한으로 실행'을 선택하여 실행시킨다.)

03 다음과 같이 설치 화면이 나오면 [다음]을 클릭하고 설치를 진행한다.

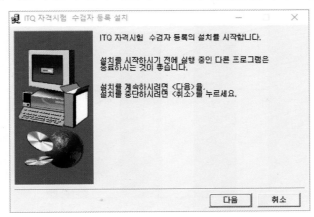

04 설치 진행이 완료되면 'ITQ 수험자용' 아이콘을 더블클릭하여 프로그램을 실행한다.

※ 여러 과목의 ITQ 시험을 함께 준비하는 수험생은 기존 과목의 프로그램을 삭제하지 마시고 그대로 사용하세요.

☞ "제1작업" 시트를 이용하여 조건에 따라 ≪출력형태≫와 같이 작업하시오.

조건	
	(1) 차트 종류 ⇒ 〈묶은 세로 막대형〉으로 작업하시오.
	(2) 데이터 범위 ⇒ "제1작업" 시트의 내용을 이용하여 작업하시오.
	(3) 위치 ⇒ "새 시트"로 이동하고, "제4작업"으로 시트 이름을 바꾸시오.
	(4) 차트 디자인 도구 ⇒ 레이아웃 3, 스타일 1을 선택하여 ≪출력형태≫에 맞게 작업하시오.
	(5) 영역 서식 ⇒ 차트 : 글꼴(굴림, 11pt), 채우기 효과(질감 – 파랑 박엽지)
	그림 : 채우기(흰색, 배경1)
	(6) 제목 서식 ⇒ 차트 제목 : 글꼴(굴림, 굵게, 20pt), 채우기(흰색, 배경1), 테두리
	(7) 서식 ⇒ 활동비(단위:원) 계열의 차트 종류를 〈표식이 있는 꺾은선형〉으로 변경한 후 보조 축으로 지정하시오.
	계열 : ≪출력형태≫를 참조하여 표식(세모, 크기 10)과 레이블 값을 표시하시오.
	눈금선 : 선 스타일 – 파선
	축 : ≪출력형태≫를 참조하시오.
	(8) 범례 ⇒ 범례명을 변경하고 ≪출력형태≫를 참조하시오.
	(9) 도형 ⇒ '모서리가 둥근 사각형 설명선'을 삽입한 후 ≪출력형태≫와 같이 내용을 입력하시오.
	(10) 나머지 사항은 ≪출력형태≫에 맞게 작성하시오.
출력형태	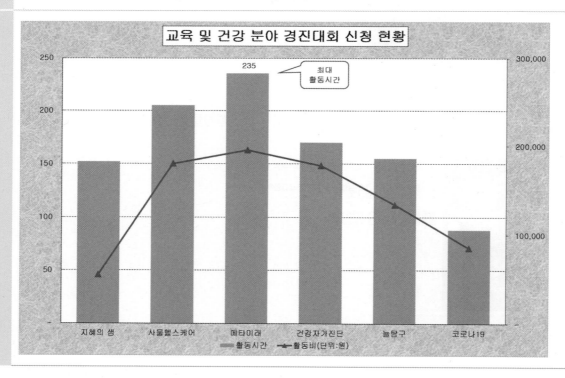

주의 시트명 순서가 차례대로 "제1작업", "제2작업", "제3작업", "제4작업"이 되도록 할 것.

답안 전송 프로그램 사용 방법

답안 작성 요령

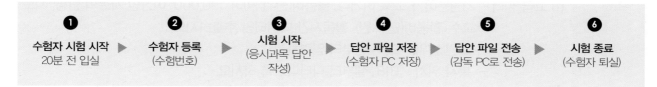

① 수험자 시험 시작
20분 전 입실
▶
② 수험자 등록
(수험번호)
▶
③ 시험 시작
(응시과목 답안 작성)
▶
④ 답안 파일 저장
(수험자 PC 저장)
▶
⑤ 답안 파일 전송
(감독 PC로 전송)
▶
⑥ 시험 종료
(수험자 퇴실)

01 수험자 수험번호 등록

① 바탕화면에서 'ITQ 수험자용'아이콘을 실행한다. [수험자 등록] 화면에 수험번호를 입력한 후 [확인]을 클릭한다.

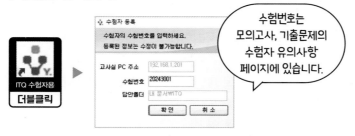

수험번호는 모의고사, 기출문제의 수험자 유의사항 페이지에 있습니다.

② 수험번호가 화면과 같으면 [예]를 클릭한다. 다음 화면에서 수험번호, 성명, 수험과목, 좌석번호를 확인한다.

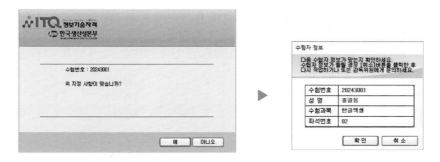

③ 다음과 같은 출력화면 확인 후 감독위원의 지시를 기다린다.

☞ "제1작업" 시트의 「B4:H12」 영역을 복사하여 "제2작업" 시트의 「B2」 셀부터 모두 붙여넣기를 한 후 다음의 조건과 같이 작업하시오.

조건	
	(1) 고급 필터 – 지원분야가 '교육'이거나, 활동비(단위:원)이 '190,000' 이상인 자료의 팀명, 지도교수, 활동비(단위:원), 활동시간 데이터만 추출하시오.
	– 조건 범위 : 「B14」 셀부터 입력하시오.
	– 복사 위치 : 「B18」 셀부터 나타나도록 하시오.
	(2) 표 서식 – 고급필터의 결과셀을 채우기 없음으로 설정한 후 '표 스타일 보통 5'의 서식을 적용하시오.
	– 머리글 행, 줄무늬 행을 적용하시오.

제 3 작업   피벗 테이블   80점

☞ "제1작업" 시트를 이용하여 "제3작업" 시트에 조건에 따라 ≪출력형태≫와 같이 작업하시오.

조건	
	(1) 활동시간 및 지원분야별 팀명의 개수와 활동비(단위:원)의 평균을 구하시오.
	(2) 활동시간을 그룹화하고, 지원분야를 ≪출력형태≫와 같이 정렬하시오.
	(3) 레이블이 있는 셀 병합 및 가운데 맞춤 적용 및 빈 셀은 '**'로 표시하시오.
	(4) 행의 총합계는 지우고, 나머지 사항은 ≪출력형태≫에 맞게 작성하시오.

출력형태

	A	B	C	D	E	F	G	H
1								
2			지원분야					
3			문화		교육		건강	
4		활동시간	개수 : 팀명	평균 : 활동비(단위:원)	개수 : 팀명	평균 : 활동비(단위:원)	개수 : 팀명	평균 : 활동비(단위:원)
5		1-100	**	**	**	**	1	85,000
6		101-200	2	130,250	2	94,500	1	178,000
7		201-300	**	**	1	195,500	1	180,000
8		총합계	2	130,250	3	128,167	3	147,667

02 시험 시작(답안 파일 작성)

① 과목에 맞는 수검 프로그램(아래한글, MS 오피스) 실행 후 작성한다.

② 이미지 파일은 '내 PC\문서\ITQ\Picture' 폴더 내의 파일을 참조한다.
(엑셀 과목은 이미지 파일 사용 없음)

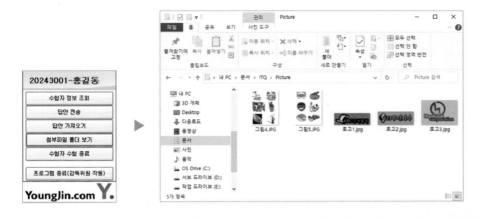

03 답안 파일 저장(수험자 PC 저장)

① 답안 파일은 '내 PC\문서\ITQ' 폴더에 저장한다.

② 답안 파일명은 '수험번호–성명'으로 저장해야 한다.
(단, 인터넷 과목은 '내 PC\문서\ITQ'의 '답안 파일–인터넷.hwp' 파일을 불러온 후 '수험번호–성명–인터넷.hwp'로 저장)

04 답안 파일 전송(감독 PC로 전송)

① 바탕화면의 실행 화면에서 [답안 전송]을 클릭한다.

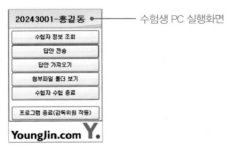

수험생 PC 실행화면

☞ 다음은 '앱개발 경진대회 신청 현황'에 대한 자료이다. 자료를 입력하고 조건에 맞도록 작업하시오.

출력형태

코드	팀명	지도교수	지원분야	신청일	활동비 (단위:원)	활동시간	서류심사 담당자	문자 발송일
		앱개발 경진대회 신청 현황				확인	담당 / 팀장 / 부장	
E1451	지혜의 샘	이지은	교육	2022-09-01	55,000	152	(1)	(2)
H2512	사물헬스케어	박순호	건강	2022-08-15	180,000	205	(1)	(2)
C3613	자연힐링	김경호	문화	2022-09-03	65,500	115	(1)	(2)
E1452	메타미래	정유미	교육	2022-09-15	195,500	235	(1)	(2)
H2513	건강자가진단	손기현	건강	2022-08-27	178,000	170	(1)	(2)
E1458	늘탐구	김철수	교육	2022-09-05	134,000	155	(1)	(2)
H2518	코로나19	서영희	건강	2022-09-10	85,000	88	(1)	(2)
C3615	시공담문화	장민호	문화	2022-08-25	195,000	190	(1)	(2)
교육분야 평균 활동시간			(3)			최대 활동비(단위:원)		(5)
문화분야 신청 건수			(4)			팀명	지혜의 샘 / 활동시간	(6)

조건

○ 모든 데이터의 서식에는 글꼴(굴림, 11pt), 정렬은 숫자 및 회계 서식은 오른쪽 정렬, 나머지 서식은 가운데 정렬로 작성하며 예외적인 것은 ≪출력형태≫를 참조하시오.

○ 제목 ⇒ 도형(육각형)과 그림자(오프셋 아래쪽)를 이용하여 작성하고 "앱개발 경진대회 신청 현황"을 입력한 후 다음 서식을 적용하시오
    (글꼴 - 굴림, 24pt, 검정, 굵게, 채우기 - 노랑).

○ 임의의 셀에 결재란을 작성하여 그림으로 복사 기능을 이용하여 붙이기 하시오(단, 원본 삭제).

○ 「B4:J4, G14, I14」 영역은 '주황'으로 채우기 하시오.

○ 유효성 검사를 이용하여 「H14」 셀에 팀명(「C5:C12」 영역)이 선택 표시되도록 하시오.

○ 셀 서식 ⇒ 「H5:H12」 영역에 셀 서식을 이용하여 숫자 뒤에 '시간'을 표시하시오(예 : 100시간).

○ 「G5:G12」 영역에 대해 '활동비'로 이름정의를 하시오.

☞ (1)~(6) 셀은 반드시 **주어진 함수**를 이용하여 값을 구하시오(결과값을 직접 입력하면 해당 셀은 0점 처리됨).

(1) 서류심사 담당자 ⇒ 지원분야가 교육이면 '민수진', 건강이면 '변정훈', 문화이면 '신동진'으로 표시하시오
    (IF 함수).

(2) 문자 발송일 ⇒ 신청일의 요일이 평일이면 「신청일+3」, 주말이면 「신청일+5」로 구하시오
    (CHOOSE, WEEKDAY 함수).

(3) 교육분야 평균 활동시간 ⇒ 평균을 올림하여 정수로 표시하시오. 단, 조건은 입력데이터를 이용하시오
    (ROUNDUP, DAVERAGE 함수).

(4) 문화분야 신청 건수 ⇒ 결과값에 '건'을 붙이시오(COUNTIF 함수, & 연산자)(예 : 1건).

(5) 최대 활동비(단위:원) ⇒ 정의된 이름(활동비)을 이용하여 구하시오(LARGE 함수).

(6) 활동시간 ⇒ 「H14」 셀에서 선택한 팀명에 대한 활동시간을 구하시오(VLOOKUP 함수).

(7) 조건부 서식의 수식을 이용하여 활동시간이 '200' 이상인 행 전체에 다음의 서식을 적용하시오
    (글꼴 : 파랑, 굵게).

② 작성한 답안 파일을 감독 PC로 전송한다. 화면에서 작성한 답안파일의 존재유무(파일이 '내 PC\문서\ITQ' 폴더에 있을 경우 '있음'으로 표시됨)를 확인 후 [답안 전송]을 클릭한다.

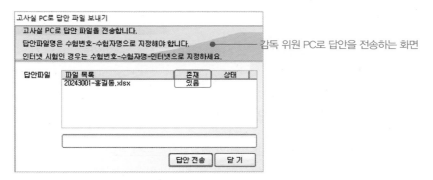

감독 위원 PC로 답안을 전송하는 화면

③ 전송이 성공적으로 끝나면 상태 부분에 '성공'이라 표시된다.

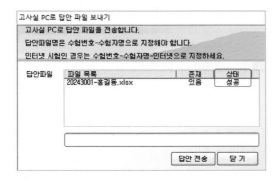

05 시험 종료

① 수험자 PC화면에서 [수험자 수험 종료]를 클릭한 후 감독위원의 지시를 기다린다.

② 감독위원의 퇴실 지시에 따라 퇴실한다.

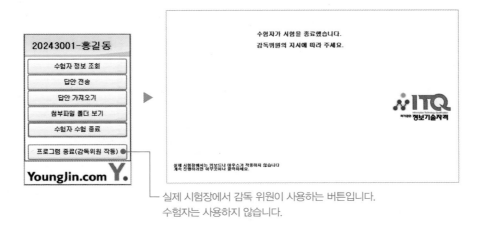

실제 시험장에서 감독 위원이 사용하는 버튼입니다.
수험자는 사용하지 않습니다.

기출문제 7회

▶ 합격 강의

정답파일 Part 4 기출문제₩기출문제 7회 답안.xlsx

과목	코드	문제유형	시험시간	수험번호	성명
한글엑셀	1122	A	60분	20243017	홍길동

수험자 유의사항

- 수험자는 문제지를 받는 즉시 문제지와 **수험표상의 시험과목(프로그램)이 동일한지 반드시 확인**하여야 합니다.
- 파일명은 본인의 "수험번호-성명"으로 입력하여 답안폴더(내 PC₩문서₩ITQ)에 하나의 파일로 저장해야 하며, 답안문서 파일명이 "수험번호-성명"과 일치하지 않거나, 답안파일을 전송하지 않아 미제출로 처리될 경우 실격 처리합니다(예:12345678-홍길동.xlsx).
- 답안 작성을 마치면 파일을 저장하고, '답안 전송' 버튼을 선택하여 감독위원 PC로 답안을 전송하십시오. 수험생 정보와 저장한 파일명이 다를 경우 전송되지 않으므로 주의하시기 바랍니다.
- 답안 작성 중에도 **주기적으로 저장하고, '답안 전송'**하여야 문제 발생을 줄일 수 있습니다. 작업한 내용을 저장하지 않고 전송할 경우 이전에 저장된 내용이 전송되니 이점 유의하시기 바랍니다.
- 답안문서는 지정된 경로 외의 다른 보조기억장치에 저장하는 경우, 지정된 시험 시간 외에 작성된 파일을 활용할 경우, 기타 통신수단(이메일, 메신저, 네트워크 등)을 이용하여 타인에게 전달 또는 외부 반출하는 경우는 부정 처리합니다.
- 시험 중 부주의 또는 고의로 시스템을 파손한 경우는 수험자가 변상해야 하며, 〈수험자 유의사항〉에 기재된 방법대로 이행하지 않아 생기는 불이익은 수험생 당사자의 책임임을 알려 드립니다.
- 문제의 조건은 MS오피스 2016 버전으로 설정되어 있으니 유의하시기 바랍니다.
- 시험을 완료한 수험자는 답안파일이 전송되었는지 확인한 후 감독위원의 지시에 따라 문제지를 제출하고 퇴실합니다.

답안 작성요령

- 온라인 답안 작성 절차
    수험자 등록 ⇒ 시험 시작 ⇒ 답안파일 저장 ⇒ 답안 전송 ⇒ 시험 종료
- 문제는 총 4단계, 즉 제1작업부터 제4작업까지 구성되어 있으며 반드시 제1작업부터 순서대로 작성하고 조건대로 작업하시오.
- 모든 작업시트의 A열은 열 너비 '1'로, 나머지 열은 적당하게 조절하시오.
- 모든 작업시트의 테두리는 ≪출력형태≫와 같이 작업하시오.
- 해당 작업란에서는 각각 제시된 조건에 따라 ≪출력형태≫와 같이 작업하시오.
- 답안 시트 이름은 "제1작업", "제2작업", "제3작업", "제4작업"이어야 하며 답안 시트 이외의 것은 감점 처리됩니다.
- 각 시트를 파일로 나누어 작업해서 저장할 경우 실격 처리됩니다.

자주 질문하는 Q&A

01 ITQ 시험에 대한 일반 사항

Q ITQ는 어떤 시험인가요?

ITQ는 실기 시험으로만 자격을 평가하는 시험으로 아래한글(MS 워드), 엑셀, 파워포인트, 액세스, 인터넷 등으로 이루어져 있습니다.

Q 3과목을 취득해야 국가공인 자격증이 인정된다는데 사실인가요?

사실이 아닙니다. ITQ는 한글, 파워포인트, 엑셀, 액세스, 인터넷 등의 과목으로 이루어져 있으며, 이 중 한 가지만 자격을 취득하여도 국가공인 자격으로 인정됩니다.

Q 1년에 몇 회 정도 시험이 시행되나요?

매월 1~2회 정도 1년에 16번 시행되며, 지역센터에서 시험을 응시할 수 있습니다.

Q OA MASTER 자격 취득은 어떻게 하는 건가요?

ITQ 시험에 응시하여 3과목 "A"등급을 취득한 자로, 온라인으로 신청 가능하며 발급 비용 및 수수료는 별도로 부과됩니다.

Q 부록 자료의 답안 전송 프로그램을 설치했는데 '339 런타임 오류가 발생하였습니다'라는 오류 메시지가 나타납니다. 어떻게 해야 되나요?

339 런타임 오류는 운영체제가 윈도 비스타일 경우 발생하는 오류입니다. 컴퓨터 부팅 시 반드시 관리자 모드로 부팅해주시고, 해당 프로그램 실행 시 마우스 오른쪽 버튼을 클릭하여 '관리자 권한으로 실행'을 선택해서 설치해 주시기 바랍니다.

Q 답안 전송 프로그램을 실행하는데, 'vb6ko.dll'파일 오류가 발생합니다. 어떻게 해야 하나요?

오류가 발생하는 경우는 이기적 홈페이지 ITQ 자료실 공지사항을 확인하시고 첨부 파일을 다운로드 받으셔서 해당 폴더에 넣어주시면 됩니다.

- 윈도우XP – C:\Windows\System
- 윈도우7, 10 ① 32bit – C:\Windows\System32
  ② 64bit – C:\Windows\System32, C:\Windows\Syswow64

☞ "제1작업" 시트를 이용하여 조건에 따라 ≪출력형태≫와 같이 작업하시오.

조건	
	(1) 차트 종류 ⇒ 〈묶은 세로 막대형〉으로 작업하시오.
	(2) 데이터 범위 ⇒ "제1작업" 시트의 내용을 이용하여 작업하시오.
	(3) 위치 ⇒ "새 시트"로 이동하고, "제4작업"으로 시트 이름을 바꾸시오.
	(4) 차트 디자인 도구 ⇒ 레이아웃 3, 스타일 1를 선택하여 ≪출력형태≫에 맞게 작업하시오.
	(5) 영역 서식 ⇒ 차트 : 글꼴(굴림, 11pt), 채우기 효과(질감 – 파랑 박엽지) 　　　　　　　　그림 : 채우기(흰색, 배경1)
	(6) 제목 서식 ⇒ 차트 제목 : 글꼴(굴림, 굵게, 20pt), 채우기(흰색, 배경1), 테두리
	(7) 서식 ⇒ 현재인원(명) 계열의 차트 종류를 〈표식이 있는 꺾은선형〉으로 변경한 후 보조 축으로 　　　　　지정하시오. 　　　　　계열 : ≪출력형태≫를 참조하여 표식(마름모, 크기 10)과 레이블 값을 표시하시오. 　　　　　눈금선 : 선 스타일 – 파선 　　　　　축 : ≪출력형태≫를 참조하시오.
	(8) 범례 ⇒ 범례명을 변경하고 ≪출력형태≫를 참조하시오.
	(9) 도형 ⇒ '타원형 설명선'을 삽입한 후 ≪출력형태≫와 같이 내용을 입력하시오.
	(10) 나머지 사항은 ≪출력형태≫에 맞게 작성하시오.

출력형태	
	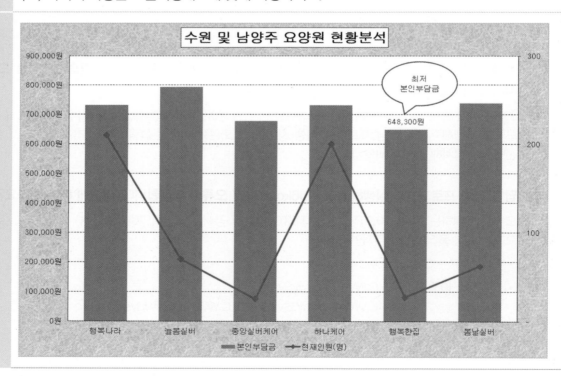

주의 시트명 순서가 차례대로 "제1작업", "제2작업", "제3작업", "제4작업"이 되도록 할 것.

02 작업 방법에 관련한 사항

기본 작업

Q 파일 저장 시 파일명을 어떻게 입력해야 하나요?

파일명은 본인의 '수험번호-성명'으로 입력하여 저장해야 합니다. 답안 문서 파일명이 '수험번호-성명'과 일치하지 않거나, 답안 파일을 전송하지 않아 미제출로 처리될 경우 실격 처리합니다.

Q 모든 작업을 완성했는데 0점 처리되는 경우는 무슨 이유 때문인가요?

대부분 파일명을 '수험번호-성명'으로 저장하지 않고 답안 파일을 전송했을 경우에 해당됩니다. 반드시 확인 후에 전송하세요.

Q 시험 시작할 때 기본 환경 설정은 어떻게 해야 하나요?

〈답안 작성 요령〉에 안내되어 있습니다. 모든 작업 시트의 A열은 열 너비 '1'로 지정하는 것이 중요합니다.

제1작업

Q 시험에 나오는 표 부분은 직접 입력해야 하나요?

모두 직접 입력해야 합니다. 〈출력형태〉를 참고하여 작성하도록 합니다.

Q "제1작업"의 함수를 작성하지 못하면 실격인가요?

제1작업에 함수를 작성 못하였다고 실격되지 않으며 해당 함수에 대한 부분점수만 감점됩니다. 또한, 함수는 제2작업, 제3작업, 제4작업에 영향을 미치지 않습니다.

Q 함수 사용 시 절대참조, 상대참조 어떤 것을 사용해야 하나요?

경우에 따라 반드시 절대참조를 사용하여야만 결과값이 정확하게 나오는 경우가 있습니다. 이럴 경우는 반드시 절대참조를 해야 합니다. 그러나 결과값의 셀이 한 셀에 고정되어 있을 경우나 어떤 참조방법을 사용하건 결과 값에 변경이 없을 경우 절대참조와 상대참조 둘 중 어느 것을 사용하여도 정답 처리됩니다.

Q 예를 들어 '2,698'을 입력해야 할 때 1000단위 구분 기호(,)를 키보드로 직접 입력해야 하나요?

해당 셀에 숫자 데이터를 입력한 후 블록 설정을 하고 마우스 오른쪽 버튼을 클릭하여 [셀 서식]-[표시 형식]-[숫자]에서 1000단위 구분 기호(,) 사용을 체크하면 됩니다.

Q 셀에 "#######"으로 나타날 때는 어떻게 해야 하나요?

"########"은 열 너비가 좁을 경우에 나타나며, 해당 열을 적당히 넓혀 주면 정상적으로 표시됩니다.

☞ "제1작업" 시트의 「B4:H12」 영역을 복사하여 "제2작업" 시트의 「B2」 셀부터 모두 붙여넣기를 한 후 다음의 조건과 같이 작업하시오.

조건	(1) 목표값 찾기 – 「B11:G11」 셀을 병합하여 "본인부담금 전체 평균"을 입력한 후 「H11」 셀에 본인부담금의 전체 평균을 구하시오(AVERAGE 함수, 테두리, 가운데 맞춤).
	– '본인부담금 전체 평균'이 '725,000'이 되려면 행복나라의 본인부담금이 얼마가 되어야 하는지 목표값을 구하시오.
	(2) 고급필터 – 지역이 '수원'이 아니면서 현재인원(명)이 '50' 이상인 자료의 데이터만 추출하시오.
	– 조건 범위 : 「B14」 셀부터 입력하시오.
	– 복사 위치 : 「B18」 셀부터 나타나도록 하시오.

☞ "제1작업" 시트의 「B4:H12」 영역을 복사하여 "제3작업" 시트의 「B2」 셀부터 모두 붙여넣기를 한 후 다음의 조건과 같이 작업하시오.

조건	(1) 부분합 – ≪출력형태≫처럼 정렬하고, 요양원의 개수와 본인부담금의 평균을 구하시오.
	(2) 윤곽 – 지우시오.
	(3) 나머지 사항은 ≪출력형태≫에 맞게 작성하시오.

출력형태

관리번호	지역	요양원	설립일	본인부담금	현재인원(명)	요양보호사수(명)
Y1-001	용인	민들레	2015-07-10	728,400원	130	62
Y3-002	용인	온누리	2019-02-10	783,900원	20	9
	용인 평균			756,150원		
	용인 개수	2				
S1-001	수원	행복나라	2013-01-02	731,400원	210	101
S3-002	수원	중앙실버케어	2014-02-20	678,300원	25	12
S2-003	수원	봄날실버	2016-12-20	737,400원	62	29
	수원 평균			715,700원		
	수원 개수	3				
N2-001	남양주	늘봄실버	2010-07-10	791,400원	70	37
N1-002	남양주	하나케어	2009-02-10	731,400원	200	103
N3-003	남양주	행복한집	2008-06-20	648,300원	27	15
	남양주 평균			723,700원		
	남양주 개수	3				
	전체 평균			728,813원		
	전체 개수	8				

Q **제2작업~제3작업 데이터는 제1작업에서 적용한 '굴림', '11pt'로 해야 하나요?**

제1작업의 데이터를 복사해서 쓰기 때문에 특별히 바꾸실 필요는 없습니다. 기능 적용으로 인해 자동으로 바뀌는 경우는 그대로 두시면 됩니다.

제3 작업

Q **피벗 테이블 작성 시 셀 위치 지정은 어떤 기준으로 정하나요?**

〈출력형태〉에 표시된 피벗 테이블에서 [보고서 필터]에 필드가 사용된 경우에는 문제에서 지시된 셀 주소보다 2행 아래 셀을 선택하고 [보고서 필터]에 필드가 사용되지 않은 경우에는 지시된 셀을 선택합니다.
예 [B2] 셀부터 시작해야 한다면, [보고서 필터]에 필드가 있는 경우 [B4] 셀을 선택하고, 없는 경우 [B2] 셀을 선택

제4 작업

Q **차트 작성 시 어떤 종류의 차트가 주로 출제되나요?**

〈묶은 세로 막대형〉을 기본으로 〈표식이 있는 꺾은선형〉과 콤보를 이루는 형태가 주로 출제됩니다. 본 도서의 'CHAPTER 10 차트'에서 자세히 다루고 있으니 충분히 연습하시기 바랍니다.

Q **차트를 수정할 때 계열을 선택하는 방법과 요소를 선택하는 방법이 다른가요?**

예를 들어 세로 막대형 차트의 경우 막대를 한 번 클릭하면 해당 계열이 선택되고 다시 한 번 막대를 클릭하면 클릭한 막대의 요소가 선택됩니다.

※ 문제를 혼자 해결하지 못하는 경우에는 이기적 홈페이지(license.youngjin.com)의 ITQ 질문/답변 게시판에 '교재년도, 교재명, 문제번호'를 적어 주시고 작성한 .xlsx 파일을 첨부해 질문하면 확인 후 답변을 해드립니다.

☞ 다음은 '경기지역 요양원 현황'에 대한 자료이다. 자료를 입력하고 조건에 맞도록 작업하시오.

출력형태

관리번호	지역	요양원	설립일	본인부담금	현재인원 (명)	요양보호사수 (명)	등급	시설구분
					결재	팀장	과장	대표
S1-001	수원	행복나라	2013-01-02	731,400	210	101	(1)	(2)
N2-001	남양주	늘봄실버	2010-07-10	791,400	70	37	(1)	(2)
S3-002	수원	중앙실버케어	2014-02-20	678,300	25	12	(1)	(2)
Y1-001	용인	민들레	2015-07-10	728,400	130	62	(1)	(2)
N1-002	남양주	하나케어	2009-02-10	731,400	200	103	(1)	(2)
N3-003	남양주	행복한집	2008-06-20	648,300	27	15	(1)	(2)
Y3-002	용인	온누리	2019-02-10	783,900	20	9	(1)	(2)
S2-003	수원	봄날실버	2016-12-20	737,400	62	29	(1)	(2)
수원 지역 본인부담금 평균			(3)			최저 본인부담금		(5)
현재인원(명) 100 미만인 요양원 수			(4)		요양원	행복나라	본인부담금	(6)

조건

○ 모든 데이터의 서식에는 글꼴(굴림, 11pt), 정렬은 숫자 및 회계 서식은 오른쪽 정렬, 나머지 서식은 가운데 정렬로 작성하며 예외적인 것은 ≪출력형태≫를 참조하시오.

○ 제목 ⇒ 도형(사다리꼴)과 그림자(오프셋 오른쪽)를 이용하여 작성하고 "경기지역 요양원 현황"을 입력한 후 다음 서식을 적용하시오

　　(글꼴 – 굴림, 24pt, 검정, 굵게, 채우기 – 노랑).

○ 임의의 셀에 결재란을 작성하여 그림으로 복사 기능을 이용하여 붙이기 하시오(단, 원본 삭제).

○ 「B4:J4, G14, I14」 영역은 '주황'으로 채우기 하시오.

○ 유효성 검사를 이용하여 「H14」 셀에 요양원(「D5:D12」 영역)이 선택 표시되도록 하시오.

○ 셀 서식 ⇒ 「F5:F12」 영역에 셀 서식을 이용하여 숫자 뒤에 '원'을 표시하시오(예 : 731,400원).

○ 「F5:F12」 영역에 대해 '본인부담금'으로 이름정의를 하시오.

☞ (1)~(6) 셀은 반드시 <u>주어진 함수</u>를 이용하여 값을 구하시오(결과값을 직접 입력하면 해당 셀은 0점 처리됨).

(1) 등급 ⇒ 현재인원(명)을 2로 나눈 값이 요양보호사수(명) 보다 작으면 'A', 그 외에는 'B'로 구하시오(IF 함수).

(2) 시설구분 ⇒ 관리번호의 두 번째 글자가 1이면 '대형', 2이면 '중형', 3이면 '소형'으로 구하시오

　　(CHOOSE, MID 함수).

(3) 수원 지역 본인부담금 평균 ⇒ 반올림하여 천원 단위까지 구하고, 조건은 입력데이터를 이용하시오

　　(ROUND, DAVERAGE 함수)(예 : 624,700 → 625,000).

(4) 현재인원(명) 100 미만인 요양원 수 ⇒ 결과값에 '개'를 붙이시오(COUNTIF 함수, & 연산자)(예 : 2개).

(5) 최저 본인부담금 ⇒ 정의된 이름(본인부담금)을 이용하여 구하시오(MIN 함수).

(6) 본인부담금 ⇒ 「H14」 셀에서 선택한 요양원에 대한 본인부담금을 구하시오(VLOOKUP 함수).

(7) 조건부 서식의 수식을 이용하여 요양보호사수(명)가 '100' 이상인 행 전체에 다음의 서식을 적용하시오

　　(글꼴 : 파랑, 굵게).

PART 01

시험 유형 따라하기

차례

정답파일 Part 4 기출문제₩기출문제 6회 답안.xlsx

과목	코드	문제유형	시험시간	수험번호	성명
한글엑셀	1122	A	60분	20243016	홍길동

수험자 유의사항

- 수험자는 문제지를 받는 즉시 문제지와 **수험표상의 시험과목(프로그램)이 동일한지 반드시 확인**하여야 합니다.
- 파일명은 본인의 "수험번호-성명"으로 입력하여 답안폴더(내 PC₩문서₩ITQ)에 하나의 파일로 저장해야 하며, 답안문서 파일명이 "수험번호-성명"과 일치하지 않거나, 답안파일을 전송하지 않아 미제출로 처리될 경우 실격 처리합니다(예:12345678-홍길동.xlsx).
- 답안 작성을 마치면 파일을 저장하고, '답안 전송' 버튼을 선택하여 감독위원 PC로 답안을 전송하십시오. 수험생 정보와 저장한 파일명이 다를 경우 전송되지 않으므로 주의하시기 바랍니다.
- 답안 작성 중에도 **주기적으로 저장하고, '답안 전송'**하여야 문제 발생을 줄일 수 있습니다. 작업한 내용을 저장하지 않고 전송할 경우 이전에 저장된 내용이 전송되니 이점 유의하시기 바랍니다.
- 답안문서는 지정된 경로 외의 다른 보조기억장치에 저장하는 경우, 지정된 시험 시간 외에 작성된 파일을 활용할 경우, 기타 통신수단(이메일, 메신저, 네트워크 등)을 이용하여 타인에게 전달 또는 외부 반출하는 경우는 부정 처리합니다.
- 시험 중 부주의 또는 고의로 시스템을 파손한 경우는 수험자가 변상해야 하며, 〈수험자 유의사항〉에 기재된 방법대로 이행하지 않아 생기는 불이익은 수험생 당사자의 책임임을 알려 드립니다.
- 문제의 조건은 MS오피스 2016 버전으로 설정되어 있으니 유의하시기 바랍니다.
- 시험을 완료한 수험자는 답안파일이 전송되었는지 확인한 후 감독위원의 지시에 따라 문제지를 제출하고 퇴실합니다.

답안 작성요령

- 온라인 답안 작성 절차
  수험자 등록 ⇒ 시험 시작 ⇒ 답안파일 저장 ⇒ 답안 전송 ⇒ 시험 종료
- 문제는 총 4단계, 즉 제1작업부터 제4작업까지 구성되어 있으며 반드시 제1작업부터 순서대로 작성하고 조건대로 작업하시오.
- 모든 작업시트의 A열은 열 너비 '1'로, 나머지 열은 적당하게 조절하시오.
- 모든 작업시트의 테두리는 ≪출력형태≫와 같이 작업하시오.
- 해당 작업란에서는 각각 제시된 조건에 따라 ≪출력형태≫와 같이 작업하시오.
- 답안 시트 이름은 "제1작업", "제2작업", "제3작업", "제4작업"이어야 하며 답안 시트 이외의 것은 감점 처리됩니다.
- 각 시트를 파일로 나누어 작업해서 저장할 경우 실격 처리됩니다.

답안 작성요령

▶ 합격 강의

난이도 상 중 하   정답파일 Part 1 시험 유형 따라하기₩Chapter00_정답.xlsx

기적의 3회독
1회 2회 3회

답안 작성요령

- 온라인 답안 작성 절차
  수험자 등록 ⇒ 시험 시작 ⇒ 답안파일 저장 ⇒ 답안 전송 ⇒ 시험 종료

- 문제는 총 4단계, 즉 제1작업부터 제4작업까지 구성되어 있으며 반드시 제1작업부터 순서대로 작성하고 조건대로 작업하시오.

- 모든 작업시트의 A열은 열 너비 '1'로, 나머지 열은 적당하게 조절하시오.

- 모든 작업시트의 테두리는 ≪출력형태≫와 같이 작업하시오.

- 해당 작업란에서는 각각 제시된 조건에 따라 ≪출력형태≫와 같이 작업하시오.

- 답안 시트 이름은 "제1작업", "제2작업", "제3작업", "제4작업"이어야 하며 답안 시트 이외의 것은 감점 처리됩니다.

- 각 시트를 파일로 나누어 작업해서 저장할 경우 실격 처리됩니다.

SECTION 01   시트 전체 서식 지정

① Excel 2016을 실행하고 [새 통합 문서]를 클릭한다.

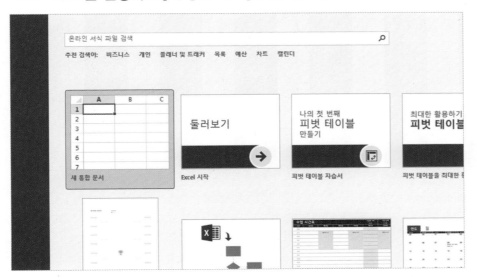

☞ "제1작업" 시트를 이용하여 조건에 따라 ≪출력형태≫와 같이 작업하시오.

조건

(1) 차트 종류 ⇒ 〈묶은 세로 막대형〉으로 작업하시오.

(2) 데이터 범위 ⇒ "제1작업" 시트의 내용을 이용하여 작업하시오.

(3) 위치 ⇒ "새 시트"로 이동하고, "제4작업"으로 시트 이름을 바꾸시오.

(4) 차트 디자인 도구 ⇒ 레이아웃 3, 스타일 1을 선택하여 ≪출력형태≫에 맞게 작업하시오.

(5) 영역 서식 ⇒ 차트 : 글꼴(굴림, 11pt), 채우기 효과(질감 – 파랑 박엽지)

                그림 : 채우기(흰색, 배경1)

(6) 제목 서식 ⇒ 차트 제목 : 글꼴(굴림, 굵게, 20pt), 채우기(흰색, 배경1), 테두리

(7) 서식 ⇒ 여행경비(단위:원) 계열의 차트 종류를 〈표식이 있는 꺾은선형〉으로 변경한 후 보조

         축으로 지정하시오.

         계열 : ≪출력형태≫를 참조하여 표식(마름모, 크기 10)과 레이블 값을 표시하시오.

         눈금선 : 선 스타일 – 파선

         축 : ≪출력형태≫를 참조하시오.

(8) 범례 ⇒ 범례명을 변경하고 ≪출력형태≫를 참조하시오.

(9) 도형 ⇒ '모서리가 둥근 사각형 설명선'을 삽입한 후 ≪출력형태≫와 같이 내용을 입력하시오.

(10) 나머지 사항은 ≪출력형태≫에 맞게 작성하시오.

출력형태

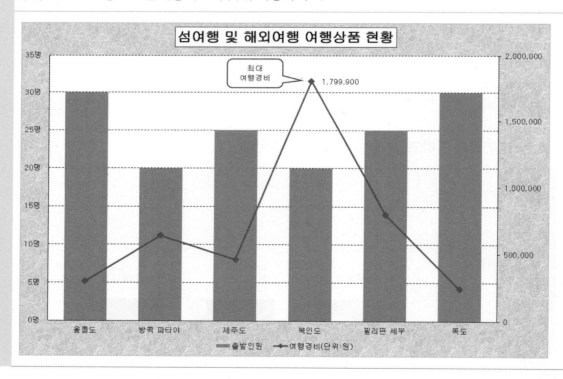

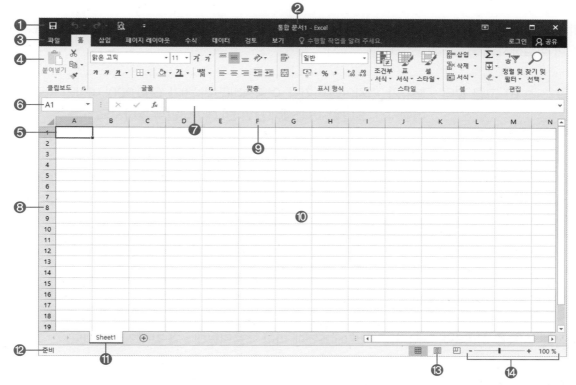

❶ **빠른 실행 도구 모음** : 클릭하면 즉시 실행되는 아이콘들이 있는 곳으로 [저장], [실행 취소], [다시 실행] 등으로 구성되어 있다.

❷ **제목 표시줄** : 현재 열려 있는 문서의 파일 이름과 프로그램 이름이 표시된다. 저장하지 않은 상태에서는 '통합 문서1'과 같이 표시된다.

❸ **Backstage 보기** : 화면에는 [파일] 탭으로 표시되며 파일 열기와 저장, 인쇄, 옵션 설정 등을 할 수 있다.

❹ **리본 메뉴** : [탭] – [그룹] – [아이콘] 형식으로 구성되어 있다.

❺ **셀** : 행과 열이 교차하면서 생긴 사각형 모양을 말한다.

❻ **이름 상자** : 현재 셀 포인터가 위치한 주소를 나타내며, 개체를 선택 시에는 개체의 이름이 표시된다. 또한, 셀을 선택하거나 이름을 정의할 수도 있다.

❼ **수식 입력줄** : 선택한 셀에 데이터나 수식을 입력할 수 있다.

❽ **행 머리글** : 행을 나타내는 숫자가 표시된다. 최대 1,048,576개의 행을 만들 수 있으며 행 머리글을 누르면 해당 행이 모두 선택된다.

❾ **열 머리글** : 열을 나타내는 문자가 표시된다. 최대 16,384개의 열을 만들 수 있으며 열 머리글을 누르면 해당 열이 모두 선택된다.

❿ **워크시트** : 문서를 작성하는 곳으로 셀들로 구성되어 있다.

⓫ **시트 탭** : 시트의 이름이 표시되는 곳으로, 시트의 이름 변경이나 삽입/삭제/이동/복사 등이 가능하다.

⓬ **상태 표시줄** : 현재 작업 중인 내용을 표시하는 부분으로 준비, 입력, 편집 등을 표시한다.

⓭ **보기 바로 가기** : [기본], [페이지 레이아웃], [페이지 나누기 미리 보기]로 구성되어 있다.

⓮ **확대/축소** : 엑셀의 작업 화면을 확대 또는 축소해서 보기 위한 도구로 퍼센트(%)로 표시된다.

☞ "제1작업" 시트의 「B4:H12」 영역을 복사하여 "제2작업" 시트의 「B2」 셀부터 모두 붙여넣기를 한 후 다음의 조건과 같이 작업하시오.

조건	
	(1) 고급 필터 – 분류가 '기차여행'이거나, 여행경비(단위:원)가 '600,000' 이상인 자료의 여행지, 여행기간, 출발일, 여행경비(단위:원) 데이터만 추출하시오.
	– 조건 범위 : 「B14」 셀부터 입력하시오.
	– 복사 위치 : 「B18」 셀부터 나타나도록 하시오.
	(2) 표 서식 – 고급필터의 결과셀을 채우기 없음으로 설정한 후 '표 스타일 보통 4'의 서식을 적용하시오.
	– 머리글 행, 줄무늬 행을 적용하시오.

제 3 작업   피벗 테이블   80점

☞ "제1작업" 시트를 이용하여 "제3작업" 시트에 조건에 따라 ≪출력형태≫와 같이 작업하시오.

조건	
	(1) 출발일 및 분류별 여행지의 개수와 여행경비(단위:원)의 평균을 구하시오.
	(2) 출발일을 그룹화하고, 분류를 ≪출력형태≫와 같이 정렬하시오.
	(3) 레이블이 있는 셀 병합 및 가운데 맞춤 적용 및 빈 셀은 '**'로 표시하시오.
	(4) 행의 총합계는 지우고, 나머지 사항은 ≪출력형태≫에 맞게 작성하시오.

출력형태

출발일	분류						
	해외여행		섬여행		기차여행		
	개수 : 여행지	평균 : 여행경비(단위:원)	개수 : 여행지	평균 : 여행경비(단위:원)	개수 : 여행지	평균 : 여행경비(단위:원)	
3월	1	1,799,900	1	459,000	1	355,000	
4월	1	639,000	1	239,000	**	**	
5월	**	**	1	295,000	1	324,000	
6월	1	799,000	**	**	**	**	
총합계	3	1,079,300	3	331,000	2	339,500	

② 새 통합 문서의 글꼴과 글꼴 크기를 지정하기 위해 [파일] 탭을 선택하고 [옵션]을 클릭한다.

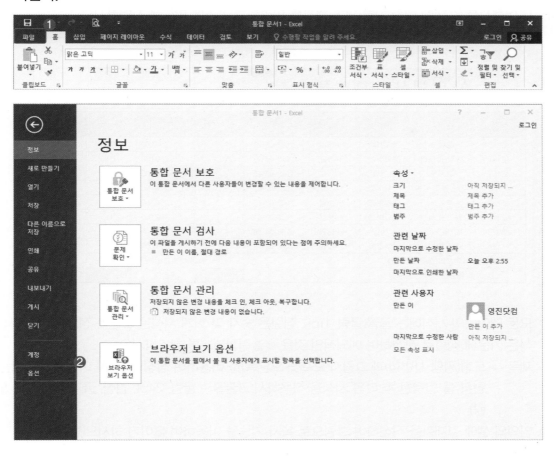

③ [Excel 옵션] 대화상자가 나타나면 [일반] – [새 통합 문서 만들기]에서 [다음을 기본 글꼴로 사용]을 '굴림', [글꼴 크기]는 '11'로 지정한 후 [확인]을 클릭한다.

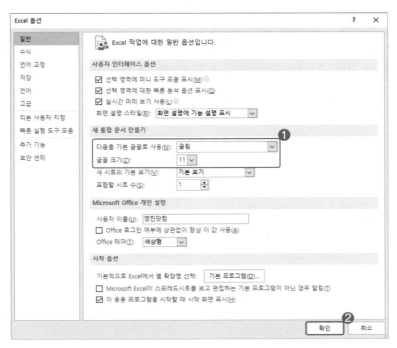

☞ 다음은 'AI 여행사 여행상품 현황'에 대한 자료이다. 자료를 입력하고 조건에 맞도록 작업하시오.

출력형태

코드	여행지	분류	여행기간	출발일	출발인원	여행경비 (단위:원)	적립금	출발 시간
AS213	울릉도	섬여행	3박4일	2023-05-23	30	295,000	(1)	(2)
AE131	방콕 파타야	해외여행	4박6일	2023-04-20	20	639,000	(1)	(2)
AS122	제주도	섬여행	3박4일	2023-03-15	25	459,000	(1)	(2)
AT213	부산 명소 탐방	기차여행	1박2일	2023-05-12	30	324,000	(1)	(2)
AE231	북인도	해외여행	5박6일	2023-03-18	20	1,799,900	(1)	(2)
AE311	필리핀 세부	해외여행	4박5일	2023-06-01	25	799,000	(1)	(2)
AS223	독도	섬여행	2박3일	2023-04-10	30	239,000	(1)	(2)
AT132	남도 맛기행	기차여행	1박2일	2023-03-19	25	355,000	(1)	(2)

확인: 담당 / 팀장 / 부장

AI 여행사 여행상품 현황

| 섬여행 여행경비(단위:원) 평균 | (3) | | 최대 여행경비(단위:원) | (5) |
| 5월 이후 출발하는 여행상품 수 | (4) | | 여행지 / 울릉도 / 출발인원 | (6) |

조건

○ 모든 데이터의 서식에는 글꼴(굴림, 11pt), 정렬은 숫자 및 회계 서식은 오른쪽 정렬, 나머지 서식은 가운데 정렬로 작성하며 예외적인 것은 ≪출력형태≫를 참조하시오.

○ 제목 ⇒ 도형(평행 사변형)과 그림자(오프셋 오른쪽)를 이용하여 작성하고 "AI 여행사 여행상품 현황"을 입력한 후 다음 서식을 적용하시오(글꼴 – 굴림, 24pt, 검정, 굵게, 채우기 – 노랑).

○ 임의의 셀에 결재란을 작성하여 그림으로 복사 기능을 이용하여 붙이기 하시오(단, 원본 삭제).

○ 「B4:J4, G14, I14」 영역은 '주황'으로 채우기 하시오.

○ 유효성 검사를 이용하여 「H14」셀에 여행지(「C5:C12」 영역)가 선택 표시되도록 하시오.

○ 셀 서식 ⇒ 「G5:G12」영역에 셀 서식을 이용하여 숫자 뒤에 '명'을 표시하시오(예 : 10명).

○ 「H5:H12」영역에 대해 '여행경비'로 이름정의를 하시오.

☞ (1)~(6) 셀은 반드시 <u>주어진 함수를 이용하여</u> 값을 구하시오(결과값을 직접 입력하면 해당 셀은 0점 처리됨).

(1) 적립금 ⇒ 「여행경비(단위:원)×적립율」로 구하시오. 단, 적립율은 코드의 마지막 글자가 1이면 '1%', 2이면 '0.5%', 3이면 '0'으로 지정하여 구하시오(CHOOSE, RIGHT 함수).

(2) 출발시간 ⇒ 출발일이 평일이면 '오전 8시', 주말이면 '오전 10시'로 구하시오(IF, WEEKDAY 함수).

(3) 섬여행 여행경비(단위:원) 평균 ⇒ 단, 조건은 입력데이터를 이용하시오(DAVERAGE 함수).

(4) 5월 이후 출발하는 여행상품 수 ⇒ 5월도 포함하여 구하고, 결과값 뒤에 '개'를 붙이시오
(COUNTIF 함수, & 연산자)(예 : 1개).

(5) 최대 여행경비(단위:원) ⇒ 정의된 이름(여행경비)을 이용하여 구하시오(LARGE 함수).

(6) 출발인원 ⇒ 「H14」셀에서 선택한 여행지에 대한 출발인원을 구하시오(VLOOKUP 함수).

(7) 조건부 서식의 수식을 이용하여 여행경비(단위:원)가 '600,000' 이상인 행 전체에 다음의 서식을 적용하시오 (글꼴 : 파랑, 굵게).

④ 변경 확인 메시지 창이 나타나면 [확인]을 클릭한다. 그 다음 Excel 2016을 종료한 후
다시 실행한다.

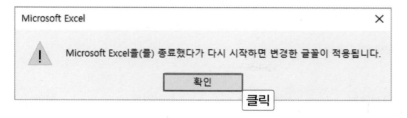

SECTION 02 열 너비 지정과 시트명 변경

① 'A'열 머리글을 클릭한 후 [홈] 탭 – [셀] 그룹에서 [서식]을 선택하여 [열 너비]를 클릭
한다. → [열 너비] 대화상자에 『1』을 입력하고 [확인]을 클릭한다.

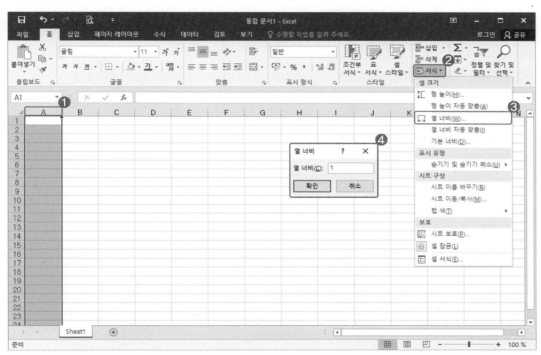

② 화면 하단의 'Sheet1' 탭을 Ctrl 을 누른 채 오른쪽으로 마우스 드래그하여 시트를
복사한다. → 한 번 더 복사하여 3개의 시트를 만든다.

기출문제 5회

▶ 합격 강의

정답파일 Part 4 기출문제₩기출문제 5회 답안.xlsx

과목	코드	문제유형	시험시간	수험번호	성명
한글엑셀	1122	A	60분	20243015	홍길동

·· **수험자 유의사항** ··

- 수험자는 문제지를 받는 즉시 문제지와 **수험표상의 시험과목(프로그램)이 동일한지 반드시 확인**하여야 합니다.
- 파일명은 본인의 "수험번호–성명"으로 입력하여 답안폴더(내 PC₩문서₩ITQ)에 하나의 파일로 저장해야 하며, 답안문서 파일명이 "수험번호–성명"과 일치하지 않거나, 답안파일을 전송하지 않아 미제출로 처리될 경우 실격 처리합니다(예:12345678–홍길동.xlsx).
- 답안 작성을 마치면 파일을 저장하고, '답안 전송' 버튼을 선택하여 감독위원 PC로 답안을 전송하십시오. 수험생 정보와 저장한 파일명이 다를 경우 전송되지 않으므로 주의하시기 바랍니다.
- 답안 작성 중에도 **주기적으로 저장하고, '답안 전송'**하여야 문제 발생을 줄일 수 있습니다. 작업한 내용을 저장하지 않고 전송할 경우 이전에 저장된 내용이 전송되니 이점 유의하시기 바랍니다.
- 답안문서는 지정된 경로 외의 다른 보조기억장치에 저장하는 경우, 지정된 시험 시간 외에 작성된 파일을 활용할 경우, 기타 통신수단(이메일, 메신저, 네트워크 등)을 이용하여 타인에게 전달 또는 외부 반출하는 경우는 부정 처리합니다.
- 시험 중 부주의 또는 고의로 시스템을 파손한 경우는 수험자가 변상해야 하며, 〈수험자 유의사항〉에 기재된 방법대로 이행하지 않아 생기는 불이익은 수험생 당사자의 책임임을 알려 드립니다.
- 문제의 조건은 MS오피스 2016 버전으로 설정되어 있으니 유의하시기 바랍니다.
- 시험을 완료한 수험자는 답안파일이 전송되었는지 확인한 후 감독위원의 지시에 따라 문제지를 제출하고 퇴실합니다.

·· **답안 작성요령** ··

- 온라인 답안 작성 절차
  수험자 등록 ⇒ 시험 시작 ⇒ 답안파일 저장 ⇒ 답안 전송 ⇒ 시험 종료
- 문제는 총 4단계, 즉 제1작업부터 제4작업까지 구성되어 있으며 반드시 제1작업부터 순서대로 작성하고 조건대로 작업하시오.
- 모든 작업시트의 A열은 열 너비 '1'로, 나머지 열은 적당하게 조절하시오.
- 모든 작업시트의 테두리는 ≪출력형태≫와 같이 작업하시오.
- 해당 작업란에서는 각각 제시된 조건에 따라 ≪출력형태≫와 같이 작업하시오.
- 답안 시트 이름은 "제1작업", "제2작업", "제3작업", "제4작업"이어야 하며 답안 시트 이외의 것은 감점 처리됩니다.
- 각 시트를 파일로 나누어 작업해서 저장할 경우 실격 처리됩니다.

③ 'Sheet1' 탭을 더블클릭하여 '제1작업'으로 이름을 변경한다. → 'Sheet1 (2)'와 'Sheet1 (3)'도 각각 '제2작업', '제3작업'으로 이름을 바꿔 준다.

🎓 기적의 Tip

'제4작업' 시트는 차트 작성 작업 시에 따로 삽입한다.

SECTION 03 "수험번호-성명"으로 저장

① 답안을 저장하기 위해 [파일] 탭 - [저장]을 선택한다(또는 단축키 [Ctrl]
+[S]를 누르거나, 빠른 실행 도구 모음의 [저장](📁) 클릭).

🎓 기적의 Tip

시험 중에 수시로 저장하여 예상치 못한 문제 발생에 대비한다.

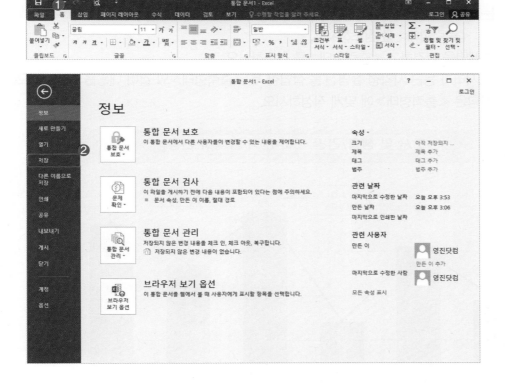

☞ "제1작업" 시트를 이용하여 조건에 따라 ≪출력형태≫와 같이 작업하시오.

조건	
	(1) 차트 종류 ⇒ 〈묶은 세로 막대형〉으로 작업하시오.
(2) 데이터 범위 ⇒ "제1작업" 시트의 내용을 이용하여 작업하시오.
(3) 위치 ⇒ "새 시트"로 이동하고, "제4작업"으로 시트 이름을 바꾸시오.
(4) 차트 디자인 도구 ⇒ 레이아웃 3, 스타일 1을 선택하여 ≪출력형태≫에 맞게 작업하시오.
(5) 영역 서식 ⇒ 차트 : 글꼴(굴림, 11pt), 채우기 효과(질감 – 파랑 박엽지)
그림 : 채우기(흰색, 배경1)
(6) 제목 서식 ⇒ 차트 제목 : 글꼴(굴림, 굵게, 20pt), 채우기(흰색, 배경1), 테두리
(7) 서식 ⇒ PC 클릭 수 계열의 차트 종류를 〈표식이 있는 꺾은선형〉으로 변경한 후 보조 축으로
지정하시오.
계열 : ≪출력형태≫를 참조하여 표식(세모, 크기 10)과 레이블 값을 표시하시오.
눈금선 : 선 스타일 – 파선
축 : ≪출력형태≫를 참조하시오.
(8) 범례 ⇒ 범례명을 변경하고 ≪출력형태≫를 참조하시오.
(9) 도형 ⇒ '모서리가 둥근 사각형 설명선'을 삽입한 후 ≪출력형태≫와 같이 내용을 입력하시오.
(10) 나머지 사항은 ≪출력형태≫에 맞게 작성하시오.
출력형태	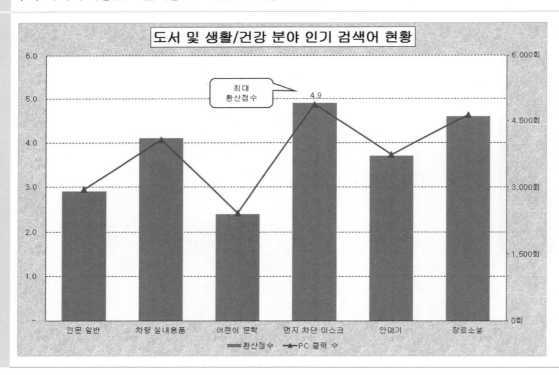

주의 시트명 순서가 차례대로 "제1작업", "제2작업", "제3작업", "제4작업"이 되도록 할 것.

② [다른 이름으로 저장] – [찾아보기]를 선택하고, 나타나는 대화상자에서 '내 PC₩문서₩ITQ'로 이동한다. → 파일 이름을 입력하고 [저장]을 클릭한다.

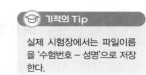
기적의 Tip

실제 시험장에서는 파일이름을 '수험번호 – 성명'으로 저장한다.

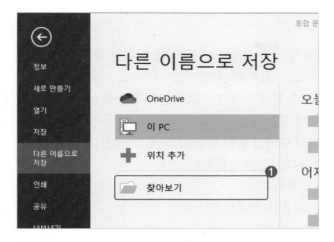

☞ "제1작업" 시트의 「B4:H12」 영역을 복사하여 "제2작업" 시트의 「B2」 셀부터 모두 붙여넣기를 한 후 다음의 조건과 같이 작업하시오.

조건	
(1) 목표값 찾기	- 「B11:G11」 셀을 병합하여 "환산점수의 전체 평균"을 입력한 후 「H11」 셀에 환산점수의 전체 평균을 구하시오(AVERAGE 함수, 테두리, 가운데 맞춤). - '환산점수의 전체 평균'이 '3.6'이 되려면 인문 일반의 환산점수가 얼마가 되어야 하는지 목표값을 구하시오.
(2) 고급필터	- 검색코드가 'L'로 시작하면서 모바일 클릭 비율이 '50%' 이상인 자료의 검색어, 분야, PC 클릭 수, 환산점수 데이터만 추출하시오. - 조건 범위 : 「B14」 셀부터 입력하시오. - 복사 위치 : 「B18」 셀부터 나타나도록 하시오.

제 3 작업	정렬 및 부분합	**80**점

☞ "제1작업" 시트의 「B4:H12」 영역을 복사하여 "제3작업" 시트의 「B2」 셀부터 모두 붙여넣기를 한 후 다음의 조건과 같이 작업하시오.

조건	
(1) 부분합	≪출력형태≫처럼 정렬하고, 검색어의 개수와 PC 클릭 수의 평균을 구하시오.
(2) 윤곽	지우시오.
(3) 나머지 사항은 ≪출력형태≫에 맞게 작성하시오.	

출력형태

	A	B	C	D	E	F	G	H
1								
2		검색코드	검색어	분야	연령대	PC 클릭 수	모바일 클릭 비율	환산점수
3		LC-381	국내 숙박	여가/생활편의	30대	1,210회	48.9%	1.2
4		LC-122	꽃/케이크배달	여가/생활편의	30대	3,867회	62.8%	3.9
5				여가/생활편의 평균		2,539회		
6			2	여가/생활편의 개수				
7		LH-361	차량 실내용품	생활/건강	30대	4,067회	34.0%	4.1
8		LH-131	먼지 차단 마스크	생활/건강	50대	4,875회	78.5%	4.9
9		LH-155	안마기	생활/건강	60대	3,732회	69.3%	3.7
10				생활/건강 평균		4,225회		
11			3	생활/건강 개수				
12		BO-112	인문 일반	도서	40대	2,950회	28.5%	2.9
13		BO-223	어린이 문학	도서	40대	2,432회	52.6%	2.4
14		BO-235	장르소설	도서	20대	4,632회	37.8%	4.6
15				도서 평균		3,338회		
16			3	도서 개수				
17				전체 평균		3,471회		
18			8	전체 개수				
19								

난이도 상 중 하   정답파일 Part 1 시험 유형 따라하기₩Chapter01_정답.xlsx

기적의 3회독
[ ]1회 [ ]2회 [ ]3회

문제보기

다음은 '직원식당 주문식품'에 대한 자료이다. 자료를 입력하고 조건에 맞도록 작업하시오.

출력형태

	B	C	D	E	F	G	H	I	J
	주문일자	주문식품	용도	주문수량 (단위:명)	가격	납품업체	콜레스테롤	지방 (단위:100g)	1인분 가격
	2019-01-02	닭고기	반찬(도리탕)	92	98,000	계림농산	110	1,580	
	2019-01-10	소곱창	반찬(볶음)	40	41,500	영진마트	221	1,080	
	2019-01-13	소꼬리	국(곰탕)	53	67,000	영진마트	75	4,700	
	2019-01-24	소살코기	국(미역국)	87	62,000	영진마트	75	1,590	
	2019-01-30	닭살코기	국(육개장)	38	19,500	계림농산	60	290	
	2019-02-05	물오징어	반찬(볶음)	64	55,000	현진상사	300	100	
	2019-02-11	삼겹살	반찬(볶음)	94	117,000	영진마트	70	2,560	
	2019-02-14	장어	반찬(구이)	39	64,000	현진상사	200	2,130	
	검수 및 위생 점검일				✕		주문식품 용도가 반찬인 개수		
	가장 비싼 주문식품					납품업체	계림농산	가격 합계	

조건

모든 데이터의 서식에는 글꼴(굴림, 11pt), 정렬은 숫자 및 회계 서식은 오른쪽 정렬 나머지 서식은
가운데 정렬로 작성하며 예외적인 것은 ≪출력형태≫를 참조하시오.

(1) [B2:J2, G12, I12] 영역은 '주황'으로 채우기 하시오.

(2) [H3:H10] 영역에 셀 서식을 이용하여 숫자 뒤에 'mg'을 표시하시오(예 : 110 → 110mg).

(3) 1인분 가격 ⇒ [가격 ÷ 주문수량(단위 : 명)]으로 구하고 천 단위 콤마, 소수 첫째 자리까지 표
　　시하시오.

(4) 유효성 검사를 이용하여 [H12] 셀에 납품업체(계림농산, 영진마트, 현진상사)만 선택 표시되도
　　록 하시오.

(5) 이름 정의 ⇒ [C3:C10] 영역에 대해 '주문내역'으로 정의하시오.

(6) 조건부 서식을 이용하여 '콜레스테롤' 셀에 값이 '75'인 경우 채우기(파랑)를 적용하고, 수식을
　　이용하여 '콜레스테롤'이 '75' 이하인 행 전체에 다음 서식을 적용하시오(글꼴 : 빨강).

(7) 조건부 서식을 이용하여 '1인분 가격' 셀에 데이터 막대 스타일(녹색)을 최소값 및 최대값으로
　　적용하시오.

☞ 다음은 '관심 상품 TOP8 현황'에 대한 자료이다. 자료를 입력하고 조건에 맞도록 작업하시오.

출력형태									

검색코드	검색어	분야	연령대	PC 클릭 수	모바일 클릭 비율	환산점수	순위	검색엔진
BO-112	인문 일반	도서	40대	2,950	28.5%	2.9	(1)	(2)
LH-361	차량 실내용품	생활/건강	30대	4,067	34.0%	4.1	(1)	(2)
BO-223	어린이 문학	도서	40대	2,432	52.6%	2.4	(1)	(2)
LH-131	먼지 차단 마스크	생활/건강	50대	4,875	78.5%	4.9	(1)	(2)
LC-381	국내 숙박	여가/생활편의	30대	1,210	48.9%	1.2	(1)	(2)
LH-155	안마기	생활/건강	60대	3,732	69.3%	3.7	(1)	(2)
BO-235	장르소설	도서	20대	4,632	37.8%	4.6	(1)	(2)
LC-122	꽃/케이크배달	여가/생활편의	30대	3,867	62.8%	3.9	(1)	(2)
어린이 문학 검색어의 환산점수			(3)		최대 모바일 클릭 비율			(5)
도서 분야의 PC 클릭 수 평균			(4)		검색어	인문 일반	PC 클릭 수	(6)

조건

○ 모든 데이터의 서식에는 글꼴(굴림, 11pt), 정렬은 숫자 및 회계 서식은 오른쪽 정렬, 나머지 서식은 가운데 정렬로 작성하며 예외적인 것은 《출력형태》를 참조하시오.

○ 제목 ⇒ 도형(배지)과 그림자(오프셋 오른쪽)를 이용하여 작성하고 "분야별 인기 검색어 현황"을 입력한 후 다음 서식을 적용하시오(글꼴 – 굴림, 24pt, 검정, 굵게, 채우기 – 노랑).

○ 임의의 셀에 결재란을 작성하여 그림으로 복사 기능을 이용하여 붙이기 하시오(단, 원본 삭제).

○ 「B4:J4, G14, I14」 영역은 '주황'으로 채우기 하시오.

○ 유효성 검사를 이용하여 「H14」 셀에 검색어(「C5:C12」 영역)가 선택 표시되도록 하시오.

○ 셀 서식 ⇒ 「F5:F12」 영역에 셀 서식을 이용하여 숫자 뒤에 '회'를 표시하시오(예 : 2,950회).

○ 「G5:G12」 영역에 대해 '클릭비율'로 이름정의를 하시오.

☞ (1)~(6) 셀은 반드시 <u>주어진 함수를 이용</u>하여 값을 구하시오(결과값을 직접 입력하면 해당 셀은 0점 처리됨).

(1) 순위 ⇒ 환산점수의 내림차순 순위를 구하시오(RANK.EQ 함수).

(2) 검색엔진 ⇒ 검색코드의 네 번째 글자가 1이면 '네이버', 2이면 '구글', 그 외에는 '다음'으로 구하시오 (IF, MID 함수).

(3) 어린이 문학 검색어의 환산점수 ⇒ 결과값에 '점'을 붙이시오(INDEX, MATCH 함수, & 연산자)(예 : 4.5점).

(4) 도서 분야의 PC 클릭 수 평균 ⇒ 단, 조건은 입력데이터를 이용하시오(DAVERAGE 함수).

(5) 최대 모바일 클릭 비율 ⇒ 정의된 이름(클릭비율)을 이용하여 구하시오(LARGE 함수).

(6) PC 클릭 수 ⇒ 「H14」 셀에서 선택한 검색어에 대한 PC 클릭 수를 구하시오(VLOOKUP 함수).

(7) 조건부 서식의 수식을 이용하여 PC 클릭 수가 '4,000' 이상인 행 전체에 다음의 서식을 적용하시오 (글꼴 : 파랑, 굵게).

① "제1작업" 시트에 내용을 입력한다. 한 셀에 두 줄로 입력할 때는 [Alt]
+[Enter]를 이용한다.

기적의 Tip

정렬은 출력형태를 참고하여
적용한다. 주로 숫자 및 회계
서식은 오른쪽 정렬, 나머지
서식은 가운데 정렬로 출제된
다.

	주문일자	주문식품	용도	주문수량 (단위:명)	가격	납품업체	콜레스테롤	지방 (단위:100g)	1인분 가격
3	2019-01-02	닭고기	반찬(도리탕)	92	98000	계림농산	110	1580	
4	2019-01-10	소곱창	반찬(볶음)	40	41500	영진마트	221	1080	
5	2019-01-13	소꼬리	국(곰탕)	53	67000	영진마트	75	4700	
6	2019-01-24	소살코기	국(미역국)	87	62000	영진마트	75	1590	
7	2019-01-30	닭살코기	국(육개장)	38	19500	계림농산	60	290	
8	2019-02-05	물오징어	반찬(볶음)	64	55000	현진상사	300	100	
9	2019-02-11	삼겹살	반찬(볶음)	94	117000	영진마트	70	2560	
10	2019-02-14	장어	반찬(구이)	39	64000	현진상사	200	2130	
11	검수 및 위생 점검일					주문식품 용도가 반찬인 개수			
12	가장 비싼 주문식품					납품업체		가격 합계	

② [B11:D11] 영역을 블록 설정하고 [Ctrl]을 누른 채 [B12:D12], [F11:F12],
[G11:I11] 영역을 각각 블록 설정한다. → [홈] 탭의 [맞춤] 그룹에서 [병합
하고 가운데 맞춤](🗐)을 클릭한다.

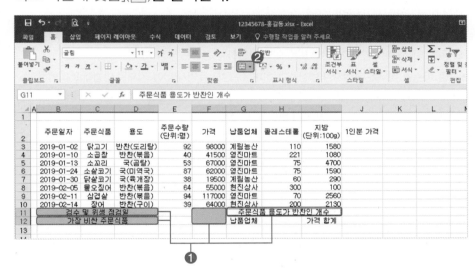

기출문제 4회

▶ 합격 강의

정답파일 Part 4 기출문제\기출문제 4회 답안.xlsx

과목	코드	문제유형	시험시간	수험번호	성명
한글엑셀	1122	A	60분	20243014	홍길동

········· **수험자 유의사항** ·········

- 수험자는 문제지를 받는 즉시 문제지와 **수험표상의 시험과목(프로그램)이 동일한지 반드시 확인**하여야 합니다.
- 파일명은 본인의 "수험번호–성명"으로 입력하여 답안폴더(내 PC\문서\ITQ)에 하나의 파일로 저장해야 하며, 답안문서 파일명이 "수험번호–성명"과 일치하지 않거나, 답안파일을 전송하지 않아 미제출로 처리될 경우 실격 처리합니다(예:12345678–홍길동.xlsx).
- 답안 작성을 마치면 파일을 저장하고, '답안 전송' 버튼을 선택하여 감독위원 PC로 답안을 전송하십시오. 수험생 정보와 저장한 파일명이 다를 경우 전송되지 않으므로 주의하시기 바랍니다.
- 답안 작성 중에도 **주기적으로 저장하고, '답안 전송'**하여야 문제 발생을 줄일 수 있습니다. 작업한 내용을 저장하지 않고 전송할 경우 이전에 저장된 내용이 전송되니 이점 유의하시기 바랍니다.
- 답안문서는 지정된 경로 외의 다른 보조기억장치에 저장하는 경우, 지정된 시험 시간 외에 작성된 파일을 활용할 경우, 기타 통신수단(이메일, 메신저, 네트워크 등)을 이용하여 타인에게 전달 또는 외부 반출하는 경우는 부정 처리합니다.
- 시험 중 부주의 또는 고의로 시스템을 파손한 경우는 수험자가 변상해야 하며, 〈수험자 유의사항〉에 기재된 방법대로 이행하지 않아 생기는 불이익은 수험생 당사자의 책임임을 알려 드립니다.
- 문제의 조건은 MS오피스 2016 버전으로 설정되어 있으니 유의하시기 바랍니다.
- 시험을 완료한 수험자는 답안파일이 전송되었는지 확인한 후 감독위원의 지시에 따라 문제지를 제출하고 퇴실합니다.

········· **답안 작성요령** ·········

- 온라인 답안 작성 절차
  수험자 등록 ⇒ 시험 시작 ⇒ 답안파일 저장 ⇒ 답안 전송 ⇒ 시험 종료
- 문제는 총 4단계, 즉 제1작업부터 제4작업까지 구성되어 있으며 반드시 제1작업부터 순서대로 작성하고 조건대로 작업하시오.
- 모든 작업시트의 A열은 열 너비 '1'로, 나머지 열은 적당하게 조절하시오.
- 모든 작업시트의 테두리는 ≪출력형태≫와 같이 작업하시오.
- 해당 작업란에서는 각각 제시된 조건에 따라 ≪출력형태≫와 같이 작업하시오.
- 답안 시트 이름은 "제1작업", "제2작업", "제3작업", "제4작업"이어야 하며 답안 시트 이외의 것은 감점 처리됩니다.
- 각 시트를 파일로 나누어 작업해서 저장할 경우 실격 처리됩니다.

① [B2:J2] 영역을 블록 설정한 후 [Ctrl]을 누른 채 [B3:J10], [B11:J12] 영역을 각각 블록
설정한다.

② 먼저 [홈] 탭 – [글꼴] 그룹의 [테두리]에서 [모든 테두리](⊞)를 선택한다.

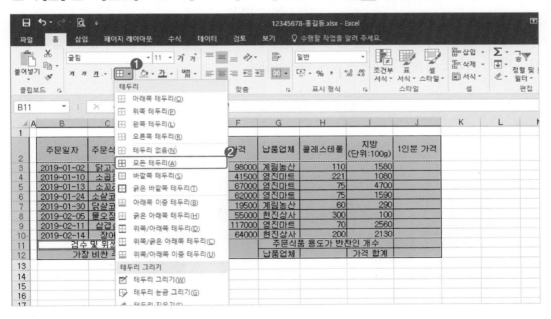

☞ "제1작업" 시트를 이용하여 조건에 따라 ≪출력형태≫와 같이 작업하시오.

조건	(1) 차트 종류 ⇒ 〈묶은 세로 막대형〉으로 작업하시오. (2) 데이터 범위 ⇒ "제1작업" 시트의 내용을 이용하여 작업하시오. (3) 위치 ⇒ "새 시트"로 이동하고, "제4작업"으로 시트 이름을 바꾸시오. (4) 차트 디자인 도구 ⇒ 레이아웃 3, 스타일 1을 선택하여 ≪출력형태≫에 맞게 작업하시오. (5) 영역 서식 ⇒ 차트 : 글꼴(굴림, 11pt), 채우기 효과(질감 – 파랑 박엽지) 　　　　　　　　　 그림 : 채우기(흰색, 배경1) (6) 제목 서식 ⇒ 차트 제목 : 글꼴(굴림, 굵게, 20pt), 채우기(흰색, 배경1), 테두리 (7) 서식 ⇒ 상영횟수(단위:천회) 계열의 차트 종류를 〈표식이 있는 꺾은선형〉으로 변경한 후 보조 　　　　　　 축으로 지정하시오. 　　　　　계열 : ≪출력형태≫를 참조하여 표식(세모, 크기 10)과 레이블 값을 표시하시오. 　　　　　눈금선 : 선 스타일 – 파선 　　　　　축 : ≪출력형태≫를 참조하시오. (8) 범례 ⇒ 범례명을 변경하고 ≪출력형태≫를 참조하시오. (9) 도형 ⇒ '모서리가 둥근 사각형 설명선'을 삽입한 후 ≪출력형태≫와 같이 내용을 입력하시오. (10) 나머지 사항은 ≪출력형태≫에 맞게 작성하시오.
출력형태	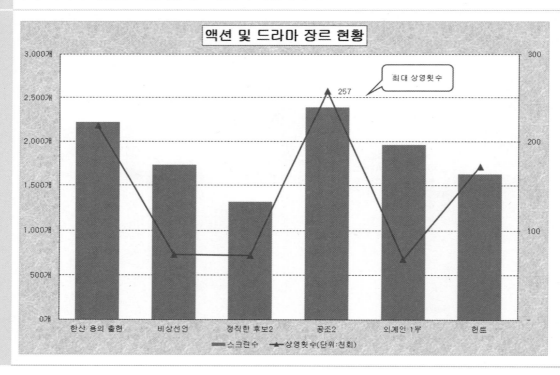

주의) 시트명 순서가 차례대로 "제1작업", "제2작업", "제3작업", "제4작업"이 되도록 할 것

③ 다음으로 [굵은 바깥쪽 테두리](⊞)를 선택한다.

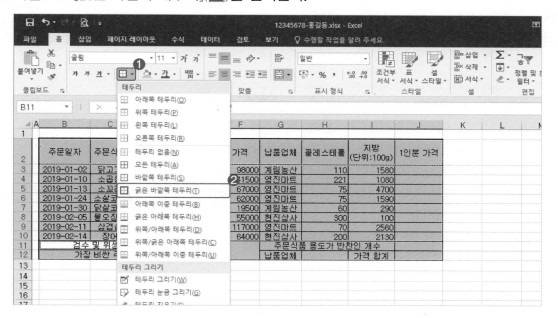

④ [F11:F12] 영역을 선택한 후 마우스 오른쪽 버튼을 클릭하여 [셀 서식]을 클릭한다
([Ctrl]+[1]).

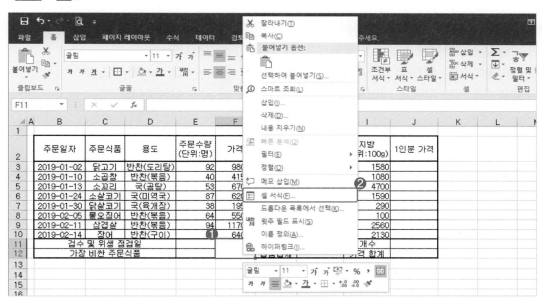

제 2 작업　필터 및 서식　　　　　　　　　　　　　**80**점

☞ "제1작업" 시트의 「B4:H12」 영역을 복사하여 "제2작업" 시트의 「B2」 셀부터 모두 붙여넣기를 한 후 다음의 조건과 같이 작업하시오.

조건	
	(1) 고급 필터 – 코드가 'A'로 시작하거나, 상영횟수(단위:천회)가 '200' 이상인 자료의 영화명, 장르, 상영횟수(단위:천회), 스크린수 데이터만 추출하시오. 　　　　　– 조건 범위 : 「B14」 셀부터 입력하시오. 　　　　　– 복사 위치 : 「B18」 셀부터 나타나도록 하시오. (2) 표 서식 – 고급필터의 결과셀을 채우기 없음으로 설정한 후 '표 스타일 보통 6'의 서식을 적용하시오. 　　　　　– 머리글 행, 줄무늬 행을 적용하시오.

제 3 작업　피벗 테이블　　　　　　　　　　　　　**80**점

☞ "제1작업" 시트를 이용하여 "제3작업" 시트에 조건에 따라 ≪출력형태≫와 같이 작업하시오.

조건	
	(1) 개봉일 및 장르별 영화명의 개수와 상영횟수(단위:천회)의 평균을 구하시오. (2) 개봉일은 그룹화하고, 장르를 ≪출력형태≫와 같이 정렬하시오. (3) 레이블이 있는 셀 병합 및 가운데 맞춤 적용 및 빈 셀은 '＊＊'로 표시하시오. (4) 행의 총합계는 지우고, 나머지 사항은 ≪출력형태≫에 맞게 작성하시오.

출력형태

개봉일	개수 : 영화명 (액션)	평균 : 상영횟수(단위:천회) (액션)	개수 : 영화명 (애니메이션)	평균 : 상영횟수(단위:천회) (애니메이션)	개수 : 영화명 (드라마)	평균 : 상영횟수(단위:천회) (드라마)
7월	1	68	1	79	1	218
8월	1	171	＊＊	＊＊	1	73
9월	1	257	1	11	1	72
총합계	3	165	2	45	3	121

⑤ [셀 서식] 대화상자에서 [테두리] 탭을 클릭하여 선 스타일의 '가는 실선'을 선택한다.
→ [상향 대각선 테두리](⬀), [하향 대각선 테두리](⬊)를 각각 선택하고 [확인]을 클릭한다.

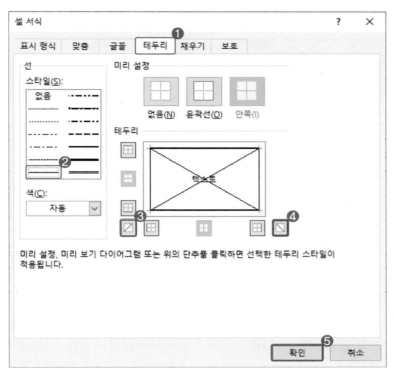

---

① 열 머리글 경계선(✛)과 행 머리글 경계선(✛)을 드래그하여 높이와 너비를 조절한다.

② 조절하고자 하는 영역을 블록 설정하여 [홈] 탭 – [셀] 그룹 – [서식](🔲)에서 [행 높이]와 [열 너비]를 직접 수치로 조절할 수도 있다.

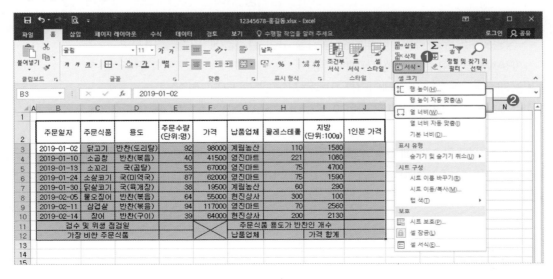

☞ 다음은 '일반영화 박스오피스 현황'에 대한 자료이다. 자료를 입력하고 조건에 맞도록 작업하시오.

출력형태

	코드	영화명	장르	관람가능	개봉일	상영횟수 (단위:천회)	스크린수	감정포인트	상영횟수 순위
								담당	팀장	부장
		일반영화 박스오피스 현황					확인			
5	D1251	한산 용의 출현	드라마	12세이상	2022-07-27	218	2,223	(1)	(2)
6	D1261	비상선언	드라마	12세이상	2022-08-03	73	1,734	(1)	(2)
7	A2312	미니언즈2	애니메이션	전체관람가	2022-07-20	79	1,394	(1)	(2)
8	D1242	정직한 후보2	드라마	12세이상	2022-09-28	72	1,318	(1)	(2)
9	C1552	공조2	액션	15세이상	2022-09-07	257	2,389	(1)	(2)
10	C1223	외계인 1부	액션	12세이상	2022-07-20	68	1,959	(1)	(2)
11	C1571	헌트	액션	15세이상	2022-08-10	171	1,625	(1)	(2)
12	A2313	극장판 헬로카봇	애니메이션	전체관람가	2022-09-28	11	790	(1)	(2)
13	12세이상 관람가능 개수			(3)		최대 스크린수			(5)
14	액션 장르 스크린수 평균			(4)		코드	D1251	영화명	(6)

조건

○ 모든 데이터의 서식에는 글꼴(굴림, 11pt), 정렬은 숫자 및 회계 서식은 오른쪽 정렬, 나머지 서식은 가운데 정렬로 작성하며 예외적인 것은 ≪출력형태≫를 참조하시오.
○ 제목 ⇒ 도형(한쪽 모서리가 잘린 사각형)과 그림자(오프셋 오른쪽)를 이용하여 작성하고 "일반영화 박스오피스 현황"을 입력한 후 다음 서식을 적용하시오(글꼴 – 굴림, 24pt, 검정, 굵게, 채우기 – 노랑).
○ 임의의 셀에 결재란을 작성하여 그림으로 복사 기능을 이용하여 붙이기 하시오(단, 원본 삭제).
○ 「B4:J4, G14, I14」 영역은 '주황'으로 채우기 하시오.
○ 유효성 검사를 이용하여 「H14」 셀에 코드(「B5:B12」 영역)가 선택 표시되도록 하시오.
○ 셀 서식 ⇒ 「H5:H12」 영역에 셀 서식을 이용하여 숫자 뒤에 '개'를 표시하시오(예 : 2,223개).
○ 「D5:D12」 영역에 대해 '장르'로 이름정의를 하시오.

☞ (1)~(6) 셀은 반드시 주어진 함수를 이용하여 값을 구하시오(결과값을 직접 입력하면 해당 셀은 0점 처리됨).

(1) 감정포인트 ⇒ 코드의 마지막 글자가 1이면 '몰입감', 2이면 '즐거움', 3이면 '상상력'으로 표시하시오 (CHOOSE, RIGHT 함수).
(2) 상영횟수 순위 ⇒ 상영횟수(단위:천회)의 내림차순 순위를 구한 결과값에 '위'를 붙이시오 (RANK.EQ 함수, & 연산자)(예 : 1위).
(3) 12세이상 관람가능 개수 ⇒ 조건은 입력데이터를 이용하시오(DCOUNTA 함수).
(4) 액션 장르 스크린수 평균 ⇒ 정의된 이름(장르)을 이용하여 구하시오(SUMIF, COUNTIF 함수).
(5) 최대 스크린수 ⇒ (MAX 함수)
(6) 영화명 ⇒ 「H14」 셀에서 선택한 코드에 대한 영화명을 구하시오(VLOOKUP 함수).
(7) 조건부 서식의 수식을 이용하여 상영횟수(단위:천회)가 '100' 이상인 행 전체에 다음의 서식을 적용하시오 (글꼴 : 파랑, 굵게).

① [B2:J2] 영역을 블록 설정하고 Ctrl 을 누른 채 [G12] 셀과 [I12] 셀을 각각 선택한다.

② [홈] 탭의 [글꼴] 그룹의 [채우기 색](🔽)에서 '주황'을 선택한다.

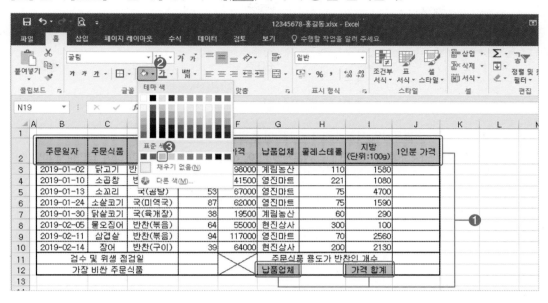

① '가격'에 대한 셀 서식을 지정하기 위해 [F3:F10] 영역을 블록 설정한 후 마우스 오른쪽 버튼을 클릭하여 [셀 서식]을 선택한다.

정답파일 Part 4 기출문제₩기출문제 3회 답안.xlsx

과목	코드	문제유형	시험시간	수험번호	성명
한글엑셀	1122	A	60분	20243013	홍길동

수험자 유의사항

- 수험자는 문제지를 받는 즉시 문제지와 **수험표상의 시험과목(프로그램)이 동일한지 반드시 확인**하여야 합니다.
- 파일명은 본인의 "수험번호–성명"으로 입력하여 답안폴더(내 PC₩문서₩ITQ)에 하나의 파일로 저장해야 하며, 답안문서 파일명이 "수험번호–성명"과 일치하지 않거나, 답안파일을 전송하지 않아 미제출로 처리될 경우 실격 처리합니다(예:12345678–홍길동.xlsx).
- 답안 작성을 마치면 파일을 저장하고, '답안 전송' 버튼을 선택하여 감독위원 PC로 답안을 전송하십시오. 수험생 정보와 저장한 파일명이 다를 경우 전송되지 않으므로 주의하시기 바랍니다.
- 답안 작성 중에도 **주기적으로 저장하고, '답안 전송'**하여야 문제 발생을 줄일 수 있습니다. 작업한 내용을 저장하지 않고 전송할 경우 이전에 저장된 내용이 전송되니 이점 유의하시기 바랍니다.
- 답안문서는 지정된 경로 외의 다른 보조기억장치에 저장하는 경우, 지정된 시험 시간 외에 작성된 파일을 활용할 경우, 기타 통신수단(이메일, 메신저, 네트워크 등)을 이용하여 타인에게 전달 또는 외부 반출하는 경우는 부정 처리합니다.
- 시험 중 부주의 또는 고의로 시스템을 파손한 경우는 수험자가 변상해야 하며, 〈수험자 유의사항〉에 기재된 방법대로 이행하지 않아 생기는 불이익은 수험생 당사자의 책임임을 알려 드립니다.
- 문제의 조건은 MS오피스 2016 버전으로 설정되어 있으니 유의하시기 바랍니다.
- 시험을 완료한 수험자는 답안파일이 전송되었는지 확인한 후 감독위원의 지시에 따라 문제지를 제출하고 퇴실합니다.

답안 작성요령

- 온라인 답안 작성 절차
    수험자 등록 ⇒ 시험 시작 ⇒ 답안파일 저장 ⇒ 답안 전송 ⇒ 시험 종료
- 문제는 총 4단계, 즉 제1작업부터 제4작업까지 구성되어 있으며 반드시 제1작업부터 순서대로 작성하고 조건대로 작업하시오.
- 모든 작업시트의 A열은 열 너비 '1'로, 나머지 열은 적당하게 조절하시오.
- 모든 작업시트의 테두리는 ≪출력형태≫와 같이 작업하시오.
- 해당 작업란에서는 각각 제시된 조건에 따라 ≪출력형태≫와 같이 작업하시오.
- 답안 시트 이름은 "제1작업", "제2작업", "제3작업", "제4작업"이어야 하며 답안 시트 이외의 것은 감점 처리됩니다.
- 각 시트를 파일로 나누어 작업해서 저장할 경우 실격 처리됩니다.

② [셀 서식] 대화상자의 [표시 형식] 탭 – [범주]에서 '회계', 기호를 '없음'으로 선택한 후 [확인]을 클릭한다.

③ '콜레스테롤' 숫자에 'mg'를 붙여넣기 위해 [H3:H10] 영역을 블록 설정한 후 마우스 오른쪽 버튼을 클릭하여 [셀 서식]을 선택한다.

④ [셀 서식] 대화상자의 [표시 형식] 탭에서 '사용자 지정'을 선택하고 『G/표준"mg"』을 입력한 후 [확인]을 클릭한다.

☞ "제1작업" 시트를 이용하여 조건에 따라 ≪출력형태≫와 같이 작업하시오.

조건	(1) 차트 종류 ⇒ 〈묶은 세로 막대형〉으로 작업하시오. (2) 데이터 범위 ⇒ "제1작업" 시트의 내용을 이용하여 작업하시오. (3) 위치 ⇒ "새 시트"로 이동하고, "제4작업"으로 시트 이름을 바꾸시오. (4) 차트 디자인 도구 ⇒ 레이아웃 3, 스타일 1을 선택하여 ≪출력형태≫에 맞게 작업하시오. (5) 영역 서식 ⇒ 차트 : 글꼴(굴림, 11pt), 채우기 효과(질감 – 파랑 박엽지) 　　　　　　　　　 그림 : 채우기(흰색, 배경1) (6) 제목 서식 ⇒ 차트 제목 : 글꼴(굴림, 굵게, 20pt), 채우기(흰색, 배경1), 테두리 (7) 서식 ⇒ 공사기간(일) 계열의 차트 종류를 〈표식이 있는 꺾은선형〉으로 변경한 후 보조 축으로 　　　　　　지정하시오. 　　　　　　계열 : ≪출력형태≫를 참조하여 표식(세모, 크기 10)과 레이블 값을 표시하시오. 　　　　　　눈금선 : 선 스타일 – 파선 　　　　　　축 : ≪출력형태≫를 참조하시오. (8) 범례 ⇒ 범례명을 변경하고 ≪출력형태≫를 참조하시오. (9) 도형 ⇒ '모서리가 둥근 사각형 설명선'을 삽입한 후 ≪출력형태≫와 같이 내용을 입력하시오. (10) 나머지 사항은 ≪출력형태≫에 맞게 작성하시오.
출력형태	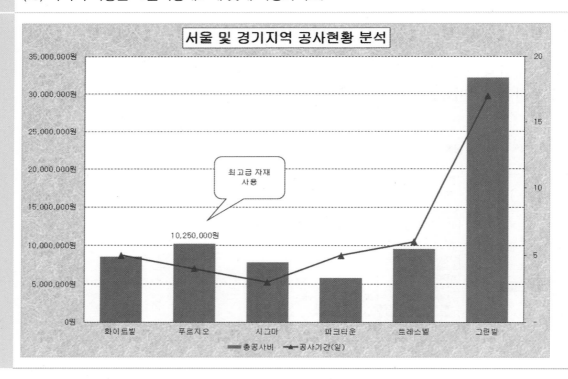

주의 시트명 순서가 차례대로 "제1작업", "제2작업", "제3작업", "제4작업"이 되도록 할 것

⑤ '지방' 숫자에 1000 단위 구분 기호(,)를 넣기 위해 [I3:I10] 영역을 블록 설정한 후 마우스 오른쪽 버튼을 클릭하여 [셀 서식]을 선택한다.

⑥ [셀 서식] 대화상자의 [표시 형식] 탭에서 '숫자'를 선택하고 '1000 단위 구분 기호(,) 사용'에 체크한 후 [확인]을 클릭한다.

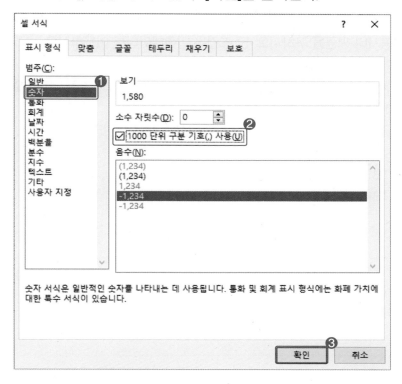

⑦ '1인분 가격'을 계산하기 위해 [J3:J10] 영역을 블록 설정한 후 『=F3/E3』을 입력하고, [Ctrl]+[Enter]를 눌러 수식을 블록 설정된 모든 셀에 입력한다.

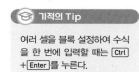
여러 셀을 블록 설정하여 수식을 한 번에 입력할 때는 [Ctrl]+[Enter]를 누른다.

☞ "제1작업" 시트의 「B4:H12」 영역을 복사하여 "제2작업" 시트의 「B2」 셀부터 모두 붙여넣기를 한 후 다음의 조건과 같이 작업하시오.

조건	(1) 목표값 찾기 – 「B11:G11」 셀을 병합하여 "욕실의 총공사비 평균"을 입력한 후 「H11」 셀에 욕실의 총공사비 평균을 구하시오. 단 조건은 입력데이터를 이용하시오 (DAVERAGE 함수, 테두리, 가운데 맞춤).
	– '욕실의 총공사비 평균'이 '8,000,000'이 되려면 화이트빌의 총공사비가 얼마가 되어야 하는지 목표값을 구하시오.
	(2) 고급필터 – 지역이 '서울'이 아니면서 공사기간(일)이 '5' 이상인 자료의 관리번호, 주택명, 공사시작일, 공사내용 데이터만 추출하시오.
	– 조건 범위 : 「B14」 셀부터 입력하시오.
	– 복사 위치 : 「B18」 셀부터 나타나도록 하시오.

☞ "제1작업" 시트의 「B4:H12」 영역을 복사하여 "제3작업" 시트의 「B2」 셀부터 모두 붙여넣기를 한 후 다음의 조건과 같이 작업하시오.

조건	(1) 부분합 – ≪출력형태≫처럼 정렬하고, 주택명의 개수와 총공사비의 평균을 구하시오.
	(2) 윤곽 – 지우시오.
	(3) 나머지 사항은 ≪출력형태≫에 맞게 작성하시오.

출력형태

A	B	C	D	E	F	G	H
1							
2	관리번호	주택명	지역	공사기간(일)	총공사비	공사시작일	공사내용
3	A1-001	아이파크	인천	13	28,850,000원	2023-02-20	전체
4	K2-003	한솔마을	인천	4	6,768,000원	2023-03-08	주방
5			인천 평균		17,809,000원		
6		2	인천 개수				
7	K1-001	푸르지오	서울	4	10,250,000원	2023-03-20	주방
8	B1-002	파크타운	서울	5	5,778,000원	2023-03-06	욕실
9	A2-002	그린빌	서울	17	32,170,000원	2023-02-27	전체
10			서울 평균		16,066,000원		
11		3	서울 개수				
12	B2-001	화이트빌	경기	5	8,558,000원	2023-02-06	욕실
13	K3-002	시그마	경기	3	7,870,000원	2023-01-30	주방
14	B3-003	트레스벨	경기	6	9,560,000원	2023-02-13	욕실
15			경기 평균		8,662,667원		
16		3	경기 개수				
17			전체 평균		13,725,500원		
18		8	전체 개수				
19							

⑧ [J3:J10] 영역이 블록 설정된 상태에서 단축키 [Ctrl]+[1]을 눌러 [셀 서식] 대화상자를
연다. → '회계' 서식에서 '소수 자릿수'를 『1』로 설정하고 [확인]을 클릭한다.

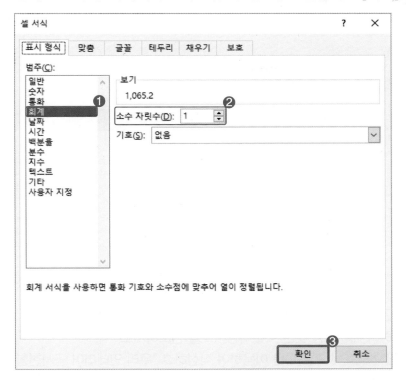

더 알기 Tip

[셀 서식]의 날짜

날짜의 경우, 셀에 2019-01-02 형태로 입력하면 바로 날짜로 인식한다. [셀 서식]에서 바로 2019년
1월 2일의 형식으로 변경할 수 있으며, 월일에 0을 붙인 2019년 01월 02일과 같은 임의의 형식으로
변경하려면 '사용자 지정'에서 『####"년" ##"월" ##"일"』로 직접 지정해야 한다.

'사용자 지정' 형식 코드

0 : '0' 코드만큼 숫자가 크지 않아도 해당 숫자 앞에 '0'을 표시
: 유효하지 않은 '0' 값은 화면에 표시하지 않음
, : 천 단위 콤마를 표시
. : 소수점 위치를 지정
@ : 셀 내용이 문자열일 때 셀 내용을 그대로 표시
G/표준 : 숫자를 입력한 그대로 표현해 주는 서식
　　　　숫자 뒤에 특정 문자를 붙이는 경우 'G/표준' 뒤에 큰 따옴표(" ")로 감싼 문자를 입력

☞ 다음은 '인기 빔 프로젝터 판매 정보'에 대한 자료이다. 자료를 입력하고 조건에 맞도록 작업하시오.

출력형태

관리번호	주택명	지역	공사기간(일)	총공사비	공사시작일	공사내용	구분	선수금(단위:원)
				우리 인테리어 공사현황보고		결재 / 점장 / 부장 / 대표		
B2-001	화이트빌	경기	5	8,558,000	2023-02-06	욕실	(1)	(2)
K1-001	푸르지오	서울	4	10,250,000	2023-03-20	주방	(1)	(2)
K3-002	시그마	경기	3	7,870,000	2023-01-30	주방	(1)	(2)
A1-001	아이파크	인천	13	28,850,000	2023-02-20	전체	(1)	(2)
B1-002	파크타운	서울	5	5,778,000	2023-03-06	욕실	(1)	(2)
B3-003	트레스벨	경기	6	9,560,000	2023-02-13	욕실	(1)	(2)
A2-002	그린빌	서울	17	32,170,000	2023-02-27	전체	(1)	(2)
K2-003	한솔마을	인천	4	6,768,000	2023-03-08	주방	(1)	(2)
서울지역 총 공사건수			(3)			가장 긴 공사기간(일)		(5)
욕실 총공사비 합계			(4)			관리번호 / B2-001 / 총공사비		(6)

조건

○ 모든 데이터의 서식에는 글꼴(굴림, 11pt), 정렬은 숫자 및 회계 서식은 오른쪽 정렬, 나머지 서식은 가운데 정렬로 작성하며 예외적인 것은 ≪출력형태≫를 참조하시오.

○ 제목 ⇒ 도형(배지)과 그림자(오프셋 오른쪽)를 이용하여 작성하고 "우리 인테리어 공사현황보고"를 입력한 후 다음 서식을 적용하시오(글꼴 – 굴림, 24pt, 검정, 굵게, 채우기 – 노랑).

○ 임의의 셀에 결재란을 작성하여 그림으로 복사 기능을 이용하여 붙이기 하시오(단, 원본 삭제).

○ 「B4:J4, G14, I14」 영역은 '주황'으로 채우기 하시오.

○ 유효성 검사를 이용하여 「H14」셀에 관리번호(「B5:B12」 영역)가 선택 표시되도록 하시오.

○ 셀 서식 ⇒ 「F5:F12」 영역에 셀 서식을 이용하여 숫자 뒤에 '원'을 표시하시오(예 : 8,558,000원).

○ 「E5:E12」 영역에 대해 '공사기간'으로 이름정의를 하시오.

(1) 구분 ⇒ 관리번호 2번째 글자가 1이면 '아파트', 2이면 '빌라' 3이면 '오피스텔'로 구하시오(CHOOSE, MID 함수).

(2) 선수금(단위:원) ⇒ 공사내용이 전체면 「총공사비×30%」, 그 외에는 「총공사비×20%」로 반올림하여 십만 단위까지 구하시오(ROUND, IF 함수)(예 : 1,456,273 → 1,500,000).

(3) 서울지역 총 공사건수 ⇒ 결과값에 '건'을 붙이시오(COUNTIF 함수, & 연산자)(예 : 1건).

(4) 욕실 총공사비 합계 ⇒ 공사내용이 욕실인 공사의 총공사비 합계를 구하시오. 단, 조건은 입력 데이터를 이용하시오(DSUM 함수).

(5) 가장 긴 공사기간(일) ⇒ 정의된 이름(공사기간)을 이용하여 구하시오(MAX 함수).

(6) 총공사비 ⇒ 「H14」 셀에서 선택한 관리번호에 대한 총공사비를 구하시오(VLOOKUP 함수).

(7) 조건부 서식의 수식을 이용하여 총공사비가 '8,000,000' 이하인 행 전체에 다음의 서식을 적용하시오 (글꼴 : 파랑, 굵게).

① [H12] 셀에 셀 포인터를 두고, [데이터] 탭의 [데이터 도구] 그룹에서 [데이터 유효성 검사](🔲)를 클릭한다.

② [데이터 유효성] 대화상자에서 [설정] 탭의 제한 대상을 '목록'으로 지정한다. → [원본] 입력란에 『계림농산,영진마트,현진상사』를 입력한 후 [확인]을 클릭한다.

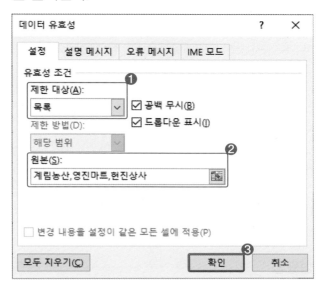

🎓 기적의 Tip

유효성 검사
셀에 유효하지 않은 데이터를 입력하지 못하도록 하는 기능이다.
제한 대상으로는 정수, 소수점, 목록, 날짜, 시간, 텍스트 길이 등이 있다.

🎓 기적의 Tip

직접 표시될 목록값은 불필요한 공백 없이 목록 내용을 쉼표(,)로 구분하여 입력하면 된다. 원본 입력란이 좁아도 계속 입력할 수 있다.
마우스로 직접 셀을 선택할 수도 있다.

▶ 합격 강의

정답파일 Part 4 기출문제\기출문제 2회 답안.xlsx

과목	코드	문제유형	시험시간	수험번호	성명
한글엑셀	1122	A	60분	20243012	홍길동

수험자 유의사항

- 수험자는 문제지를 받는 즉시 문제지와 **수험표상의 시험과목(프로그램)이 동일한지 반드시 확인**하여야 합니다.
- 파일명은 본인의 "수험번호—성명"으로 입력하여 답안폴더(내 PC\문서\ITQ)에 하나의 파일로 저장해야 하며, 답안문서 파일명이 "수험번호—성명"과 일치하지 않거나, 답안파일을 전송하지 않아 미제출로 처리될 경우 실격 처리합니다(예:12345678—홍길동.xlsx).
- 답안 작성을 마치면 파일을 저장하고, '답안 전송' 버튼을 선택하여 감독위원 PC로 답안을 전송하십시오. 수험생 정보와 저장한 파일명이 다를 경우 전송되지 않으므로 주의하시기 바랍니다.
- 답안 작성 중에도 **주기적으로 저장하고, '답안 전송'**하여야 문제 발생을 줄일 수 있습니다. 작업한 내용을 저장하지 않고 전송할 경우 이전에 저장된 내용이 전송되니 이점 유의하시기 바랍니다.
- 답안문서는 지정된 경로 외의 다른 보조기억장치에 저장하는 경우, 지정된 시험 시간 외에 작성된 파일을 활용할 경우, 기타 통신수단(이메일, 메신저, 네트워크 등)을 이용하여 타인에게 전달 또는 외부 반출하는 경우는 부정 처리합니다.
- 시험 중 부주의 또는 고의로 시스템을 파손한 경우는 수험자가 변상해야 하며, 〈수험자 유의사항〉에 기재된 방법대로 이행하지 않아 생기는 불이익은 수험생 당사자의 책임임을 알려 드립니다.
- 문제의 조건은 MS오피스 2016 버전으로 설정되어 있으니 유의하시기 바랍니다.
- 시험을 완료한 수험자는 답안파일이 전송되었는지 확인한 후 감독위원의 지시에 따라 문제지를 제출하고 퇴실합니다.

답안 작성요령

- 온라인 답안 작성 절차
    수험자 등록 ⇒ 시험 시작 ⇒ 답안파일 저장 ⇒ 답안 전송 ⇒ 시험 종료
- 문제는 총 4단계, 즉 제1작업부터 제4작업까지 구성되어 있으며 반드시 제1작업부터 순서대로 작성하고 조건대로 작업하시오.
- 모든 작업시트의 A열은 열 너비 '1'로, 나머지 열은 적당하게 조절하시오.
- 모든 작업시트의 테두리는 ≪출력형태≫와 같이 작업하시오.
- 해당 작업란에서는 각각 제시된 조건에 따라 ≪출력형태≫와 같이 작업하시오.
- 답안 시트 이름은 "제1작업", "제2작업", "제3작업", "제4작업"이어야 하며 답안 시트 이외의 것은 감점 처리됩니다.
- 각 시트를 파일로 나누어 작업해서 저장할 경우 실격 처리됩니다.

① 이름을 정의할 [C3:C10] 영역을 블록 설정한 후 [수식] 탭의 [정의된 이름] 그룹에서 [이름 정의]를 클릭한다. → [새 이름] 대화상자의 이름에 『주문내역』을 입력하고 [확인]을 클릭한다.

기적의 Tip

[수식] 탭 – [이름 관리자]에서 정의된 이름을 관리할 수 있다.

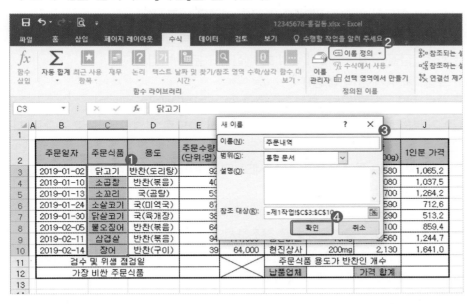

① [H3:H10] 영역을 블록 설정한 후 [홈] 탭 – [스타일] 그룹 – [조건부 서식] (📋) – [셀 강조 규칙] – [같음]을 클릭한다.

기적의 Tip

조건부 서식
조건에 맞는 셀이 다른 셀과 구분되도록 셀 서식을 적용하는 것이다.

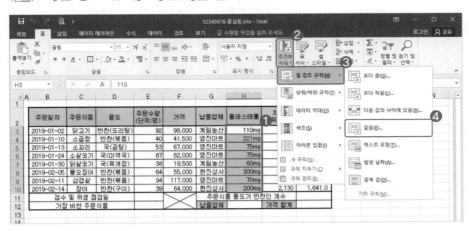

☞ "제1작업" 시트를 이용하여 조건에 따라 ≪출력형태≫와 같이 작업하시오.

조건	(1) 차트 종류 ⇒ 〈묶은 세로 막대형〉으로 작업하시오.
	(2) 데이터 범위 ⇒ "제1작업" 시트의 내용을 이용하여 작업하시오.
	(3) 위치 ⇒ "새 시트"로 이동하고, "제4작업"으로 시트 이름을 바꾸시오.
	(4) 차트 디자인 도구 ⇒ 레이아웃 3, 스타일 1을 선택하여 ≪출력형태≫에 맞게 작업하시오.
	(5) 영역 서식 ⇒ 차트 : 글꼴(굴림, 11pt), 채우기 효과(질감 – 분홍 박엽지)
	그림 : 채우기(흰색, 배경1)
	(6) 제목 서식 ⇒ 차트 제목 : 글꼴(굴림, 굵게, 20pt), 채우기(흰색, 배경1), 테두리
	(7) 서식 ⇒ 메뉴수 계열의 차트 종류를 〈표식이 있는 꺾은선형〉으로 변경한 후 보조 축으로 지정하시오.
	계열 : ≪출력형태≫를 참조하여 표식(세모, 크기 10)과 레이블 값을 표시하시오.
	눈금선 : 선 스타일 – 파선
	축 : ≪출력형태≫를 참조하시오.
	(8) 범례 ⇒ 범례명을 변경하고 ≪출력형태≫를 참조하시오.
	(9) 도형 ⇒ '모서리가 둥근 사각형 설명선'을 삽입한 후 ≪출력형태≫와 같이 내용을 입력하시오.
	(10) 나머지 사항은 ≪출력형태≫에 맞게 작성하시오.

출력형태

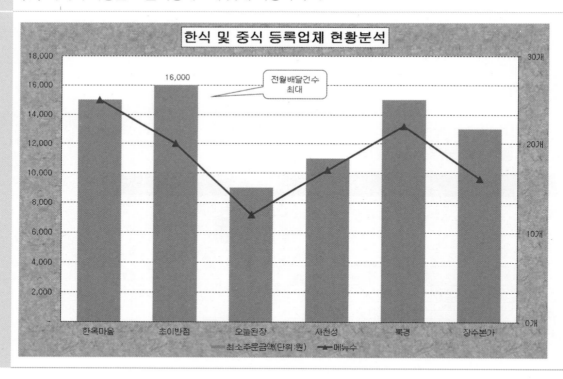

주의 시트명 순서가 차례대로 "제1작업", "제2작업", "제3작업", "제4작업"이 되도록 할 것

② [같음] 대화상자에서 『75』를 입력하고 [적용할 서식]을 '사용자 지정 서식'으로 선택한다.

③ [셀 서식] 대화상자가 나타나면 [채우기] 탭을 클릭하여 '파랑'을 선택하고 [확인]을 누른다. → 이어서 [같음] 대화상자에서도 [확인]을 누른다.

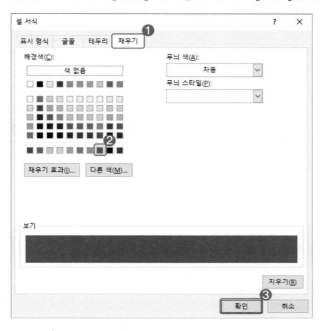

④ [B3:J10] 영역을 블록 설정한 후 [홈] 탭 – [스타일] 그룹 – [조건부 서식](📊) – [새 규칙]을 클릭한다.

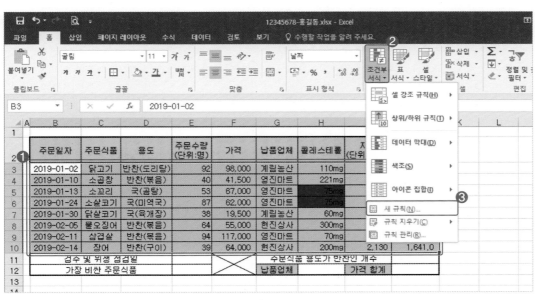

☞ "제1작업" 시트의 「B4:H12」 영역을 복사하여 "제2작업" 시트의 「B2」 셀부터 모두 붙여넣기를 한 후 다음의 조건과 같이 작업하시오.

조건	
	(1) 고급 필터 – 분류가 '서양식'이거나 등록일이 '2021 – 09 – 01' 전인(해당일 미포함) 자료의 코드번호, 업체명, 메뉴수, 전월배달건수 데이터만 추출하시오. – 조건 범위 : 「B14」 셀부터 입력하시오. – 복사 위치 : 「B18」 셀부터 나타나도록 하시오. (2) 표 서식 – 고급필터의 결과셀을 채우기 없음으로 설정한 후 '표 스타일 보통 7'의 서식을 적용하시오. – 머리글 행, 줄무늬 행을 적용하시오.

제 3 작업 | 피벗 테이블 | **80**점

☞ "제1작업" 시트를 이용하여 "제3작업" 시트에 조건에 따라 ≪출력형태≫와 같이 작업하시오.

조건	
	(1) 메뉴수 및 분류별 업체명의 개수와 최소주문금액(단위:원)의 평균을 구하시오. (2) 메뉴수를 그룹화하고, 분류를 ≪출력형태≫와 같이 정렬하시오. (3) 레이블이 있는 셀 병합 및 가운데 맞춤 적용 및 빈 셀은 '＊＊＊'로 표시하시오. (4) 행의 총합계는 지우고, 나머지 사항은 ≪출력형태≫에 맞게 작성하시오.

출력형태	

	분류						
		한식		중식		서양식	
메뉴수	개수 : 업체명	평균 : 최소주문금액(단위:원)	개수 : 업체명	평균 : 최소주문금액(단위:원)	개수 : 업체명	평균 : 최소주문금액(단위:원)
1-10	＊＊＊	＊＊＊	＊＊＊	＊＊＊	1	9,900
11-20	2	11,000	2	13,500	1	15,000
21-30	1	15,000	1	15,000	＊＊＊	＊＊＊
총합계	3	12,333	3	14,000	2	12,450

⑤ [새 서식 규칙] 대화상자에서 규칙 유형 선택을 '수식을 사용하여 서식을 지정할 셀 결정'을 선택한다. → 다음 수식이 참인 값의 서식 지정에 『=$H3<=75』를 입력한 후 [서식]을 클릭한다.

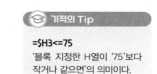

🎓 기적의 Tip

=$H3<=75
'블록 지정한 H열이 '75'보다 작거나 같으면'의 의미이다.

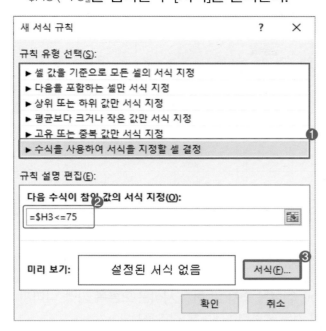

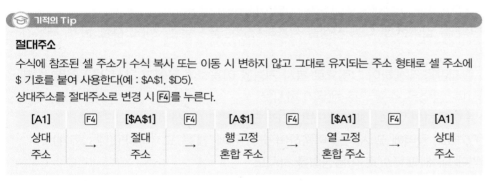

🎓 기적의 Tip

절대주소

수식에 참조된 셀 주소가 수식 복사 또는 이동 시 변하지 않고 그대로 유지되는 주소 형태로 셀 주소에 $ 기호를 붙여 사용한다(예 : $A$1, $D5).
상대주소를 절대주소로 변경 시 F4를 누른다.

[A1]	F4	[$A$1]	F4	[A$1]	F4	[$A1]	F4	[A1]
상대 주소	→	절대 주소	→	행 고정 혼합 주소	→	열 고정 혼합 주소	→	상대 주소

☞ 다음은 '미래 배달앱 등록업체 관리 현황'에 대한 자료이다. 자료를 입력하고 조건에 맞도록 작업하시오.

출력형태

코드번호	업체명	분류	등록일	메뉴수	최소주문금액 (단위:원)	전월배달건수	최소 배달비	등급
						결재	팀장 / 부장 / 사장	
KA1-001	한옥마을	한식	2022-03-10	25	15,000	295	(1)	(2)
CH2-001	초이반점	중식	2020-12-20	20	16,000	422	(1)	(2)
WE2-001	영파스타	서양식	2021-10-10	15	15,000	198	(1)	(2)
KA3-002	오늘된장	한식	2022-05-20	12	9,000	343	(1)	(2)
CH3-002	사천성	중식	2021-08-10	17	11,000	385	(1)	(2)
CH1-003	북경	중식	2021-11-20	22	15,000	225	(1)	(2)
WE1-002	버텍스	서양식	2022-02-10	9	9,900	398	(1)	(2)
KA2-003	장수본가	한식	2022-01-20	16	13,000	415	(1)	(2)
한식 업체 개수			(3)			최소 메뉴수		(5)
한식 전월배달건수 합계			(4)			코드번호	KA1-001 / 전월배달건수	(6)

제목: 미래 배달앱 등록업체 관리 현황

조건

○ 모든 데이터의 서식에는 글꼴(굴림, 11pt), 정렬은 숫자 및 회계 서식은 오른쪽 정렬, 나머지 서식은 가운데 정렬로 작성하며 예외적인 것은 ≪출력형태≫를 참조하시오.

○ 제목 ⇒ 도형(십자형)과 그림자(오프셋 오른쪽)를 이용하여 작성하고 "미래 배달앱 등록업체 관리 현황"을 입력한 후 다음 서식을 적용하시오(글꼴 – 굴림, 24pt, 검정, 굵게, 채우기 – 노랑).

○ 임의의 셀에 결재란을 작성하여 그림으로 복사 기능을 이용하여 붙이기 하시오(단, 원본 삭제).

○ 「B4:J4, G14, I14」 영역은 '주황'으로 채우기 하시오.

○ 유효성 검사를 이용하여 「H14」 셀에 코드번호(「B5:B12」 영역)가 선택 표시되도록 하시오.

○ 셀 서식 ⇒ 「F5:F12」 영역에 셀 서식을 이용하여 숫자 뒤에 '개'를 표시하시오(예 : 25개).

○ 「F5:F12」 영역에 대해 '메뉴수'로 이름정의를 하시오.

☞ (1)~(6) 셀은 반드시 <u>주어진 함수</u>를 이용하여 값을 구하시오(결과값을 직접 입력하면 해당 셀은 0점 처리됨).

(1) 최소배달비 ⇒ 코드번호 세 번째 값이 1이면 '2,000', 2이면 '1,000', 3이면 '0'으로 구하시오 (CHOOSE, MID 함수).

(2) 등급 ⇒ 메뉴수가 15 이상이고, 전월배달건수가 300 이상이면 'A', 그 외에는 'B'로 구하시오(IF, AND 함수).

(3) 한식 업체 개수 ⇒ 결과값에 '개'를 붙이시오(COUNTIF 함수, & 연산자)(예 : 1개).

(4) 한식 전월배달건수 합계 ⇒ 조건은 입력 데이터를 이용하시오(DSUM 함수).

(5) 최소 메뉴수 ⇒ 정의된 이름(메뉴수)을 이용하여 구하시오(MIN 함수).

(6) 전월배달건수 ⇒ 「H14」 셀에서 선택한 코드번호에 대한 전월배달건수를 구하시오(VLOOKUP 함수).

(7) 조건부 서식의 수식을 이용하여 전월배달건수가 '300' 미만인 행 전체에 다음의 서식을 적용하시오 (글꼴 : 파랑, 굵게).

⑥ [셀 서식] 대화상자에서 [글꼴] 탭을 클릭한 후 색을 '빨강'으로 지정하고 [확인]을 클릭한다.

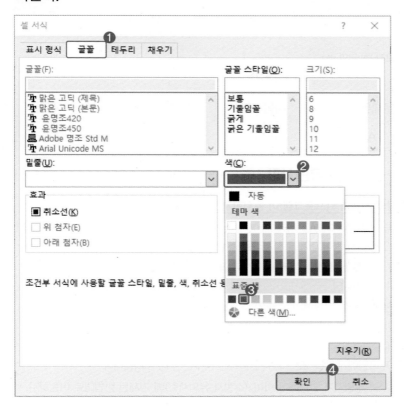

⑦ 다시 [새 서식 규칙] 대화상자가 표시되면 [확인]을 클릭한다.

⑧ [J3:J10] 영역을 블록 설정한 후 [홈] 탭 – [스타일] 그룹 – [조건부 서식]( ) – [데이터 막대] – [녹색 데이터 막대]를 클릭한다.

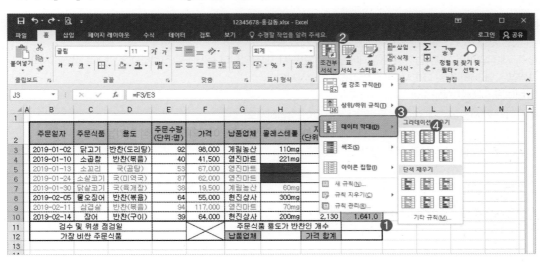

⑨ [J3:J10] 영역이 블록 설정된 상태에서 [조건부 서식]( ) – [규칙 관리]를 클릭한다.

기출문제 1회

▶ 합격 강의

정답파일 Part 4 기출문제₩기출문제 1회 답안.xlsx

과목	코드	문제유형	시험시간	수험번호	성명
한글엑셀	1122	A	60분	20243011	홍길동

·············· **수험자 유의사항** ··············

- 수험자는 문제지를 받는 즉시 문제지와 **수험표상의 시험과목(프로그램)이 동일한지 반드시 확인**하여야 합니다.
- 파일명은 본인의 "수험번호-성명"으로 입력하여 답안폴더(내 PC₩문서₩ITQ)에 하나의 파일로 저장해야 하며, 답안문서 파일명이 "수험번호-성명"과 일치하지 않거나, 답안파일을 전송하지 않아 미제출로 처리될 경우 실격 처리합니다(예:12345678-홍길동.xlsx).
- 답안 작성을 마치면 파일을 저장하고, '답안 전송' 버튼을 선택하여 감독위원 PC로 답안을 전송하십시오. 수험생 정보와 저장한 파일명이 다를 경우 전송되지 않으므로 주의하시기 바랍니다.
- 답안 작성 중에도 **주기적으로 저장하고, '답안 전송'**하여야 문제 발생을 줄일 수 있습니다. 작업한 내용을 저장하지 않고 전송할 경우 이전에 저장된 내용이 전송되니 이점 유의하시기 바랍니다.
- 답안문서는 지정된 경로 외의 다른 보조기억장치에 저장하는 경우, 지정된 시험 시간 외에 작성된 파일을 활용할 경우, 기타 통신수단(이메일, 메신저, 네트워크 등)을 이용하여 타인에게 전달 또는 외부 반출하는 경우는 부정 처리합니다.
- 시험 중 부주의 또는 고의로 시스템을 파손한 경우는 수험자가 변상해야 하며, 〈수험자 유의사항〉에 기재된 방법대로 이행하지 않아 생기는 불이익은 수험생 당사자의 책임임을 알려 드립니다.
- 문제의 조건은 MS오피스 2016 버전으로 설정되어 있으니 유의하시기 바랍니다.
- 시험을 완료한 수험자는 답안파일이 전송되었는지 확인한 후 감독위원의 지시에 따라 문제지를 제출하고 퇴실합니다.

·············· **답안 작성요령** ··············

- 온라인 답안 작성 절차
  수험자 등록 ⇒ 시험 시작 ⇒ 답안파일 저장 ⇒ 답안 전송 ⇒ 시험 종료
- 문제는 총 4단계. 즉 제1작업부터 제4작업까지 구성되어 있으며 반드시 제1작업부터 순서대로 작성하고 조건대로 작업하시오.
- 모든 작업시트의 A열은 열 너비 '1'로, 나머지 열은 적당하게 조절하시오.
- 모든 작업시트의 테두리는 ≪출력형태≫와 같이 작업하시오.
- 해당 작업란에서는 각각 제시된 조건에 따라 ≪출력형태≫와 같이 작업하시오.
- 답안 시트 이름은 "제1작업", "제2작업", "제3작업", "제4작업"이어야 하며 답안 시트 이외의 것은 감점 처리됩니다.
- 각 시트를 파일로 나누어 작업해서 저장할 경우 실격 처리됩니다.

⑩ [조건부 서식 규칙 관리자] 대화상자가 나타나면 '데이터 막대'를 선택한 후 [규칙 편집]을 클릭한다.

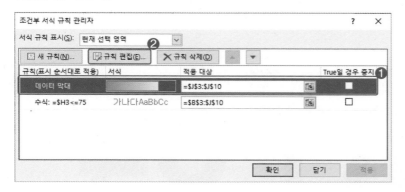

⑪ [서식 규칙 편집] 대화상자가 나타나면 [최소값]과 [최대값]을 각각 '최소값', '최대값'으로 선택하고, 막대 모양의 테두리를 '테두리 없음'으로 선택한 후 [확인]을 클릭한다. → [조건부 서식 규칙 관리자] 대화상자가 다시 나타나면 [확인]을 누른다.

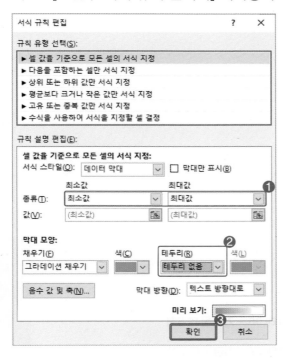

	A	B	C	D	E	F	G	H	I	J
1										
2		주문일자	주문식품	용도	주문수량 (단위:명)	가격	납품업체	콜레스테롤	지방 (단위:100g)	1인분 가격
3		2019-01-02	닭고기	반찬(도리탕)	92	98,000	계림농산	110mg	1,580	1,065.2
4		2019-01-10	소곱창	반찬(볶음)	40	41,500	영진마트	221mg	1,080	1,037.5
5		2019-01-13	소꼬리	국(곰탕)	53	67,000	영진마트		4,700	1,264.2
6		2019-01-24	소살코기	국(미역국)	87	62,000	영진마트		1,590	712.6
7		2019-01-30	닭살코기	국(육개장)	38	19,500	계림농산	60mg	290	513.2
8		2019-02-05	물오징어	반찬(볶음)	64	55,000	현진상사	300mg	100	859.4
9		2019-02-11	삼겹살	반찬(볶음)	94	117,000	영진마트	70mg	2,560	1,244.7
10		2019-02-14	장어	반찬(구이)	39	64,000	현진상사	200mg	2,130	1,641.0
11		검수 및 위생 점검일				✕	주문식품 용도가 반찬인 개수			
12		가장 비싼 주문식품					납품업체	계림농산	가격 합계	

PART 04

기출문제

차례

문제유형 ①   정답파일 ▶ 유형01_1번 정답.xlsx

다음은 '경기도 전문계고 경쟁률'에 대한 자료이다. 자료를 입력하고 조건에 맞도록 작업하시오.

출력형태

	B	C	D	E	F	G	H	I	J
3									
4	학교	지역	경쟁률	구분	학과수	모집인원	커트라인	지원자	모집인원 순위
5	장안정보고	수원	2.8 : 1	특성화	3	120	268		
6	미래정보고	여주	1.9 : 1	일반	2	350	271		
7	한국정보고	오산	3.3 : 1	특성화	4	280	243		
8	천성정보고	평택	3.1 : 1	일반	2	300	235		
9	남부전자고	성남	2.6 : 1	특성화	3	320	260		
10	해양전자고	이천	1.8 : 1	일반	1	240	237		
11	양지공업고	여주	2.6 : 1	특성화	2	140	259		
12	중앙공업고	하남	5.7 : 1	일반	3	245	267		
13	전문계고 커트라인 평균			╳		특성화 전문계고 커트라인 평균			
14	모집인원이 가장 많은 학교					학교	장안정보고	경쟁률	

조건

- [B4:J4, B13:D14, G13:I13, G14, I14] 영역은 '노랑'으로 채우기 하시오.
- 유효성 검사를 이용하여 [H14] 셀에 학교([B5:B12] 영역)가 선택 표시되도록 하시오.
- 셀 서식 ⇒ [G5:G12] 영역에 셀 서식을 이용하여 숫자 뒤에 '명'을 표시하시오
  (예 : 120 → 120명).
- 학과수 값([F5:F12] 영역) 전체에 대해 '학과수'로 이름 정의를 하시오.
- 조건부 서식을 이용하여 '학과수' 셀에 값이 3인 경우 채우기(주황)를 적용하고, 수식을 이용하여 학과수가 3인 행 전체에 다음 서식을 적용하시오(글꼴 : 파랑).

🎓 **기적의 Tip**

셀 서식 : G/표준"명"
조건부 서식 : =$F5=3

다음은 '6월 고객 예탁금액 이용 현황'에 대한 자료이다. 자료를 입력하고 조건에 맞도록 작업하시오.

출력형태

고객명	고객번호	결제금액	예금잔액	결제일	총 이용 한도 금액(만원)	TOP 포인트	결제금액 순위	비고
백정미	G-1312	₩ 213,500	₩ 5,436,900	5	₩ 1,300	56,400		
박영태	V-2345	₩ 345,600	₩ 3,456,000	27	₩ 1,200	76,500		
명노찬	M-2766	₩ 123,000	₩ 56,000	17	₩ 500	21,000		
성나영	G-1234	₩ 56,000	₩ 78,000	5	₩ 700	7,600		
김교학	V-2788	₩ 79,000	₩ 4,567,000	27	₩ 1,250	8,900		
박성우	M-2543	₩ 541,000	₩ 6,500,000	17	₩ 400	64,300		
우지인	G-1980	₩ 678,000	₩ 1,256,000	5	₩ 900	123,400		
황은지	V-2622	₩ 543,000	₩ 34,000	27	₩ 300	115,000		
임지문	M-1543	₩ 231,000	₩ 453,000	17	₩ 600	56,800		
임정숙	V-2090	₩ 89,000	₩ 789,000	27	₩ 1,500	31,000		
결제일이 15일 이후인 개수				╳	TOP 포인트가 제일 높은 고객명			
5일 결제일 고객의 TOP 포인트 합계				╳	고객명	백정미	결제금액	

조건

- [B4:J4, G16, I16] 영역은 '주황'으로 채우기 하시오.
- 유효성 검사를 이용하여 [H16] 셀에 고객명([B5:B14] 영역)이 선택 표시되도록 하시오.
- 셀 서식 ⇒ [B5:B14] 영역에 셀 서식을 이용하여 문자 뒤에 '고객'을 표시하시오
  (예 : 백정미 → 백정미 고객).
- 고객명, 고객번호 값([B5:C14] 영역) 전체에 대해 '고객정보'로 이름 정의를 하시오.
- 조건부 서식을 이용하여 '결제금액' 셀에 데이터 막대 스타일(녹색)을 최소값 및 최대값으로 적용하고, 수식을 이용하여 '결제금액'이 '350,000' 이상이면 행 전체에 다음 서식을 적용하시오(글꼴 : 파랑).

🎓 **기적의 Tip**

셀 서식 : @"고객"
조건부 서식 : =$D5>=350000

☞ "제1작업" 시트를 이용하여 조건에 따라 ≪출력형태≫와 같이 작업하시오.

조건	
	(1) 차트 종류 ⇒ 〈묶은 세로 막대형〉으로 작업하시오.
	(2) 데이터 범위 ⇒ "제1작업" 시트의 내용을 이용하여 작업하시오.
	(3) 위치 ⇒ "새 시트"로 이동하고, "제4작업"으로 시트 이름을 바꾸시오.
	(4) 차트 디자인 도구 ⇒ 레이아웃 3, 스타일 1을 선택하여 ≪출력형태≫에 맞게 작업하시오.
	(5) 영역 서식 ⇒ 차트 : 글꼴(굴림, 11pt), 채우기 효과(질감 – 분홍 박엽지)
	그림 : 채우기(흰색, 배경1)
	(6) 제목 서식 ⇒ 차트 제목 : 글꼴(굴림, 굵게, 20pt), 채우기(흰색, 배경1), 테두리
	(7) 서식 ⇒ 판매금액 계열의 차트 종류를 〈표식이 있는 꺾은선형〉으로 변경한 후 보조 축으로 지정하시오.
	계열 : ≪출력형태≫를 참조하여 표식(세모, 크기 10)과 레이블 값을 표시하시오.
	눈금선 : 선 스타일 – 파선
	축 : ≪출력형태≫를 참조하시오.
	(8) 범례 ⇒ 범례명을 변경하고 ≪출력형태≫를 참조하시오.
	(9) 도형 ⇒ '모서리가 둥근 사각형 설명선'을 삽입한 후 ≪출력형태≫와 같이 내용을 입력하시오.
	(10) 나머지 사항은 ≪출력형태≫에 맞게 작성하시오.

출력형태	
	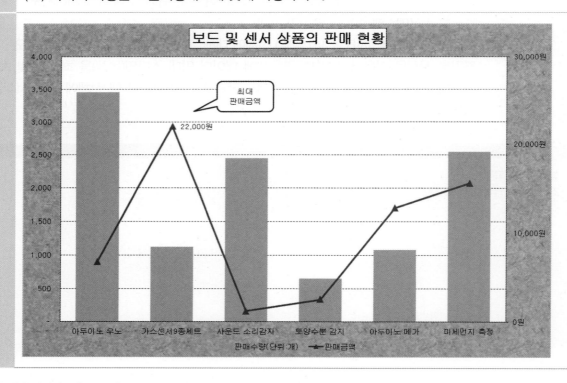

주의 시트명 순서가 차례대로 "제1작업", "제2작업", "제3작업", "제4작업"이 되도록 할 것.

▶ 합격 강의

난이도 상 중 **하**

정답파일 Part 1 시험 유형 따라하기\Chapter02_정답.xlsx

기적의 3회독
☐ 1회 ☐ 2회 ☐ 3회

다음은 다양한 제목 형태이다. 새 문서를 열어 다음 각 제목을 조건에 맞도록 작업하시오.

출력형태

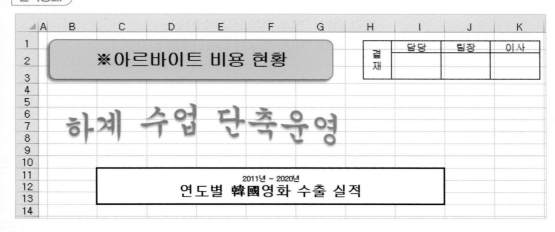

문제보기

조건

유형 1
- 제목 ⇒ 도형(모서리가 둥근 직사각형)과 그림자(오프셋 대각선 왼쪽 아래)를 이용하여 작성하고 "※아르바이트 비용 현황"을 입력한 후 다음 서식을 적용하시오 (글꼴 – 굴림, 20pt, 굵게, 채우기 – 노랑).
- 결재란 ⇒ 임의의 셀에 결재란을 작성하여 그림으로 복사 기능을 이용하여 붙이기 하시오 (단, 원본 삭제).

유형 2
- 제목 ⇒ WordArt(채우기 – 파랑, 강조 1, 그림자)로 "하계 수업 단축운영"을 입력한 후 다음 서식을 적용하시오(글꼴 – 궁서체, 32pt).

유형 3
- 제목 ⇒ [C11:I13] 영역을 병합하고 "연도별 한국영화 수출 실적"을 입력한 후 다음의 서식을 적용하시오(글꼴 – 돋움, 16pt, 굵게 / 한자 변환 – 한국 : 韓國).
- 윗주 ⇒ 제목 셀에 "2011년 ~ 2020년"의 내용으로 윗주를 작성하시오.

☞ "제1작업" 시트의 「B4:H12」 영역을 복사하여 "제2작업" 시트의 「B2」 셀부터 모두 붙여넣기를 한 후 다음의 조건과 같이 작업하시오.

조건	
(1) 목표값 찾기 – 「B11:G11」 셀을 병합하여 "도매키트 브랜드의 판매수량(단위:개) 평균"을 입력한 후 「H11」셀에 도매키트 브랜드의 판매수량(단위:개) 평균을 구하시오. 단, 조건은 입력데이터를 이용하시오(DAVERAGE 함수, 테두리, 가운데 맞춤). – '도매키트 브랜드의 판매수량(단위:개) 평균'이 '2,500'이 되려면 아두이노 우노의 판매수량(단위:개)이 얼마가 되어야 하는지 목표값을 구하시오. (2) 고급 필터 – 분류가 '모듈' 이거나, 판매금액이 '3,000' 이하인 자료의 데이터만 추출하시오. – 조건 범위 : 「B14」 셀부터 입력하시오. – 복사 위치 : 「B18」 셀부터 나타나도록 하시오.	

제 3 작업   정렬 및 부분합   80점

☞ "제1작업" 시트의 「B4:H12」 영역을 복사하여 "제3작업" 시트의 「B2」 셀부터 모두 붙여넣기를 한 후 다음의 조건과 같이 작업하시오.

조건	
(1) 부분합 – ≪출력형태≫처럼 정렬하고, 상품명의 개수와 판매금액의 평균을 구하시오. (2) 윤곽 – 지우시오. (3) 나머지 사항은 ≪출력형태≫에 맞게 작성하시오.	

출력형태

	B	C	D	E	F	G 판매수량 (단위:개)	H
2	상품코드	상품명	분류	브랜드	판매금액	판매수량 (단위:개)	적립률
3	G-1423	가스센서9종세트	센서	한국전자	22,000원	1,123	15%
4	S-1323	사운드 소리감지	센서	한국전자	1,200원	2,450	5%
5	T-2431	토양수분 감지	센서	도매키트	2,500원	650	8%
6	M-2412	미세먼지 측정	센서	도매키트	15,500원	2,549	10%
7			센서 평균		10,300원		
8		4	센서 개수				
9	U-2131	아두이노 우노	보드	도매키트	6,800원	3,456	10%
10	A-1422	아두이노 메가	보드	한국전자	12,800원	1,082	10%
11			보드 평균		9,800원		
12		2	보드 개수				
13	B-3181	블루투스 HC-06	모듈	코딩교육	4,800원	688	10%
14	J-3243	조이스틱	모듈	코딩교육	3,500원	967	8%
15			모듈 평균		4,150원		
16		2	모듈 개수				
17			전체 평균		8,638원		
18		8	전체 개수				

① 제목이 들어갈 도형을 그리기 위해 [삽입] 탭의 [일러스트레이션] 그룹에서 [도형](⬡)을 클릭한 후 [모서리가 둥근 직사각형]을 선택한다.

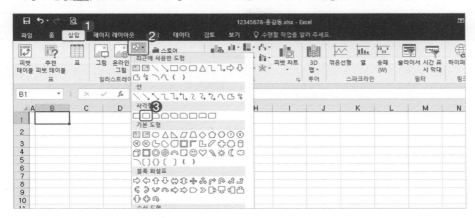

② 마우스 포인터 모양이 '+'가 된 상태에서 [B1] 셀부터 [G3] 셀까지 드래그하여 출력형태와 같은 크기가 되도록 도형을 작성한다.

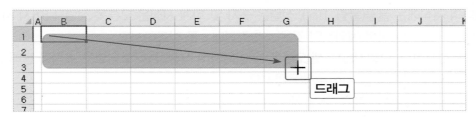

③ 특수문자를 먼저 입력하기 위해, 도형이 선택된 상태에서 『ㅁ』을 입력한 후 [한자]를 눌러 특수문자 목록이 나타나면 '※'를 선택한다. 나머지 내용도 입력한다.

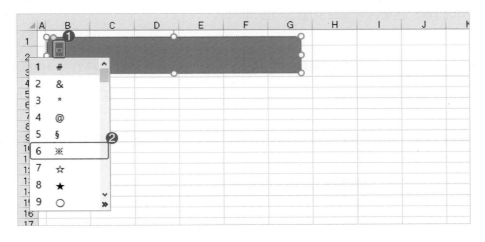

> **기적의 Tip**
>
> 도형의 크기에 대한 지시사항이 정확히 없으므로 출력형태와 비교하여 비슷하게 조절한다.

> **기적의 Tip**
>
> **특수문자 입력**
> 한글 자음 『ㅁ』을 입력한 후 [한자]를 눌러 나타나는 특수문자 목록을 이용하거나 [삽입] 탭 – [기호]로 입력한다.

☞ 다음은 '코딩교구 쇼핑몰 판매 현황'에 대한 자료이다. 자료를 입력하고 조건에 맞도록 작업하시오.

출력형태

	상품코드	상품명	분류	브랜드	판매금액	판매수량 (단위:개)	적립률	판매 순위	배송기간
							당당	대리	팀장
결재									
코딩교구 쇼핑몰 판매 현황									
	U-2131	아두이노 우노	보드	도매키트	6800	3,456	10%	(1)	(2)
	G-1423	가스센서9종세트	센서	한국전자	22000	1,123	15%	(1)	(2)
	S-1323	사운드 소리감지	센서	한국전자	1200	2,450	5%	(1)	(2)
	B-3181	블루투스 HC-06	모듈	코딩교육	4800	688	10%	(1)	(2)
	T-2431	토양수분 감지	센서	도매키트	2500	650	8%	(1)	(2)
	A-1422	아두이노 메가	보드	한국전자	12800	1,082	10%	(1)	(2)
	J-3243	조이스틱	모듈	코딩교육	3500	967	8%	(1)	(2)
	M-2412	미세먼지 측정	센서	도매키트	15500	2,549	10%	(1)	(2)
	보드 판매수량(단위:개) 합계			(3)			최대 판매금액		(5)
	센서 상품의 개수			(4)		상품명	아두이노 우노	판매금액	(6)

조건

○ 모든 데이터의 서식에는 글꼴(굴림, 11pt), 정렬은 숫자 및 회계 서식은 오른쪽 정렬, 나머지 서식은 가운데 정렬로 작성하며 예외적인 것은 ≪출력형태≫를 참조하시오.

○ 제 목 ⇒ 도형(십자형)과 그림자(오프셋 오른쪽)를 이용하여 작성하고 "코딩교구 쇼핑몰 판매 현황"을 입력한 후 다음 서식을 적용하시오
(글꼴 – 굴림, 24pt, 검정, 굵게, 채우기 – 노랑).

○ 임의의 셀에 결재란을 작성하여 그림으로 복사 기능을 이용하여 붙이기 하시오(단, 원본 삭제).

○ 「B4:J4, G14, I14」 영역은 '주황'으로 채우기 하시오.

○ 유효성 검사를 이용하여 「H14」 셀에 상품명(「C5:C12」 영역)이 선택 표시되도록 하시오.

○ 셀 서식 ⇒ 「F5:F12」 영역에 셀 서식을 이용하여 숫자 뒤에 '원'을 표시하시오(예 : 6,800원).

○ 「F5:F12」 영역에 대해 '판매금액'으로 이름정의를 하시오.

☞ (1)～(6) 셀은 반드시 <u>주어진 함수를 이용하여</u> 값을 구하시오(결과값을 직접 입력하면 해당 셀은 0점 처리됨).

(1) 판매 순위 ⇒ 판매수량(단위:개)의 내림차순 순위를 1～3까지 구하고, 그 외에는 공백으로 표시하시오
(IF, RANK.EQ 함수).

(2) 배송기간 ⇒ 상품코드의 마지막 글자가 1이면 '2일 이내', 2이면 '3일 이내', 3이면 '4일 이상'으로 표시하시오
(CHOOSE, RIGHT 함수).

(3) 보드 판매수량(단위:개) 합계 ⇒ 단, 조건은 입력데이터를 이용하시오(DSUM 함수).

(4) 센서 상품의 개수 ⇒ 구한 결과값에 '개'를 붙이시오(COUNTIF 함수, & 연산자)(예 : 1개).

(5) 최대 판매금액 ⇒ 정의된 이름(판매금액)을 이용하여 구하시오(LARGE 함수).

(6) 판매금액 ⇒ 「H14」 셀에서 선택한 상품명에 대한 판매금액을 구하시오(VLOOKUP 함수).

(7) 조건부 서식의 수식을 이용하여 판매수량(단위:개)이 '2,000' 이상인 행 전체에 다음의 서식을 적용하시오
(글꼴 : 파랑, 굵게).

④ 도형 서식을 지정하기 위해 제목을 선택한 후 [홈] 탭 – [글꼴] 그룹에서 '굴림', 크기는 '20'을 선택하고 [굵게]를 클릭한다. → [채우기 색]([🎨▼])은 '노랑', [글꼴 색]([가▼])은 '검정'을 선택한다. → 위/아래, 왼쪽/오른쪽 모두 [가운데 맞춤]을 설정한다.

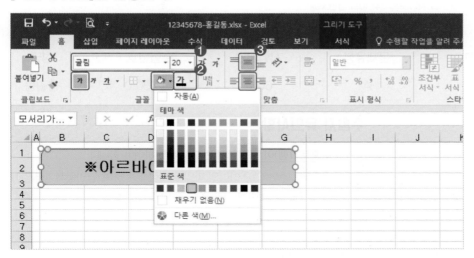

⑤ 도형에 그림자 효과를 지정하기 위해 [그리기 도구] – [서식] 탭 – [도형 스타일] 그룹에서 [도형 효과]를 클릭한 후 [그림자] – [오프셋 대각선 왼쪽 아래]를 선택한다.

🎓 기적의 Tip

[그리기 도구] – [서식] 탭은 도형을 선택했을 때만 보인다.

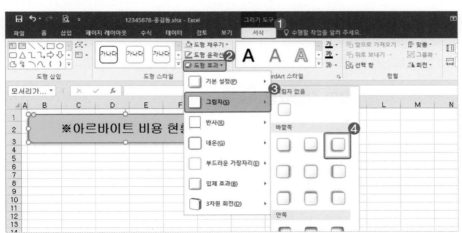

SECTION 02 결재란 작성(그림으로 복사)

① 결재란을 만들기 위해 내용이 입력되지 않은 행과 열 부분을 찾는다. 여기서는 [L5] 셀부터 작성한다.

모의고사 10회

▶ 합격 강의

정답파일 Part 3 모의고사₩모의고사 10회 답안.xlsx

과목	코드	문제유형	시험시간	수험번호	성명
한글엑셀	1122	A	60분	20243010	홍길동

············· **수험자 유의사항** ·············

• 수험자는 문제지를 받는 즉시 문제지와 **수험표상의 시험과목(프로그램)이 동일한지 반드시 확인**하여야 합니다.

• 파일명은 본인의 "수험번호–성명"으로 입력하여 답안폴더(내 PC₩문서₩ITQ)에 하나의 파일로 저장해야 하며, 답안문서 파일명이 "수험번호–성명"과 일치하지 않거나, 답안파일을 전송하지 않아 미제출로 처리될 경우 실격 처리합니다(예:12345678–홍길동.xlsx).

• 답안 작성을 마치면 파일을 저장하고, '답안 전송' 버튼을 선택하여 감독위원 PC로 답안을 전송하십시오. 수험생 정보와 저장한 파일명이 다를 경우 전송되지 않으므로 주의하시기 바랍니다.

• 답안 작성 중에도 **주기적으로 저장하고, '답안 전송'**하여야 문제 발생을 줄일 수 있습니다. 작업한 내용을 저장하지 않고 전송할 경우 이전에 저장된 내용이 전송되니 이점 유의하시기 바랍니다.

• 답안문서는 지정된 경로 외의 다른 보조기억장치에 저장하는 경우, 지정된 시험 시간 외에 작성된 파일을 활용할 경우, 기타 통신수단(이메일, 메신저, 네트워크 등)을 이용하여 타인에게 전달 또는 외부 반출하는 경우는 부정 처리합니다.

• 시험 중 부주의 또는 고의로 시스템을 파손한 경우는 수험자가 변상해야 하며, 〈수험자 유의사항〉에 기재된 방법대로 이행하지 않아 생기는 불이익은 수험생 당사자의 책임임을 알려 드립니다.

• 문제의 조건은 MS오피스 2016 버전으로 설정되어 있으니 유의하시기 바랍니다.

• 시험을 완료한 수험자는 답안파일이 전송되었는지 확인한 후 감독위원의 지시에 따라 문제지를 제출하고 퇴실합니다.

············· **답안 작성요령** ·············

• 온라인 답안 작성 절차
   수험자 등록 ⇒ 시험 시작 ⇒ 답안파일 저장 ⇒ 답안 전송 ⇒ 시험 종료

• 문제는 총 4단계, 즉 제1작업부터 제4작업까지 구성되어 있으며 반드시 제1작업부터 순서대로 작성하고 조건대로 작업하시오.

• 모든 작업시트의 A열은 열 너비 '1'로, 나머지 열은 적당하게 조절하시오.

• 모든 작업시트의 테두리는 《출력형태》와 같이 작업하시오.

• 해당 작업란에서는 각각 제시된 조건에 따라 《출력형태》와 같이 작업하시오.

• 답안 시트 이름은 "제1작업", "제2작업", "제3작업", "제4작업"이어야 하며 답안 시트 이외의 것은 감점 처리됩니다.

• 각 시트를 파일로 나누어 작업해서 저장할 경우 실격 처리됩니다.

② '결재'가 입력될 두 개의 셀을 블록 설정한 후 마우스 오른쪽 버튼을 클릭하여 [셀 서식]을 선택한다.

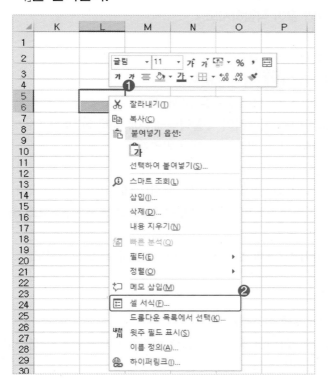

③ [셀 서식] 대화상자에서 [맞춤] 탭을 클릭하여 방향을 세로로 써진 '텍스트'를 선택하고, '셀 병합'을 체크한 후 [확인]을 클릭한다.

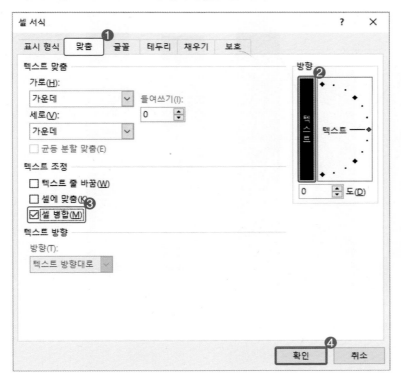

☞ "제1작업" 시트를 이용하여 조건에 따라 ≪출력형태≫와 같이 작업하시오.

조건	(1) 차트 종류 ⇒ 〈묶은 세로 막대형〉으로 작업하시오.

(1) 차트 종류 ⇒ 〈묶은 세로 막대형〉으로 작업하시오.

(2) 데이터 범위 ⇒ "제1작업" 시트의 내용을 이용하여 작업하시오.

(3) 위치 ⇒ "새 시트"로 이동하고, "제4작업"으로 시트 이름을 바꾸시오.

(4) 차트 디자인 도구 ⇒ 레이아웃 3, 스타일 1을 선택하여 ≪출력형태≫에 맞게 작업하시오.

(5) 영역 서식 ⇒ 차트 : 글꼴(굴림, 11pt), 채우기 효과(질감 – 파랑 박엽지)

                  그림 : 채우기(흰색, 배경1)

(6) 제목 서식 ⇒ 차트 제목 : 글꼴(굴림, 굵게, 20pt), 채우기(흰색, 배경1), 테두리

(7) 서식 ⇒ 수강료(단위:원) 계열의 차트 종류를 〈표식이 있는 꺾은선형〉으로 변경한 후 보조 축으로 지정하시오.

         계열 : ≪출력형태≫를 참조하여 표식(세모, 크기 10)과 레이블 값을 표시하시오.

         눈금선 : 선 스타일 – 파선

         축 : ≪출력형태≫를 참조하시오.

(8) 범례 ⇒ 범례명을 변경하고 ≪출력형태≫를 참조하시오.

(9) 도형 ⇒ '모서리가 둥근 사각형 설명선'을 삽입한 후 ≪출력형태≫와 같이 내용을 입력하시오.

(10) 나머지 사항은 ≪출력형태≫에 맞게 작성하시오.

출력형태

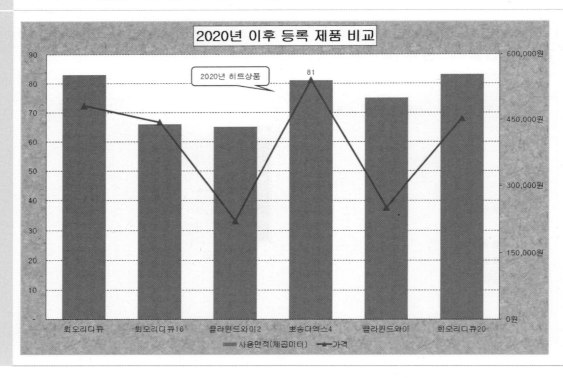

주의 시트명 순서가 차례대로 "제1작업", "제2작업", "제3작업", "제4작업"이 되도록 할 것.

④ 텍스트를 모두 입력하고 행 높이와 열 너비를 조절한다. → [홈] 탭 – [글꼴] 그룹에서
[테두리] – [모든 테두리](田)를 선택한다.

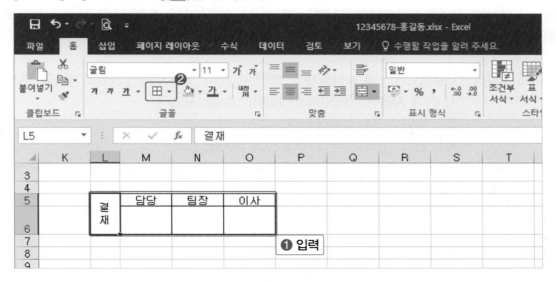

⑤ 결재란 영역을 블록 설정한 후 [홈] 탭 – [클립보드] 그룹 – [복사] – [그림으로 복사]
를 선택한다. → [그림 복사] 대화상자가 나타나면 [확인]을 클릭한다.

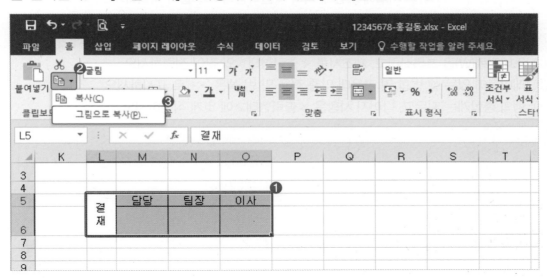

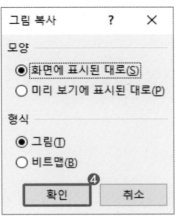

☞ "제1작업" 시트의 「B4:H12」 영역을 복사하여 "제2작업" 시트의 「B2」 셀부터 모두 붙여넣기를 한 후 다음의 조건과 같이 작업하시오.

조건	
	(1) 고급 필터 – 제품코드가 'Y'로 시작하거나, 소비전력(W)이 '300' 이하인 자료의 제품명, 제조사, 가격, 사용면적(제곱미터) 데이터만 추출하시오. 　　　　– 조건 범위 : 「B14」 셀부터 입력하시오. 　　　　– 복사 위치 : 「B18」 셀부터 나타나도록 하시오. (2) 표 서식 – 고급필터의 결과셀을 채우기 없음으로 설정한 후 '표 스타일 보통 6'의 서식을 적용하시오. 　　　　– 머리글 행, 줄무늬 행을 적용하시오.

제 3 작업   피벗 테이블   **80**점

☞ "제1작업" 시트를 이용하여 "제3작업" 시트에 조건에 따라 ≪출력형태≫와 같이 작업하시오.

조건	
	(1) 소비전력(W) 및 제조사별 제품명의 개수와 사용면적(제곱미터)의 평균을 구하시오. (2) 소비전력(W)을 그룹화하고, 제조사를 ≪출력형태≫와 같이 정렬하시오. (3) 레이블이 있는 셀 병합 및 가운데 맞춤 적용 및 빈 셀은 '＊＊'로 표시하시오. (4) 행의 총합계는 지우고, 나머지 사항은 ≪출력형태≫에 맞게 작성하시오.

출력형태	

A	B	C	D	E	F	G	H
		제조사 ▼					
		큐니스		커리어		엘큐전자	
	소비전력(W) ▼	개수 : 제품명	평균 : 사용면적(제곱미터)	개수 : 제품명	평균 : 사용면적(제곱미터)	개수 : 제품명	평균 : 사용면적(제곱미터)
	201-270	1	70	＊＊	＊＊	1	66
	271-340	2	77	1	65	2	83
	341-410	＊＊	＊＊	1	75	＊＊	＊＊
	총합계	3	75	2	70	3	77

⑥ [홈] 탭 – [클립보드] 그룹의 [붙여넣기](📋)를 클릭한 후 그림의 위치를 마우스 드래 그하여 조절한다. 방향키(→←↑↓)로 미세한 조절이 가능하다.

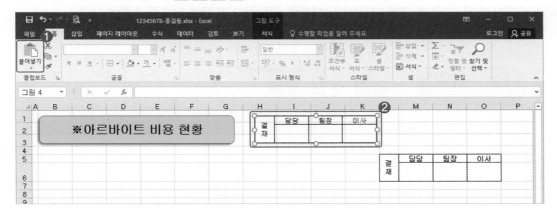

⑦ 원본을 삭제하기 위해 작업한 [L5:O6] 영역을 블록 설정한 후 [홈] 탭 – [셀] 그 룹 – [삭제](📑)를 클릭한다.

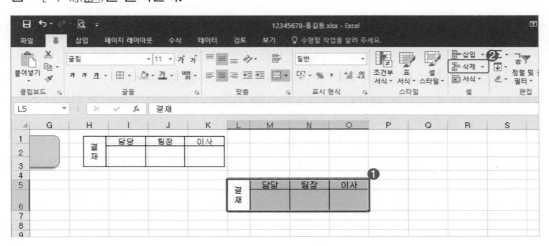

☞ 다음은 '20평형 제습기 추천 모델'에 대한 자료이다. 자료를 입력하고 조건에 맞도록 작업하시오.

출력형태

	A B	C	D	E	F	G	H	I	J
1							확인	담당	팀장	부장
2		**20평형 제습기 추천 모델**								
3										
4	제품코드	제품명	제조사	가격	사용면적(제곱미터)	소비전력(W)	등록일자	판매사	비고
5	DQ-115	회오리디큐	엘큐전자	482880	83	333	2020-03-05	(1)	(2)
6	QN-316	뽀송디엔	큐니스	322140	70	270	2019-01-10	(1)	(2)
7	DQ-114	회오리디큐16	엘큐전자	444610	66	215	2020-03-10	(1)	(2)
8	QX-215	뽀송디엑스2	큐니스	353270	73	300	2019-04-01	(1)	(2)
9	YC-225	클라윈드와이2	커리어	222030	65	290	2021-04-10	(1)	(2)
10	QX-413	뽀송디엑스4	큐니스	541030	81	330	2021-04-01	(1)	(2)
11	YC-221	클라윈드와이	커리어	250960	75	365	2020-07-01	(1)	(2)
12	DQ-315	회오리디큐20	엘큐전자	453380	83	333	2020-02-10	(1)	(2)
13	엘큐전자의 제품 개수			(3)			최대 사용면적(제곱미터)		(5)
14	2020년 이후 등록 제품의 소비전력(W) 평균			(4)			제품코드	DQ-115	가격	(6)

조건

○ 모든 데이터의 서식에는 글꼴(굴림, 11pt), 정렬은 숫자 및 회계 서식은 오른쪽 정렬, 나머지 서식은 가운데 정렬로 작성하며 예외적인 것은 ≪출력형태≫를 참조하시오.

○ 제 목 ⇒ 도형(육각형)과 그림자(오프셋 오른쪽)를 이용하여 작성하고 "20평형 제습기 추천 모델"을 입력한 후 다음 서식을 적용하시오
(글꼴 – 굴림, 24pt, 검정, 굵게, 채우기 – 노랑).

○ 임의의 셀에 결재란을 작성하여 그림으로 복사 기능을 이용하여 붙이기 하시오(단, 원본 삭제).

○ 「B4:J4, G14, I14」 영역은 '주황'으로 채우기 하시오.

○ 유효성 검사를 이용하여 「H14」 셀에 제품코드(「B5:B12」 영역)가 선택 표시되도록 하시오.

○ 셀 서식 ⇒ 「E5:E12」 영역에 셀 서식을 이용하여 숫자 뒤에 '원'을 표시하시오(예 : 482,880원).

○ 「H5:H12」 영역에 대해 '등록일자'로 이름정의를 하시오.

☞ (1)~(6) 셀은 반드시 <u>주어진 함수를 이용</u>하여 값을 구하시오(결과값을 직접 입력하면 해당 셀은 0점 처리됨).

⑴ 판매사 ⇒ 제품코드의 네 번째 글자가 1이면 '한국', 2이면 '대한', 그 외에는 '온라인'으로 구하시오
(IF, MID 함수).

⑵ 비고 ⇒ 소비전력(W)의 오름차순 순위를 구하시오(RANK.EQ 함수).

⑶ 엘큐전자의 제품 개수 ⇒ 결과값에 '개'를 붙이시오. 단, 조건은 입력데이터를 이용하시오
(DCOUNTA 함수, & 연산자)(예 : 1개).

⑷ 2020년 이후 등록 제품의 소비전력(W) 평균 ⇒ 등록일자가 '2020 – 01 – 01' 이후(해당일 포함)인 제품의 소비전력(W) 평균을 구하시오. 단, 정의된 이름(등록일자)을 이용하여 구하시오(SUMIF, COUNTIF 함수).

⑸ 최대 사용면적(제곱미터) ⇒ (MAX 함수)

⑹ 가격 ⇒ 「H14」셀에서 선택한 제품코드에 대한 가격을 구하시오(VLOOKUP 함수).

⑺ 조건부 서식의 수식을 이용하여 사용면적(제곱미터)이 '80' 이상인 행 전체에 다음의 서식을 적용하시오
(글꼴 : 파랑, 굵게).

삭제 메뉴 실행 결과

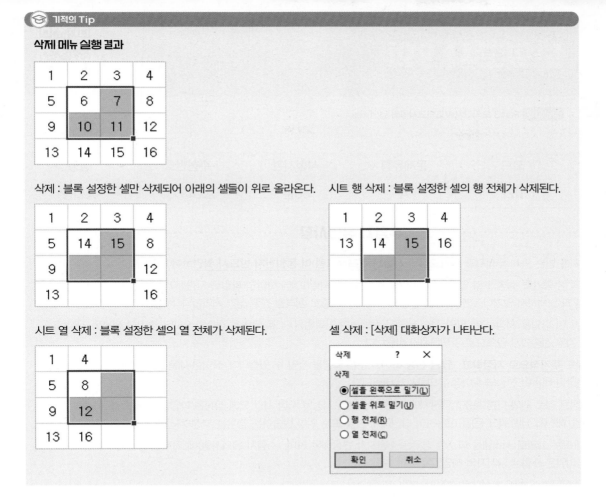

삭제 : 블록 설정한 셀만 삭제되어 아래의 셀들이 위로 올라온다.

시트 행 삭제 : 블록 설정한 셀의 행 전체가 삭제된다.

시트 열 삭제 : 블록 설정한 셀의 열 전체가 삭제된다.

셀 삭제 : [삭제] 대화상자가 나타난다.

SECTION 03　WordArt로 제목 작성

① 워드아트 제목을 입력하기 위해 [삽입] 탭의 [텍스트] 그룹에서 [Word-Art](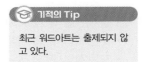)를 클릭한 후 [채우기 – 파랑, 강조 1, 그림자]를 선택한다.

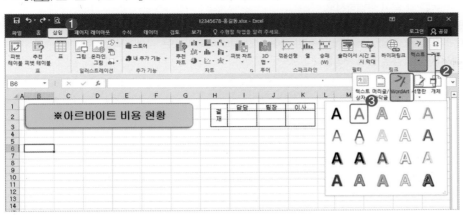

모의고사 9회

정답파일 Part 3 모의고사₩모의고사 9회 답안.xlsx

과목	코드	문제유형	시험시간	수험번호	성명
한글엑셀	1122	A	60분	20243009	홍길동

수험자 유의사항

- 수험자는 문제지를 받는 즉시 문제지와 **수험표상의 시험과목(프로그램)이 동일한지 반드시 확인**하여야 합니다.
- 파일명은 본인의 "수험번호−성명"으로 입력하여 답안폴더(내 PC₩문서₩ITQ)에 하나의 파일로 저장해야 하며, 답안문서 파일명이 "수험번호−성명"과 일치하지 않거나, 답안파일을 전송하지 않아 미제출로 처리될 경우 실격 처리합니다(예:12345678−홍길동.xlsx).
- 답안 작성을 마치면 파일을 저장하고, '답안 전송' 버튼을 선택하여 감독위원 PC로 답안을 전송하십시오. 수험생 정보와 저장한 파일명이 다를 경우 전송되지 않으므로 주의하시기 바랍니다.
- 답안 작성 중에도 **주기적으로 저장하고, '답안 전송'**하여야 문제 발생을 줄일 수 있습니다. 작업한 내용을 저장하지 않고 전송할 경우 이전에 저장된 내용이 전송되니 이점 유의하시기 바랍니다.
- 답안문서는 지정된 경로 외의 다른 보조기억장치에 저장하는 경우, 지정된 시험 시간 외에 작성된 파일을 활용할 경우, 기타 통신수단(이메일, 메신저, 네트워크 등)을 이용하여 타인에게 전달 또는 외부 반출하는 경우는 부정 처리합니다.
- 시험 중 부주의 또는 고의로 시스템을 파손한 경우는 수험자가 변상해야 하며, 〈수험자 유의사항〉에 기재된 방법대로 이행하지 않아 생기는 불이익은 수험생 당사자의 책임임을 알려 드립니다.
- 문제의 조건은 MS오피스 2016 버전으로 설정되어 있으니 유의하시기 바랍니다.
- 시험을 완료한 수험자는 답안파일이 전송되었는지 확인한 후 감독위원의 지시에 따라 문제지를 제출하고 퇴실합니다.

답안 작성요령

- 온라인 답안 작성 절차
  수험자 등록 ⇒ 시험 시작 ⇒ 답안파일 저장 ⇒ 답안 전송 ⇒ 시험 종료
- 문제는 총 4단계, 즉 제1작업부터 제4작업까지 구성되어 있으며 반드시 제1작업부터 순서대로 작성하고 조건대로 작업하시오.
- 모든 작업시트의 A열은 열 너비 '1'로, 나머지 열은 적당하게 조절하시오.
- 모든 작업시트의 테두리는 ≪출력형태≫와 같이 작업하시오.
- 해당 작업란에서는 각각 제시된 조건에 따라 ≪출력형태≫와 같이 작업하시오.
- 답안 시트 이름은 "제1작업", "제2작업", "제3작업", "제4작업"이어야 하며 답안 시트 이외의 것은 감점 처리됩니다.
- 각 시트를 파일로 나누어 작업해서 저장할 경우 실격 처리됩니다.

② 『하계 수업 단축운영』을 입력한 후 글꼴을 '궁서', 크기를 '32'로 지정한다.

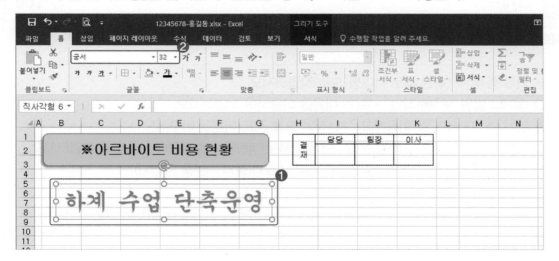

③ [서식] 탭 – [WordArt 스타일] 그룹에서 [텍스트 효과](가)를 클릭한 후 [변환] – [갈매기형 수장]을 선택한다.

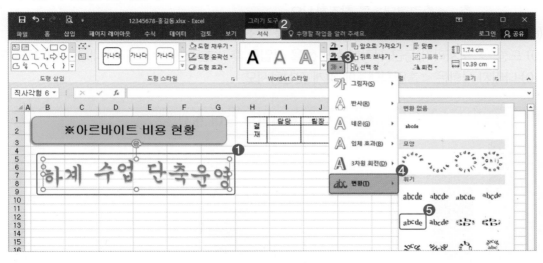

☞ "제1작업" 시트를 이용하여 조건에 따라 ≪출력형태≫와 같이 작업하시오.

조건

(1) 차트 종류 ⇒ 〈묶은 세로 막대형〉으로 작업하시오.

(2) 데이터 범위 ⇒ "제1작업" 시트의 내용을 이용하여 작업하시오.

(3) 위치 ⇒ "새 시트"로 이동하고, "제4작업"으로 시트 이름을 바꾸시오.

(4) 차트 디자인 도구 ⇒ 레이아웃 3, 스타일 1을 선택하여 ≪출력형태≫에 맞게 작업하시오.

(5) 영역 서식 ⇒ 차트 : 글꼴(굴림, 11pt), 채우기 효과(질감 – 분홍 박엽지)

　　　　　　　　그림 : 채우기(흰색, 배경1)

(6) 제목 서식 ⇒ 차트 제목 : 글꼴(굴림, 굵게, 20pt), 채우기(흰색, 배경1), 테두리

(7) 서식 ⇒ 근속기간 계열의 차트 종류를 〈표식이 있는 꺾은선형〉으로 변경한 후 보조 축으로 지정하시오.

　　　　　계열 : ≪출력형태≫를 참조하여 표식(마름모, 크기 10)과 레이블 값을 표시하시오.

　　　　　눈금선 : 선 스타일 – 파선

　　　　　축 : ≪출력형태≫를 참조하시오.

(8) 범례 ⇒ 범례명을 변경하고 ≪출력형태≫를 참조하시오.

(9) 도형 ⇒ '모서리가 둥근 사각형 설명선'을 삽입한 후 ≪출력형태≫와 같이 내용을 입력하시오.

(10) 나머지 사항은 ≪출력형태≫에 맞게 작성하시오.

출력형태

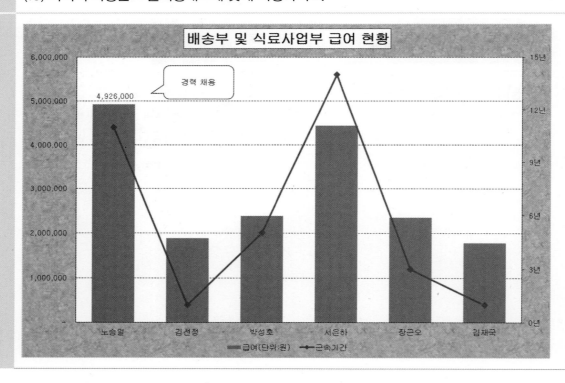

주의 시트명 순서가 차례대로 "제1작업", "제2작업", "제3작업", "제4작업"이 되도록 할 것.

① [C11:I13] 영역을 블록 설정한 후 [홈] 탭 – [맞춤] 그룹에서 [병합하고 가운데 맞춤](国)
을 클릭한다. → 글꼴은 '돋움', 크기를 '16'으로 지정하고 [굵게] 설정한다.

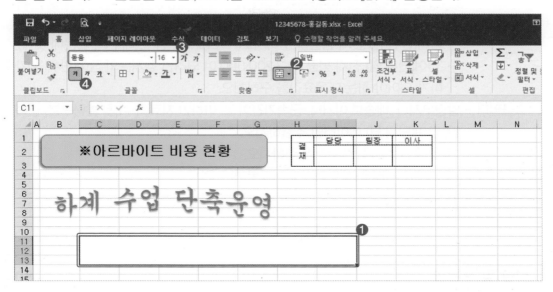

② 『연도별 한국영화 수출 실적』을 입력하고 '한국'을 블록 설정한 후 [한자]를 누른다. →
[한글/한자 변환] 대화상자에서 '韓國'을 선택한 후 [변환]을 클릭한다.

☞ "제1작업" 시트의 「B4:H12」 영역을 복사하여 "제2작업" 시트의 「B2」 셀부터 모두 붙여넣기를 한 후 다음의 조건과 같이 작업하시오.

조건	

(1) 목표값 찾기 – 「B11:G11」 셀을 병합하여 '급여(단위:원) 전체 평균"을 입력한 후 「H11」 셀에 급여(단위:원) 전체 평균을 구하시오(AVERAGE 함수, 테두리, 가운데 맞춤).
      – '급여(단위:원) 전체 평균'이 '3,200,000'이 되려면 김지은의 급여(단위:원)가 얼마가 되어야 하는지 목표값을 구하시오.
 (2) 고급필터 – 발령부서가 '배송부'이거나, 근속기간이 '2' 이하인 자료의 이름, 발령구분, 근속기간, 급여(단위:원) 데이터만 추출하시오.
      – 조건 범위 : 「B14」 셀부터 입력하시오.
      – 복사 위치 : 「B18」 셀부터 나타나도록 하시오.	

☞ "제1작업" 시트의 「B4:H12」 영역을 복사하여 "제3작업" 시트의 「B2」 셀부터 모두 붙여넣기를 한 후 다음의 조건과 같이 작업하시오.

조건	
(1) 부분합 – ≪출력형태≫처럼 정렬하고, 이름의 개수와 급여(단위:원)의 평균을 구하시오. (2) 윤곽 – 지우시오. (3) 나머지 사항은 ≪출력형태≫에 맞게 작성하시오.	

출력형태

	A	B	C	D	E	F	G	H
1								
2		사원코드	이름	발령부서	발령구분	근속기간	출생년	급여(단위:원)
3		PE-205	김지은	재무관리부	복직	4년	1983	2,257,000
4		PE-301	배현진	재무관리부	이동	12년	1978	5,236,000
5				재무관리부 평균				3,746,500
6			2	재무관리부 개수				
7		PE-202	서은하	식료사업부	이동	14년	1972	4,436,000
8		TE-208	장근오	식료사업부	채용	3년	1993	2,350,000
9		TE-304	김재국	식료사업부	채용	1년	1985	1,786,000
10				식료사업부 평균				2,857,333
11			3	식료사업부 개수				
12		PE-107	노승일	배송부	이동	11년	1979	4,926,000
13		TE-106	김선정	배송부	채용	1년	1991	1,886,000
14		TE-103	박성호	배송부	이동	5년	1980	2,386,000
15				배송부 평균				3,066,000
16			3	배송부 개수				
17				전체 평균				3,157,875
18			8	전체 개수				

③ 윗주를 삽입하기 위해 셀을 선택한 후 [홈] 탭 – [글꼴] 그룹에서 [윗주 필드 표시/숨기기](⬚ ▾) – [윗주 편집]을 선택한다.

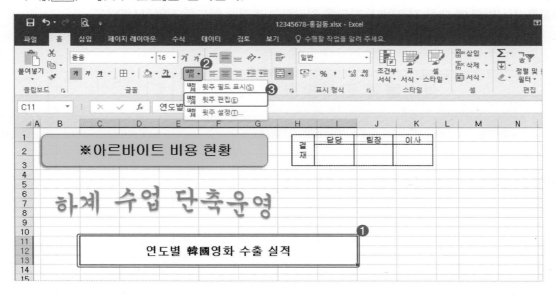

④ 윗주 입력상자에 『2011년 ~ 2020년』을 입력한 후 Enter 를 누른다. 윗주가 보이지 않으면 [윗주 필드 표시]를 클릭한다.

⑤ 윗주 내용을 가운데로 정렬하기 위해 [윗주 설정]을 선택한다.

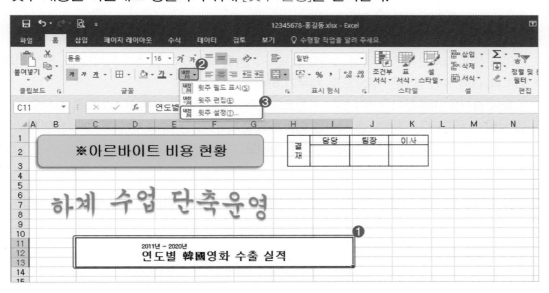

☞ 다음은 '성수물류 인사발령'에 대한 자료이다. 자료를 입력하고 조건에 맞도록 작업하시오.

출력형태

사원코드	이름	발령부서	발령구분	근속기간	출생년	급여 (단위:원)	출생년 순위	비고
PE-205	김지은	재무관리부	복직	4	1983	2,257,000	(1)	(2)
PE-107	노승일	배송부	이동	11	1979	4,926,000	(1)	(2)
TE-106	김선정	배송부	채용	1	1991	1,886,000	(1)	(2)
PE-301	배현진	재무관리부	이동	12	1978	5,236,000	(1)	(2)
TE-103	박성호	배송부	이동	5	1980	2,386,000	(1)	(2)
PE-202	서은하	식료사업부	이동	14	1972	4,436,000	(1)	(2)
TE-208	장근오	식료사업부	채용	3	1993	2,350,000	(1)	(2)
TE-304	김재국	식료사업부	채용	1	1985	1,786,000	(1)	(2)
최저 급여(단위:원)			(3)			발령구분이 복직인 사원수		(5)
재무관리부 급여(단위:원) 평균			(4)			사원코드	PE-205 근속기간	(6)

결재: 담당 / 팀장 / 부장

조건

○ 모든 데이터의 서식에는 글꼴(굴림, 11pt), 정렬은 숫자 및 회계 서식은 오른쪽 정렬, 나머지 서식은 가운데 정렬로 작성하며 예외적인 것은 ≪출력형태≫를 참조하시오.

○ 제 목 ⇒ 도형(배지)과 그림자(오프셋 오른쪽)를 이용하여 작성하고 "성수물류 인사발령"을 입력한 후 다음 서식을 적용하시오
(글꼴 – 굴림, 24pt, 검정, 굵게, 채우기 – 노랑).

○ 임의의 셀에 결재란을 작성하여 그림으로 복사 기능을 이용하여 붙이기 하시오(단, 원본 삭제).

○ 「B4:J4, G14, I14」 영역은 '주황'으로 채우기 하시오.

○ 유효성 검사를 이용하여 「H14」 셀에 사원코드(「B5:B12」 영역)가 선택 표시되도록 하시오.

○ 셀 서식 ⇒ 「F5:F12」 영역에 셀 서식을 이용하여 숫자 뒤에 '년'을 표시하시오(예 : 12년).

○ 「H5:H12」 영역에 대해 '급여'로 이름정의를 하시오.

☞ (1)~(6) 셀은 반드시 <u>주어진 함수를 이용</u>하여 값을 구하시오(결과값을 직접 입력하면 해당 셀은 0점 처리됨).

(1) 출생년 순위 ⇒ 출생년의 오름차순 순위를 구한 결과값 뒤에 '위'를 붙이시오
(RANK.EQ 함수, & 연산자)(예 : 1위).

(2) 비고 ⇒ 사원코드의 앞 두 글자가 PE이면 '정규직', 그 외에는 '계약직'으로 구하시오(IF, LEFT 함수).

(3) 최저 급여(단위:원) ⇒ 정의된 이름(급여)을 이용하여 구하시오(MIN 함수).

(4) 재무관리부 급여(단위:원) 평균 ⇒ 조건은 입력데이터를 이용하고, 반올림하여 만 단위까지 구하시오
(ROUND, DAVERAGE 함수)(예 : 3,157,678 → 3,160,000).

(5) 발령구분이 복직인 사원수 ⇒ 조건은 입력데이터를 이용하시오(DCOUNTA 함수).

(6) 근속기간 ⇒ 「H14」 셀에서 선택한 사원코드에 대한 근속기간을 구하시오(VLOOKUP 함수).

(7) 조건부 서식의 수식을 이용하여 급여(단위:원)가 '4,000,000' 이상인 행 전체에 다음의 서식을 적용하시오
(글꼴 : 파랑, 굵게).

⑥ [윗주 속성] 대화상자의 [설정] 탭에서 맞춤을 '가운데'로 선택한 후 [확인]을 클릭한다.

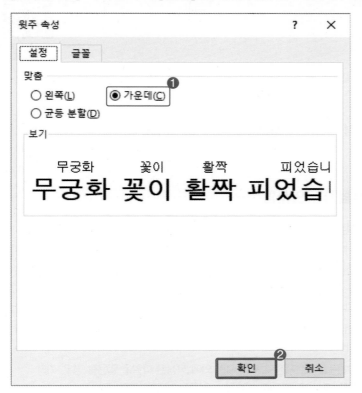

⑦ [홈] 탭 – [글꼴] 그룹 – [테두리](⊞·)에서 [굵은 바깥쪽 테두리](▢)를 선택한다.

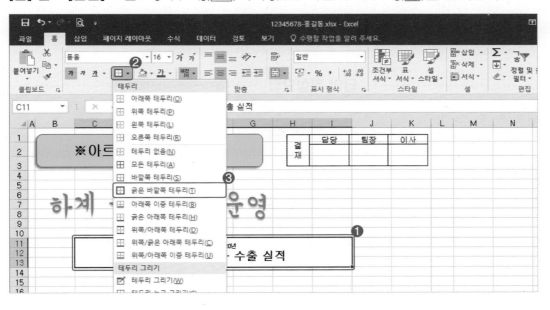

모의고사 8회

▶ 합격 강의

정답파일 Part 3 모의고사₩모의고사 8회 답안.xlsx

과목	코드	문제유형	시험시간	수험번호	성명
한글엑셀	1122	A	60분	20243008	홍길동

수험자 유의사항

- 수험자는 문제지를 받는 즉시 문제지와 **수험표상의 시험과목(프로그램)이 동일한지 반드시 확인**하여야 합니다.
- 파일명은 본인의 "수험번호-성명"으로 입력하여 답안폴더(내 PC₩문서₩ITQ)에 하나의 파일로 저장해야 하며, 답안문서 파일명이 "수험번호-성명"과 일치하지 않거나, 답안파일을 전송하지 않아 미제출로 처리될 경우 실격 처리합니다(예:12345678-홍길동.xlsx).
- 답안 작성을 마치면 파일을 저장하고, '답안 전송' 버튼을 선택하여 감독위원 PC로 답안을 전송하십시오. 수험생 정보와 저장한 파일명이 다를 경우 전송되지 않으므로 주의하시기 바랍니다.
- 답안 작성 중에도 **주기적으로 저장하고, '답안 전송'**하여야 문제 발생을 줄일 수 있습니다. 작업한 내용을 저장하지 않고 전송할 경우 이전에 저장된 내용이 전송되니 이점 유의하시기 바랍니다.
- 답안문서는 지정된 경로 외의 다른 보조기억장치에 저장하는 경우, 지정된 시험 시간 외에 작성된 파일을 활용할 경우, 기타 통신수단(이메일, 메신저, 네트워크 등)을 이용하여 타인에게 전달 또는 외부 반출하는 경우는 부정 처리합니다.
- 시험 중 부주의 또는 고의로 시스템을 파손한 경우는 수험자가 변상해야 하며, 〈수험자 유의사항〉에 기재된 방법대로 이행하지 않아 생기는 불이익은 수험생 당사자의 책임임을 알려 드립니다.
- 문제의 조건은 MS오피스 2016 버전으로 설정되어 있으니 유의하시기 바랍니다.
- 시험을 완료한 수험자는 답안파일이 전송되었는지 확인한 후 감독위원의 지시에 따라 문제지를 제출하고 퇴실합니다.

답안 작성요령

- 온라인 답안 작성 절차
    수험자 등록 ⇒ 시험 시작 ⇒ 답안파일 저장 ⇒ 답안 전송 ⇒ 시험 종료
- 문제는 총 4단계, 즉 제1작업부터 제4작업까지 구성되어 있으며 반드시 제1작업부터 순서대로 작성하고 조건대로 작업하시오.
- 모든 작업시트의 A열은 열 너비 '1'로, 나머지 열은 적당하게 조절하시오.
- 모든 작업시트의 테두리는 ≪출력형태≫와 같이 작업하시오.
- 해당 작업란에서는 각각 제시된 조건에 따라 ≪출력형태≫와 같이 작업하시오.
- 답안 시트 이름은 "제1작업", "제2작업", "제3작업", "제4작업"이어야 하며 답안 시트 이외의 것은 감점 처리됩니다.
- 각 시트를 파일로 나누어 작업해서 저장할 경우 실격 처리됩니다.

문제유형 ❶   **정답파일** ▶ 유형02_1번 정답.xlsx

다음의 제목을 조건에 맞도록 작업하시오.

출력형태	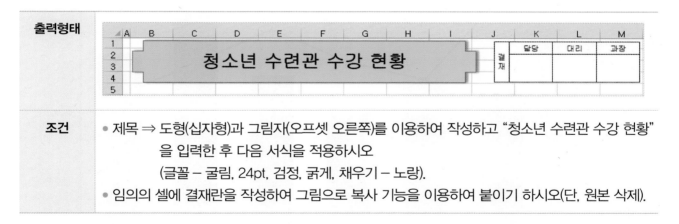
조건	• 제목 ⇒ 도형(사다리꼴)과 그림자(오프셋 오른쪽)를 이용하여 작성하고 "패션 쥬얼리 구매 현황"을 입력한 후 다음 서식을 적용하시오 (글꼴 – 굴림, 24pt, 검정, 굵게, 채우기 – 노랑). • 임의의 셀에 결재란을 작성하여 그림으로 복사 기능을 이용하여 붙이기 하시오(단, 원본 삭제).

문제유형 ❷   **정답파일** ▶ 유형02_2번 정답.xlsx

다음의 제목을 조건에 맞도록 작업하시오.

출력형태	(청소년 수련관 수강 현황 도형 이미지)
조건	• 제목 ⇒ 도형(십자형)과 그림자(오프셋 오른쪽)를 이용하여 작성하고 "청소년 수련관 수강 현황"을 입력한 후 다음 서식을 적용하시오 (글꼴 – 굴림, 24pt, 검정, 굵게, 채우기 – 노랑). • 임의의 셀에 결재란을 작성하여 그림으로 복사 기능을 이용하여 붙이기 하시오(단, 원본 삭제).

☞ "제1작업" 시트를 이용하여 조건에 따라 ≪출력형태≫와 같이 작업하시오.

조건	
	(1) 차트 종류 ⇒ 〈묶은 세로 막대형〉으로 작업하시오.
	(2) 데이터 범위 ⇒ "제1작업" 시트의 내용을 이용하여 작업하시오.
	(3) 위치 ⇒ "새 시트"로 이동하고, "제4작업"으로 시트 이름을 바꾸시오.
	(4) 차트 디자인 도구 ⇒ 레이아웃 3, 스타일 1을 선택하여 ≪출력형태≫에 맞게 작업하시오.
	(5) 영역 서식 ⇒ 차트 : 글꼴(굴림, 11pt), 채우기 효과(질감 – 파랑 박엽지) 　　　　　　　　 그림 : 채우기(흰색, 배경1)
	(6) 제목 서식 ⇒ 차트 제목 : 글꼴(굴림, 굵게, 20pt), 채우기(흰색, 배경1), 테두리
	(7) 서식 ⇒ 수강료(단위:원) 계열의 차트 종류를 〈표식이 있는 꺾은선형〉으로 변경한 후 보조 축으로 지정하시오. 　　　계열 : ≪출력형태≫를 참조하여 표식(세모, 크기 10)과 레이블 값을 표시하시오. 　　　눈금선 : 선 스타일 – 파선 　　　축 : ≪출력형태≫를 참조하시오.
	(8) 범례 ⇒ 범례명을 변경하고 ≪출력형태≫를 참조하시오.
	(9) 도형 ⇒ '모서리가 둥근 사각형 설명선'을 삽입한 후 ≪출력형태≫와 같이 내용을 입력하시오.
	(10) 나머지 사항은 ≪출력형태≫에 맞게 작성하시오.

출력형태	

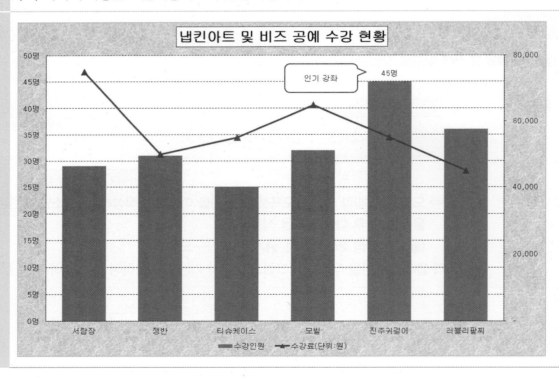

주의 시트명 순서가 차례대로 "제1작업", "제2작업", "제3작업", "제4작업"이 되도록 할 것.

▶ 합격 강의

CHAPTER 03 함수-1(날짜, 텍스트)

난이도 상 중 하

문제파일 Part 1 시험 유형 따라하기₩Chapter03.xlsx
정답파일 Part 1 시험 유형 따라하기₩Chapter03_정답.xlsx

기적의 3회독
☐ 1회 ☐ 2회 ☐ 3회

문제보기

다음은 '아르바이트생 근무 일지'에 대한 자료이다. 문제 파일을 열어 조건에 맞도록 작업하시오.

출력형태

실제 문제에서는 직접 작성한 [제1작업] 시트를 기준으로 작업하게 된다.
연습을 위해 직접 표를 작성한 후 지시사항을 따라해 보도록 한다.

이름	생년월일	나이	탄생요일	출근시간	퇴근시간	작업시간	주민등록번호	주민등록 생년월일
김진아	1992-06-22	(1)	(2)	6:00	13:00	(3)	920622-1332587	(4)
장청조	1993-10-14	(1)	(2)	12:00	14:23	(3)	931014-2854219	(4)
김예림	1998-01-13	(1)	(2)	18:10	23:00	(3)	980113-2188124	(4)
안정희	1997-08-11	(1)	(2)	12:00	13:30	(3)	970811-1168121	(4)
김신양	1990-04-23	(1)	(2)	6:30	12:00	(3)	900423-1658432	(4)
장동수	1996-07-22	(1)	(2)	9:00	18:00	(3)	960722-2345672	(4)
남이솔	1989-01-12	(1)	(2)	17:13	23:00	(3)	890112-2243429	(4)
서선주	1992-12-23	(1)	(2)	11:30	14:00	(3)	921223-1324581	(4)
김진아 출근시간 차트			(5)		기준		(6)	

조건

모든 데이터의 서식에는 글꼴(굴림, 11pt), 정렬은 숫자 및 회계 서식은 오른쪽 정렬, 나머지 서식은 가운데 정렬로 작성하며 예외적인 것은 ≪출력형태≫를 참조하시오.

(1)~(6) 셀은 반드시 <u>주어진 함수를 이용하여</u> 값을 구하시오(결과값을 직접 입력하면 해당 셀은 0점 처리됨).

(1) 나이 ⇒ [시스템 오늘 날짜의 연도 – 생년월일의 연도]를 구하시오(YEAR, TODAY 함수).

(2) 탄생요일 ⇒ [생년월일] 셀을 이용하여 "월요일, 화요일, … 일요일"의 형태로 요일을 구하시오 (CHOOSE, WEEKDAY 함수)(예 : 수요일).

(3) 작업시간 ⇒ [퇴근시간 – 출근시간]으로 시간만 구하시오(HOUR 함수).

(4) 주민등록 생년월일 ⇒ 주민등록번호 앞의 6자리를 이용하여 생년월일을 날짜형태로 구하시오 (DATE, MID, LEFT 함수).

(5) 김진아 출근시간 차트 ⇒ 김진아 출근시간의 시간에 해당하는 수만큼 '■' 기호가 반복 표시되도록 하시오(HOUR, REPT 함수).

(6) 기준 ⇒ 시스템 오늘 날짜에서 월을 구한 값의 뒤에 '월 기준'이란 단어가 표시되도록 하시오 (MONTH, TODAY( ), CONCATENATE 함수).

☞ "제1작업" 시트의 「B4:H12」 영역을 복사하여 "제2작업" 시트의 「B2」 셀부터 모두 붙여넣기를 한 후 다음의 조건과 같이 작업하시오.

조건	(1) 고급 필터 – 강좌코드가 'P'로 시작하거나, 수강인원이 '40' 이상인 자료의 강좌코드, 강좌명, 수강료(단위:원), 수강인원 데이터만 추출하시오.
	– 조건 범위 : 「B14」 셀부터 입력하시오.
	– 복사 위치 : 「B18」 셀부터 나타나도록 하시오.
	(2) 표 서식 – 고급필터의 결과셀을 채우기 없음으로 설정한 후 '표 스타일 보통 6'의 서식을 적용하시오.
	– 머리글 행, 줄무늬 행을 적용하시오.

☞ "제1작업" 시트를 이용하여 "제3작업" 시트에 조건에 따라 ≪출력형태≫와 같이 작업하시오.

조건	(1) 수강료(단위:원) 및 구분별 강좌명의 개수와 재료비(단위:원)의 평균을 구하시오.
	(2) 수강료(단위:원)를 그룹화하고, 구분을 ≪출력형태≫와 같이 정렬하시오.
	(3) 레이블이 있는 셀 병합 및 가운데 맞춤 적용 및 빈 셀은 '＊＊'로 표시하시오.
	(4) 행의 총합계는 지우고, 나머지 사항은 ≪출력형태≫에 맞게 작성하시오.

출력형태

A	B	C	D	E	F	G	H
2		구분					
3		펠트		비즈		냅킨아트	
4	수강료(단위:원)	개수 : 강좌명	평균 : 재료비(단위:원)	개수 : 강좌명	평균 : 재료비(단위:원)	개수 : 강좌명	평균 : 재료비(단위:원)
5	20001-40000	1	20,000	＊＊	＊＊	＊＊	＊＊
6	40001-60000	1	25,000	2	45,000	2	22,500
7	60001-80000	＊＊	＊＊	1	20,000	1	90,000
8	총합계	2	22,500	3	36,667	3	45,000

① [D3:D10] 영역을 블록 설정한 후 [수식] 탭 – [함수 삽입](*fx*)을 클릭하여 함수 마법사를 실행한다.

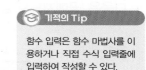

기적의 Tip

함수 입력은 함수 마법사를 이용하거나 직접 수식 입력줄에 입력하여 작성할 수 있다.

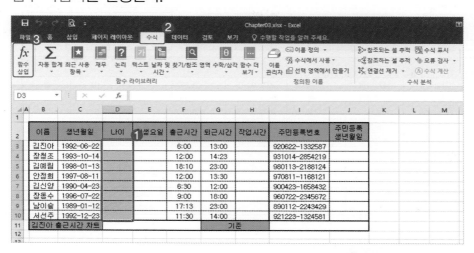

② [함수 마법사] 대화상자가 나타나면 함수 검색에 『YEAR』를 입력해 [검색]을 클릭한다. → 함수 선택에 나타나는 해당 함수를 선택하여 [확인]을 누른다.

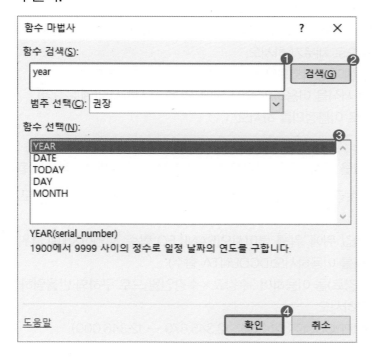

☞ 다음은 '공예지도사 강좌개설 현황'에 대한 자료이다. 자료를 입력하고 조건에 맞도록 작업하시오.

출력형태

	공예지도사 강좌개설 현황						확인	담당	팀장	센터장
강좌코드	강좌명	구분	재료비 (단위:원)	작품제출일	수강료 (단위:원)		수강인원	강좌등급	순위
W5622	서랍장	냅킨아트	90,000	2022-02-15	75,000		29	(1)	(2)
W1531	쟁반	냅킨아트	30,000	2022-02-20	50,000		31	(1)	(2)
P6521	연필인형	펠트	20,000	2022-02-25	25,500		37	(1)	(2)
P3152	벽시계	펠트	25,000	2022-02-18	60,000		42	(1)	(2)
W4583	티슈케이스	냅킨아트	15,000	2022-02-01	55,000		25	(1)	(2)
B9542	모빌	비즈	20,000	2022-02-22	65,000		32	(1)	(2)
B1541	진주귀걸이	비즈	50,000	2022-02-22	55,000		45	(1)	(2)
B5673	러블리팔찌	비즈	40,000	2022-02-28	45,000		36	(1)	(2)
냅킨아트 공예의 강좌 수			(3)			최소 수강인원			(5)
개설강좌 총 수강료(단위:원)			(4)		강좌코드	W5622	수강인원	(6)	

조건

○ 모든 데이터의 서식에는 글꼴(굴림, 11pt), 정렬은 숫자 및 회계 서식은 오른쪽 정렬, 나머지 서식은 가운데 정렬로 작성하며 예외적인 것은 ≪출력형태≫를 참조하시오.

○ 제 목 ⇒ 도형(대각선 방향의 모서리가 잘린 사각형)과 그림자(오프셋 오른쪽)를 이용하여 작성하고 "공예지도사 강좌개설 현황"을 입력한 후 다음 서식을 적용하시오
　　　　(글꼴 – 굴림, 24pt, 검정, 굵게, 채우기 – 노랑).

○ 임의의 셀에 결재란을 작성하여 그림으로 복사 기능을 이용하여 붙이기 하시오(단, 원본 삭제).

○ 「B4:J4, G14, I14」 영역은 '주황'으로 채우기 하시오.

○ 유효성 검사를 이용하여 「H14」 셀에 강좌코드(「B5:B12」 영역)가 선택 표시되도록 하시오.

○ 셀 서식 ⇒ 「H5:H12」 영역에 셀 서식을 이용하여 숫자 뒤에 '명'을 표시하시오(예 : 29명).

○ 「G5:G12」 영역에 대해 '수강료'로 이름정의를 하시오.

☞ (1)~(6) 셀은 반드시 <u>주어진 함수</u>를 이용하여 값을 구하시오(결과값을 직접 입력하면 해당 셀은 0점 처리됨).

(1) 강좌등급 ⇒ 강좌코드의 마지막 글자가 1이면 '초급과정', 2이면 '중급과정', 3이면 '고급과정'으로 구하시오
　　　　　　(CHOOSE, RIGHT 함수).

(2) 순위 ⇒ 수강인원의 내림차순 순위를 구한 결과값 뒤에 '위'를 붙이시오(RANK.EQ 함수, & 연산자)(예 : 1위).

(3) 냅킨아트 공예의 강좌 수 ⇒ 조건은 입력데이터를 이용하시오(DCOUNTA 함수).

(4) 개설강좌 총 수강료(단위:원) ⇒ 정의된 이름(수강료)을 이용하여 「수강료×수강인원」으로 구하되 반올림하여
　　　　　　　　　　천 단위까지 구하시오
　　　　　　　　　　(ROUND, SUMPRODUCT 함수(예 : 12,345,670 → 12,346,000).

(5) 최소 수강인원 ⇒ (MIN 함수)

(6) 수강인원 ⇒ 「H14」 셀에서 선택한 강좌코드에 대한 수강인원을 구하시오(VLOOKUP 함수).

(7) 조건부 서식의 수식을 이용하여 수강인원이 '40' 이상인 행 전체에 다음의 서식을 적용하시오
　　(글꼴 : 파랑, 굵게).

③ [함수 인수] 대화상자에서 『TODAY( )』를 입력하고 Ctrl 을 누른 채 [확인]을 클릭한다.

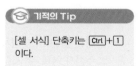
기적의 Tip

블록이 설정되어 있어도 Ctrl 을 누르지 않으면 한 개의 셀에만 입력이 된다.

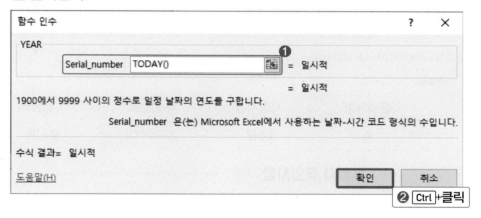

④ 그대로 [D3:D10] 영역이 블록 설정된 상태에서 수식 입력줄에 『 – YEAR (C3)』을 이어서 입력하고 Ctrl + Enter 를 누른다.

⑤ [D3:D10] 영역을 숫자로 표시하기 위해 마우스 오른쪽 클릭하여 [셀 서식]을 누른다. → [표시 형식] 탭에서 '숫자'를 선택하고 [확인]을 클릭한다.

기적의 Tip

[셀 서식] 단축키는 Ctrl + 1 이다.

정답파일 Part 3 모의고사\모의고사 7회 답안.xlsx

과목	코드	문제유형	시험시간	수험번호	성명
한글엑셀	1122	A	60분	20243007	홍길동

수험자 유의사항

- 수험자는 문제지를 받는 즉시 문제지와 **수험표상의 시험과목(프로그램)이 동일한지 반드시 확인**하여야 합니다.
- 파일명은 본인의 "수험번호−성명"으로 입력하여 답안폴더(내 PC\문서\ITQ)에 하나의 파일로 저장해야 하며, 답안문서 파일명이 "수험번호−성명"과 일치하지 않거나, 답안파일을 전송하지 않아 미제출로 처리될 경우 실격 처리합니다(예:12345678−홍길동.xlsx).
- 답안 작성을 마치면 파일을 저장하고, '답안 전송' 버튼을 선택하여 감독위원 PC로 답안을 전송하십시오. 수험생 정보와 저장한 파일명이 다를 경우 전송되지 않으므로 주의하시기 바랍니다.
- 답안 작성 중에도 **주기적으로 저장하고, '답안 전송'**하여야 문제 발생을 줄일 수 있습니다. 작업한 내용을 저장하지 않고 전송할 경우 이전에 저장된 내용이 전송되니 이점 유의하시기 바랍니다.
- 답안문서는 지정된 경로 외의 다른 보조기억장치에 저장하는 경우, 지정된 시험 시간 외에 작성된 파일을 활용할 경우, 기타 통신수단(이메일, 메신저, 네트워크 등)을 이용하여 타인에게 전달 또는 외부 반출하는 경우는 부정 처리합니다.
- 시험 중 부주의 또는 고의로 시스템을 파손한 경우는 수험자가 변상해야 하며, 〈수험자 유의사항〉에 기재된 방법대로 이행하지 않아 생기는 불이익은 수험생 당사자의 책임임을 알려 드립니다.
- 문제의 조건은 MS오피스 2016 버전으로 설정되어 있으니 유의하시기 바랍니다.
- 시험을 완료한 수험자는 답안파일이 전송되었는지 확인한 후 감독위원의 지시에 따라 문제지를 제출하고 퇴실합니다.

답안 작성요령

- 온라인 답안 작성 절차
    수험자 등록 ⇒ 시험 시작 ⇒ 답안파일 저장 ⇒ 답안 전송 ⇒ 시험 종료
- 문제는 총 4단계, 즉 제1작업부터 제4작업까지 구성되어 있으며 반드시 제1작업부터 순서대로 작성하고 조건대로 작업하시오.
- 모든 작업시트의 A열은 열 너비 '1'로, 나머지 열은 적당하게 조절하시오.
- 모든 작업시트의 테두리는 ≪출력형태≫와 같이 작업하시오.
- 해당 작업란에서는 각각 제시된 조건에 따라 ≪출력형태≫와 같이 작업하시오.
- 답안 시트 이름은 "제1작업", "제2작업", "제3작업", "제4작업"이어야 하며 답안 시트 이외의 것은 감점 처리됩니다.
- 각 시트를 파일로 나누어 작업해서 저장할 경우 실격 처리됩니다.

=YEAR(TODAY())−YEAR(C3)
    ①   ②

① 시스템상의 오늘 날짜에서 연도를 구하고

② [C3] 셀의 연도를 뺀다.

YEAR(serial_number) 함수

serial_number : 연도를 구할 날짜. 날짜는 일련 번호로 다뤄지는데, 2020년 1월 1일은 1900년 1월 1일을 기준으로 43,831일째이므로 일련 번호 43831이 된다.

TODAY() 함수

인수없음, 현재 날짜의 일련 번호를 반환

SECTION 02 | 탄생요일

① [E3:E10] 영역을 블록 설정한 후 『=CHOOSE』를 입력하고 Ctrl + A 를 누른다.

② [함수 인수] 대화상자가 나타나면 [Index_num]에 『WEEKDAY(C3,1)』를, [Value1] 부터 『"일요일" Tab "월요일" Tab "화요일" Tab "수요일" Tab "목요일" Tab "금요일" Tab "토요일"』을 입력한 후 Ctrl 과 [확인]을 누른다.

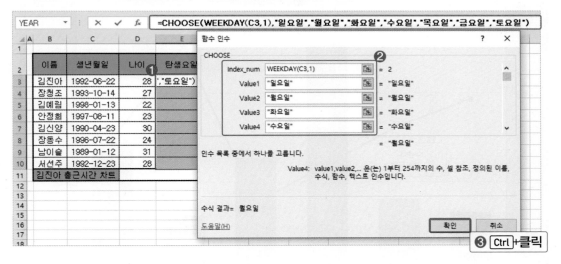

☞ "제1작업" 시트를 이용하여 조건에 따라 ≪출력형태≫와 같이 작업하시오.

조건

(1) 차트 종류 ⇒ 〈묶은 세로 막대형〉으로 작업하시오.

(2) 데이터 범위 ⇒ "제1작업" 시트의 내용을 이용하여 작업하시오.

(3) 위치 ⇒ "새 시트"로 이동하고, "제4작업"으로 시트 이름을 바꾸시오.

(4) 차트 디자인 도구 ⇒ 레이아웃 3, 스타일 1을 선택하여 ≪출력형태≫에 맞게 작업하시오.

(5) 영역 서식 ⇒ 차트 : 글꼴(굴림, 11pt, 검정), 채우기 효과(질감 – 분홍 박엽지)

                 그림 : 채우기(흰색, 배경1)

(6) 제목 서식 ⇒ 차트 제목 : 글꼴(굴림, 굵게, 20pt), 채우기(흰색, 배경1), 테두리

(7) 서식 ⇒ 판매가 계열의 차트 종류를 〈표식이 있는 꺾은선형〉으로 변경한 후 보조 축으로 지정하시오.

         계열 : ≪출력형태≫를 참조하여 표식(마름모, 크기 10)과 레이블 값을 표시하시오.

         눈금선 : 선 스타일 – 파선

         축 : ≪출력형태≫를 참조하시오.

(8) 범례 ⇒ 범례명을 변경하고 ≪출력형태≫를 참조하시오.

(9) 도형 ⇒ '모서리가 둥근 사각형 설명선'을 삽입한 후 ≪출력형태≫와 같이 내용을 입력하시오.

(10) 나머지 사항은 ≪출력형태≫에 맞게 작성하시오.

출력형태

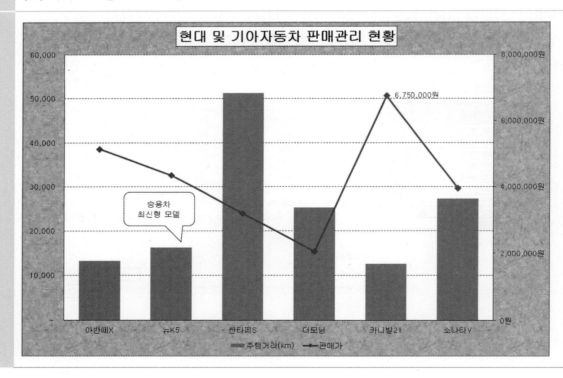

주의 시트명 순서가 차례대로 "제1작업", "제2작업", "제3작업", "제4작업"이 되도록 할 것.

=CHOOSE(WEEKDAY(C3,1), **"일요일","월요일","화요일", … ,"토요일"**)
　　　　　①　　　　　　　　　　　②

① [C3] 셀의 요일을 1~7의 숫자로 표시한다.
② 반환된 숫자가 1이면 '일요일', 2면 '월요일', … , 7이면 '토요일'을 표시한다.

CHOOSE(index_num, value1, [value2], …) 함수

index_num : 1이면 value1, 2이면 value2가 반환

WEEKDAY(serial_number, [return_type]) 함수

serial_number : 찾을 날짜를 나타내는 일련 번호
return_type : 반환 값 유형. 1 또는 생략일 시 1(일요일)에서 7(토요일) 사이의 숫자

SECTION 03 작업시간

① [H3:H10] 영역을 블록 설정한 후 『=HOUR』를 입력하고 Ctrl + A 를 누른다.

② [함수 인수] 대화상자에서 [Serial_number]에 『G3 - F3』을 입력하고 Ctrl +[확인]을 누른다.

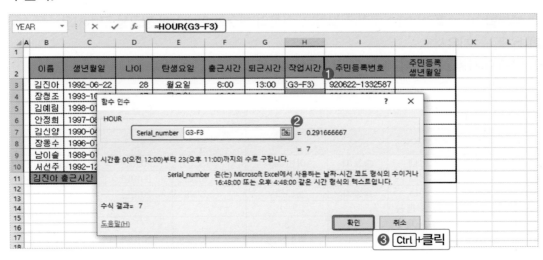

=HOUR(G3-F3)
　　　②　①
① [G3] 셀의 시간에서 [F3] 셀의 시간을 뺀 후
② 시(0~23사이의 정수)만 구한다.

HOUR(serial_number) 함수

serial_number : 시를 계산할 시간값

☞ "제1작업" 시트의 「B4:H12」 영역을 복사하여 "제2작업" 시트의 「B2」 셀부터 모두 붙여넣기를 한 후 다음의 조건과 같이 작업하시오.

조건	(1) 목표값 찾기 – 「B11:G11」 셀을 병합하여 "판매가 전체 평균"을 입력한 후 「H11」 셀에 판매가 전체 평균을 구하시오(AVERAGE 함수, 테두리, 가운데 맞춤).
	– '판매가 전체 평균'이 '4,600,000'이 되려면 아반떼X의 판매가가 얼마가 되어야 하는지 목표값을 구하시오.
	(2) 고급 필터 – 제조사가 '쌍용'이거나, 주행거리(km)가 '50,000' 이상인 자료의 관리코드, 차종, 주행거리(km), 판매가 데이터만 추출하시오.
	– 조건 범위 : 「B14」 셀부터 입력하시오.
	– 복사 위치 : 「B18」 셀부터 나타나도록 하시오.

☞ "제1작업" 시트의 「B4:H12」 영역을 복사하여 "제3작업" 시트의 「B2」 셀부터 모두 붙여넣기를 한 후 다음의 조건과 같이 작업하시오.

조건	(1) 부분합 – 《출력형태》처럼 정렬하고, 차종의 개수와 판매가의 평균을 구하시오.
	(2) 윤곽 – 지우시오.
	(3) 나머지 사항은 《출력형태》에 맞게 작성하시오.

출력형태

⊿	A	B	C	D	E	F	G	H
1								
2		관리코드	제조사	구분	차종	주행거리(km)	연식	판매가
3		S1-001	현대	승용차	아반떼X	13,226	2020년	5,150,000원
4		R1-002	현대	레저	싼타페S	51,232	2018년	3,200,000원
5		S3-005	현대	승용차	소나타V	27,352	2019년	3,950,000원
6			현대 평균					4,100,000원
7			현대 개수		3			
8		R2-001	쌍용	레저	렉스턴20	32,545	2019년	4,500,000원
9		S1-003	쌍용	승용차	체어맨W	33,579	2020년	6,150,000원
10			쌍용 평균					5,325,000원
11			쌍용 개수		2			
12		S3-002	기아	승용차	뉴K5	16,298	2021년	4,350,000원
13		S2-004	기아	승용차	더모닝	25,337	2020년	2,050,000원
14		R2-003	기아	레저	카니발21	12,593	2021년	6,750,000원
15			기아 평균					4,383,333원
16			기아 개수		3			
17			전체 평균					4,512,500원
18			전체 개수		8			

① [J3:J10] 영역을 블록 설정한 후 『=DATE』를 입력하고 Ctrl + A 를 누른다.

② [함수 인수] 대화상자에서 [Year]에 『LEFT(I3,2)』, [Month]에 『MID(I3,3,2)』, [Day]에 『MID(I3,5,2)』를 입력한 후 Ctrl + Enter 를 누른다.

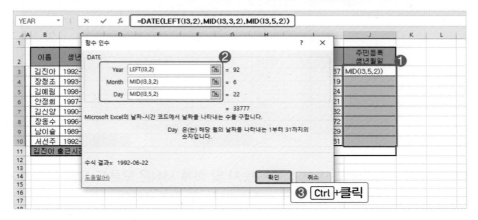

더 알기 Tip

=DATE(LEFT(I3,2),MID(I3,3,2),MID(I3,5,2))
      ④   ①   ②   ③

① [I3] 셀의 왼쪽에서 2자리 추출
② [I3] 셀의 3번째 자리부터 2자리 추출
③ [I3] 셀의 5번째 자리부터 2자리 추출
④ 반환된 숫자를 연도, 월, 일로 입력하여 날짜로 반환한다.

DATE(year, month, day) 함수

year : 1900~9999 사이의 범위면 그 값이 연도로 반환
      0~1899 사이의 범위이면 1900을 더해서 반환
month : 월을 나타내는 정수
day : 일을 나타내는 정수

LEFT(text, [num_chars])

text : 추출할 문자가 들어 있는 텍스트
num_chars : 추출할 문자 수

MID(text, start_num, num_chars)

text : 추출할 문자가 들어 있는 텍스트
start_num : 추출할 첫 문자의 위치
num_chars : 추출할 문자 수

해결 Tip

셀에 값이 ######로 표시돼요.
표시될 데이터보다 열 너비가 좁은 경우이므로 열 너비를 넓혀 줍니다.

☞ 다음은 '푸른중고나라 자동차 판매관리'에 대한 자료이다. 자료를 입력하고 조건에 맞도록 작업하시오.

출력형태									

푸른중고나라 자동차 판매관리

	결재	사원	대리	팀장

관리코드	제조사	구분	차종	주행거리(km)	연식	판매가	연료	판매가 순위
S1-001	현대	승용차	아반떼X	13,226	2020년	5,150,000	(1)	(2)
R2-001	쌍용	레저	렉스턴20	32,545	2019년	4,500,000	(1)	(2)
S3-002	기아	승용차	뉴K5	16,298	2021년	4,350,000	(1)	(2)
S1-003	쌍용	승용차	체어맨W	33,579	2020년	6,150,000	(1)	(2)
R1-002	현대	레저	싼타페S	51,232	2018년	3,200,000	(1)	(2)
S2-004	기아	승용차	더모닝	25,337	2020년	2,050,000	(1)	(2)
R2-003	기아	레저	카니발21	12,593	2021년	6,750,000	(1)	(2)
S3-005	현대	승용차	소나타V	27,352	2019년	3,950,000	(1)	(2)
승용차 평균 주행거리(km)			(3)		최저 주행거리(km)			(5)
연식이 2020년인 차종수			(4)		관리코드	S1-001	판매가	(6)

조건

○ 모든 데이터의 서식에는 글꼴(굴림, 11pt), 정렬은 숫자 및 회계 서식은 오른쪽 정렬, 나머지 서식은 가운데 정렬로 작성하며 예외적인 것은 ≪출력형태≫를 참조하시오.

○ 제 목 ⇒ 도형(오각형)과 그림자(오프셋 대각선 오른쪽 위)를 이용하여 작성하고 "푸른중고나라 자동차 판매관리"을 입력한 후 다음 서식을 적용하시오
　(글꼴 – 굴림, 24pt, 검정, 굵게, 채우기 – 노랑).

○ 유효성 검사를 이용하여 「H14」 셀에 관리코드(「B5:B12」 영역)가 선택 표시되도록 하시오.

○ 셀 서식 ⇒ 「H5:H12」 영역에 셀 서식을 이용하여 숫자 뒤에 '원'을 표시하시오(예 : 5,150,000원).

○ 「G5:G12」 영역에 대해 '연식'으로 이름정의를 하시오.

☞ (1)~(6) 셀은 반드시 주어진 함수를 이용하여 값을 구하시오(결과값을 직접 입력하면 해당 셀은 0점 처리됨).

(1) 연료 ⇒ 관리코드 2번째 글자가 1이면 '가솔린', 2이면 '디젤', 3이면 '하이브리드'로 구하시오
　(CHOOSE, MID 함수).

(2) 판매가 순위 ⇒ 판매가의 내림차순 순위를 구한 결과값에 '위'를 붙이시오(RANK.EQ 함수, & 연산자)(예 : 1위).

(3) 승용차 평균 주행거리(km) ⇒ 조건은 입력 데이터를 이용하고, 반올림하여 십 단위까지 구하시오
　(ROUND, DAVERAGE 함수)(예 : 35,168 → 35,170).

(4) 연식이 2020년인 차종수 ⇒ 정의된 이름(연식)을 이용하여 구하시오(COUNTIF 함수).

(5) 최저 주행거리(km) ⇒ (MIN 함수)

(6) 판매가 ⇒ 「H14」 셀에서 선택한 관리코드에 대한 판매가를 구하시오(VLOOKUP 함수).

(7) 조건부 서식의 수식을 이용하여 판매가가 '5,000,000' 이상인 행 전체에 다음의 서식을 적용하시오
　(글꼴 : 파랑, 굵게).

① [D11] 셀에 『=REPT』를 입력한 후 Ctrl + A 를 누른다.

② [함수 인수] 대화상자에서 [Text]에 『■』, [Number_times]에 『HOUR (F3)』을 입력하고 [확인]을 클릭한다.

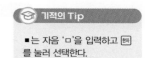

기적의 Tip

■는 자음 'ㅁ'을 입력하고 한자 를 눌러 선택한다.

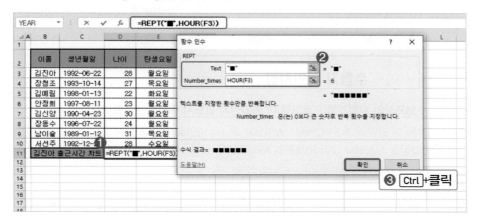

더 알기 Tip

=REPT("■",HOUR(F3))
        ②   ①

① [F3] 셀의 시간 숫자만큼
② ■이 반복 표시된다.

REPT(text, number_times) 함수

text : 반복할 텍스트
number_times : 텍스트를 반복할 횟수

모의고사 6회

▶ 합격 강의

정답파일 Part 3 모의고사₩모의고사 6회 답안.xlsx

과목	코드	문제유형	시험시간	수험번호	성명
한글엑셀	1122	A	60분	20243006	홍길동

수험자 유의사항

- 수험자는 문제지를 받는 즉시 문제지와 **수험표상의 시험과목(프로그램)이 동일한지 반드시 확인**하여야 합니다.
- 파일명은 본인의 "수험번호–성명"으로 입력하여 답안폴더(내 PC₩문서₩ITQ)에 하나의 파일로 저장해야 하며, 답안문서 파일명이 "수험번호–성명"과 일치하지 않거나, 답안파일을 전송하지 않아 미제출로 처리될 경우 실격 처리합니다(예:12345678–홍길동.xlsx).
- 답안 작성을 마치면 파일을 저장하고, '답안 전송' 버튼을 선택하여 감독위원 PC로 답안을 전송하십시오. 수험생 정보와 저장한 파일명이 다를 경우 전송되지 않으므로 주의하시기 바랍니다.
- 답안 작성 중에도 **주기적으로 저장하고, '답안 전송'**하여야 문제 발생을 줄일 수 있습니다. 작업한 내용을 저장하지 않고 전송할 경우 이전에 저장된 내용이 전송되니 이점 유의하시기 바랍니다.
- 답안문서는 지정된 경로 외의 다른 보조기억장치에 저장하는 경우, 지정된 시험 시간 외에 작성된 파일을 활용할 경우, 기타 통신수단(이메일, 메신저, 네트워크 등)을 이용하여 타인에게 전달 또는 외부 반출하는 경우는 부정 처리합니다.
- 시험 중 부주의 또는 고의로 시스템을 파손한 경우는 수험자가 변상해야 하며, 〈수험자 유의사항〉에 기재된 방법대로 이행하지 않아 생기는 불이익은 수험생 당사자의 책임임을 알려 드립니다.
- 문제의 조건은 MS오피스 2016 버전으로 설정되어 있으니 유의하시기 바랍니다.
- 시험을 완료한 수험자는 답안파일이 전송되었는지 확인한 후 감독위원의 지시에 따라 문제지를 제출하고 퇴실합니다.

답안 작성요령

- 온라인 답안 작성 절차
  수험자 등록 ⇒ 시험 시작 ⇒ 답안파일 저장 ⇒ 답안 전송 ⇒ 시험 종료
- 문제는 총 4단계, 즉 제1작업부터 제4작업까지 구성되어 있으며 반드시 제1작업부터 순서대로 작성하고 조건대로 작업하시오.
- 모든 작업시트의 A열은 열 너비 '1'로, 나머지 열은 적당하게 조절하시오.
- 모든 작업시트의 테두리는 ≪출력형태≫와 같이 작업하시오.
- 해당 작업란에서는 각각 제시된 조건에 따라 ≪출력형태≫와 같이 작업하시오.
- 답안 시트 이름은 "제1작업", "제2작업", "제3작업", "제4작업"이어야 하며 답안 시트 이외의 것은 감점 처리됩니다.
- 각 시트를 파일로 나누어 작업해서 저장할 경우 실격됩니다.

① [I11] 셀에 『=CONCATENATE』를 입력한 후 Ctrl + A 를 누른다.

② [함수 인수] 대화상자에서 [Text1]에 『MONTH(TODAY())』, [Text2]에 『월 기준』을 입력하고 [확인]을 클릭한다.

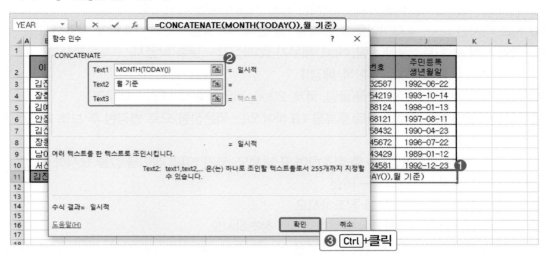

더 알기 Tip

=CONCATENATE(MONTH(TODAY()),"월 기준")
             ①   ②

① 시스템상의 오늘 날짜에서 월을 구하고
② 구한 월과 "월 기준"을 하나의 문자열로 결합한다.

CONCATENATE(text1, [text2], …) 함수

text1 : 연결할 텍스트
text2 : 연결할 추가 텍스트

☞ "제1작업" 시트를 이용하여 조건에 따라 ≪출력형태≫와 같이 작업하시오.

조건

(1) 차트 종류 ⇒ 〈묶은 세로 막대형〉으로 작업하시오.

(2) 데이터 범위 ⇒ "제1작업" 시트의 내용을 이용하여 작업하시오.

(3) 위치 ⇒ "새 시트"로 이동하고, "제4작업"으로 시트 이름을 바꾸시오.

(4) 차트 디자인 도구 ⇒ 레이아웃 3, 스타일 1을 선택하여 ≪출력형태≫에 맞게 작업하시오.

(5) 영역 서식 ⇒ 차트 : 글꼴(굴림, 11pt), 채우기 효과(질감 – 분홍 박엽지)

　　　　　　　 그림 : 채우기(흰색, 배경1)

(6) 제목 서식 ⇒ 차트 제목 : 글꼴(굴림, 굵게, 20pt), 채우기(흰색, 배경1), 테두리

(7) 서식 ⇒ 판매수량 계열의 차트 종류를 〈표식이 있는 꺾은선형〉으로 변경한 후 보조 축으로 지정하시오.

　　　　 계열 : ≪출력형태≫를 참조하여 표식(세모, 크기 10)과 레이블 값을 표시하시오.

　　　　 눈금선 : 선 스타일 – 파선

　　　　 축 : ≪출력형태≫를 참조하시오.

(8) 범례 ⇒ 범례명을 변경하고 ≪출력형태≫를 참조하시오.

(9) 도형 ⇒ '모서리가 둥근 사각형 설명선'을 삽입한 후 ≪출력형태≫와 같이 내용을 입력하시오.

(10) 나머지 사항은 ≪출력형태≫에 맞게 작성하시오.

출력형태

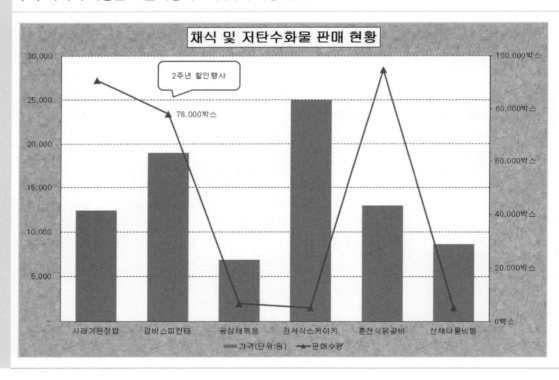

주의 시트명 순서가 차례대로 "제1작업", "제2작업", "제3작업", "제4작업"이 되도록 할 것.

문제유형 ❶ 정답파일 ▶ 유형03_1번 정답.xlsx

다음은 날짜와 텍스트 함수를 이용하여 결과값을 표시하는 형태이다. 자료를 입력하고 조건에 맞도록 작업하시오.

출력형태

A	B	C	D	E	F	G	H	I	J
3									
4	할인율	0.9							
5	관리코드	임대업체	장비구분	년식	임대기간(일)	임대료(1일)	작업시간	작업시작일	총임대료
6	AE-1103	우성건설	덤프트럭20톤	2018	7	465,000원	(1)	(2)	
7	DC-1105	웰빙주택	크레인15톤	2014	5	355,000원	(1)	(2)	
8	AL-1110	우성건설	지게차	2016	9	330,000원	(1)	(2)	
9	PF-1112	한가람건설	굴삭기	2013	14	255,000원	(1)	(2)	
10	DD-1116	미래건축	덤프트럭50톤	2014	7	635,000원	(1)	(2)	
11	DC-1116	미래건축	크레인15톤	2015	15	385,000원	(1)	(2)	
12	PL-1119	한가람건설	지게차	2013	12	315,000원	(1)	(2)	
13	DF-1123	웰빙주택	굴삭기	2016	7	285,000원	(1)	(2)	
14	PC-1125	우성건설	크레인20톤	2017	14	425,000원	(1)	(2)	
15	DD-1127	미래건축	덤프트럭20톤	2014	12	430,000원	(1)	(2)	
16	장비 중 덤프트럭이 차지하는 비율			✕		관리코드별 임대료(일) 조회			
17	우성건설의 평균 임대기간					관리코드		임대료(1일)	

조건

모든 데이터의 서식에는 글꼴(굴림, 11pt), 정렬은 숫자 및 회계 서식은 오른쪽 정렬, 나머지 서식은 가운데 정렬로 작성하며 예외적인 것은 ≪출력형태≫를 참조하시오.

(1)~(2) 셀은 반드시 <u>주어진 함수를 이용</u>하여 값을 구하시오(결과값을 직접 입력하면 해당 셀은 0점 처리됨).

(1) 작업시간 ⇒ '관리코드'의 맨 앞 글자가 'A'이면 "오전", 'P'이면 "오후", 그렇지 않으면 "종일"이라고 표시하시오(IF, LEFT 함수).

(2) 작업시작일 ⇒ 관리코드 '4, 5번째 숫자'를 "월", '6, 7번째 숫자'를 "일"로 하는 2019년도 날짜로 구하시오(DATE, MID, RIGHT 함수)
(예 : AE – 1103 → 2019 – 11 – 03).

기적의 Tip

IF(조건, 참일 때의 값, 거짓일 때의 값) : 조건의 참(TRUE), 거짓(FALSE)에 따라 값을 표시
LEFT(문자열, 개수) : 문자열의 왼쪽에서 개수만큼 문자를 추출
DATE(년, 월, 일) : 년, 월, 일에 해당하는 날짜를 반환
MID(문자열, 특정 위치, 개수) : 문자열의 특정 위치에서 개수만큼 문자를 추출
RIGHT(문자열, 개수) : 문자열의 오른쪽에서 개수만큼 문자를 추출

☞ "제1작업" 시트의 「B4:H12」 영역을 복사하여 "제2작업" 시트의 「B2」 셀부터 모두 붙여넣기를 한 후 다음의 조건과 같이 작업하시오.

조건	(1) 고급 필터 – 코드가 'K'로 시작하거나, 판매수량이 '10,000' 이상인 자료의 코드, 제품명, 가격 (단위:원), 전월대비 성장률(%) 데이터만 추출하시오.
	– 조건 범위 : 「B14」 셀부터 입력하시오.
	– 복사 위치 : 「B18」 셀부터 나타나도록 하시오.
	(2) 표 서식 – 고급필터의 결과셀을 채우기 없음으로 설정한 후 '표 스타일 보통 6'의 서식을 적용하시오.
	– 머리글 행, 줄무늬 행을 적용하시오.

☞ "제1작업" 시트를 이용하여 "제3작업" 시트에 조건에 따라 ≪출력형태≫와 같이 작업하시오.

조건	(1) 가격(단위:원) 및 분류별 제품명의 개수와 전월대비 성장률(%)의 평균을 구하시오.
	(2) 가격(단위:원)을 그룹화하고, 분류를 ≪출력형태≫와 같이 정렬하시오.
	(3) 레이블이 있는 셀 병합 및 가운데 맞춤 적용 및 빈 셀은 '＊＊'로 표시하시오.
	(4) 행의 총합계는 지우고, 나머지 사항은 ≪출력형태≫에 맞게 작성하시오.

출력형태

가격(단위:원)	분류 채식		저탄수화물		글루텐프리	
	개수 : 제품명	평균 : 전월대비 성장률(%)	개수 : 제품명 　 평균 : 전월대비 성장률(%)		개수 : 제품명 　 평균 : 전월대비 성장률(%)	
1-10000	2	28	＊＊ 　 ＊＊		＊＊ 　 ＊＊	
10001-20000	1	16	2 　 33		2 　 127	
20001-30000	＊＊	＊＊	1 　 25		＊＊ 　 ＊＊	
총합계	3	24	3 　 30		2 　 127	

다음은 날짜와 텍스트 함수를 이용하여 결과값을 표시하는 형태이다. 자료를 입력하고 조건에 맞도록 작업하시오.

출력형태

매출코드	거래처	영업구분	수량(EA)	원가	매출액(원)	매출차트	매출액로열티	비고
	로열티 비율	5%						
PS-07010	아산자동차	강사	10	35,000	350,000	(1)		(2)
RM-10001	한빛통운	렌탈	20	40,000	800,000	(1)		(2)
BK-10010	대진해운	교재	50	15,000	750,000	(1)		(2)
PH-07020	삼신자동차	강사	15	41,000	615,000	(1)		(2)
NT-07001	아산자동차	렌탈	30	35,000	1,050,000	(1)		(2)
PS-06010	대진해운	강사	6	30,000	180,000	(1)		(2)
BK-07040	삼신자동차	교재	20	18,000	360,000	(1)		(2)
PH-05010	아산자동차	강사	10	35,000	350,000	(1)		(2)
PH-06021	한빛통운	강사	30	40,000	1,200,000	(1)		(2)
NT-06001	대진해운	렌탈	50	30,000	1,500,000	(1)		(2)
요약 분석		매출합계	NT 매출코드 수		매출액이 가장 큰 거래처			

조건

모든 데이터의 서식에는 글꼴(굴림, 11pt), 정렬은 숫자 및 회계 서식은 오른쪽 정렬, 나머지 서식은 가운데 정렬로 작성하며 예외적인 것은 ≪출력형태≫를 참조하시오.

(1)~(2) 셀은 반드시 <u>주어진 함수를 이용하여</u> 값을 구하시오(결과값을 직접 입력하면 해당 셀은 0점 처리됨).

(1) 매출차트 ⇒ 『매출액 ÷ 300,000』으로 구한 값의 몫 만큼 "■"문자를 반복하여 표시하시오(예 : 350,000 → ■)(REPT 함수).
(2) 비고 ⇒ '매출코드'의 왼쪽 2글자가 'PH'이면 "전임파견"을 표시하고 그 이외의 경우에는 공백으로 표시하시오(IF, LEFT 함수).

기적의 Tip

REPT(문자열, 반복 수) : 문자열을 반복 수만큼 표시
IF(조건, 참일 때의 값, 거짓일 때의 값) : 조건의 참(TRUE), 거짓(FALSE)에 따라 값을 표시
LEFT(문자열, 개수) : 문자열의 왼쪽에서 개수만큼 문자를 추출

☞ 다음은 '밀키트 베스트 판매 현황'에 대한 자료이다. 자료를 입력하고 조건에 맞도록 작업하시오.

| 출력형태 | |

	A	B	C	D	E	F	G	H	I	J
1							확인	MD	팀장	본부장
2			밀키트 베스트 판매 현황							
3										
4		코드	제품명	분류	판매수량	출시일	가격 (단위:원)	전월대비 성장률(%)	제조공장	순위
5		K3237	시래기된장밥	채식	90,680	2020-10-25	12,400	15.7	(1)	(2)
6		E2891	구운폴렌타	글루텐프리	7,366	2021-10-31	12,000	152.0	(1)	(2)
7		E1237	감바스피칸테	저탄수화물	78,000	2020-12-01	19,000	55.0	(1)	(2)
8		C2912	공심채볶음	채식	6,749	2021-07-08	6,900	25.0	(1)	(2)
9		J1028	관서식스키야키	저탄수화물	5,086	2021-05-10	25,000	25.0	(1)	(2)
10		E3019	비건버섯라자냐	글루텐프리	5,009	2021-10-05	15,000	102.5	(1)	(2)
11		K1456	춘천식닭갈비	저탄수화물	94,650	2020-07-08	13,000	10.0	(1)	(2)
12		K2234	산채나물비빔	채식	5,010	2021-01-05	8,600	30.5	(1)	(2)
13		채식 제품 수			(3)			최대 판매수량		(5)
14		저탄수화물 전월대비 성장률(%) 평균			(4)			코드	K3237	판매수량	(6)
15										

| 조건 | ○ 모든 데이터의 서식에는 글꼴(굴림, 11pt), 정렬은 숫자 및 회계 서식은 오른쪽 정렬, 나머지 서식은 가운데 정렬로 작성하며 예외적인 것은 《출력형태》를 참조하시오.
○ 제목 ⇒ 도형(순서도: 화면 표시)과 그림자(오프셋 오른쪽)를 이용하여 작성하고 "밀키트 베스트 판매 현황"을 입력한 후 다음 서식을 적용하시오
　　　(글꼴 – 굴림, 24pt, 검정, 굵게, 채우기 – 노랑).
○ 임의의 셀에 결재란을 작성하여 그림으로 복사 기능을 이용하여 붙이기 하시오(단, 원본 삭제).
○ 「B4:J4, G14, I14」 영역은 '주황'으로 채우기 하시오.
○ 유효성 검사를 이용하여 「H14」 셀에 코드(「B5:B12」 영역)가 선택 표시되도록 하시오.
○ 셀 서식 ⇒ 「E5:E12」 영역에 셀 서식을 이용하여 숫자 뒤에 '박스'를 표시하시오
　　　(예 : 90,680박스).
○ 「D5:D12」 영역에 대해 '분류'로 이름정의를 하시오. |

☞ (1)~(6) 셀은 반드시 <u>주어진 함수를 이용하여</u> 값을 구하시오(결과값을 직접 입력하면 해당 셀은 0점 처리됨).

(1) 제조공장 ⇒ 코드의 두 번째 글자가 1이면 '평택', 2이면 '정읍', 3이면 '진천'으로 표시하시오
　　　　(CHOOSE, MID 함수).

(2) 순위 ⇒ 전월대비 성장률(%)의 내림차순 순위를 구하시오(RANK.EQ 함수).

(3) 채식 제품 수 ⇒ 결과값에 '개'를 붙이시오. 단, 조건은 입력데이터를 이용하시오
　　　　(DCOUNTA 함수, & 연산자)(예 : 1개).

(4) 저탄수화물 전월대비 성장률(%) 평균 ⇒ 정의된 이름(분류)을 이용하여 구하시오(SUMIF, COUNTIF 함수).

(5) 최대 판매수량 ⇒ (MAX 함수)

(6) 판매수량 ⇒ 「H14」 셀에서 선택한 코드에 대한 판매수량을 구하시오(VLOOKUP 함수).

(7) 조건부 서식의 수식을 이용하여 판매수량이 '90,000' 이상인 행 전체에 다음의 서식을 적용하시오
　　　(글꼴 : 파랑, 굵게).

함수-2(수학, 통계, 논리값, 데이터)

난이도 상 중 하

기적의 3회독
☐ 1회 ☐ 2회 ☐ 3회

문제파일 Part 1 시험 유형 따라하기\Chapter04.xlsx
정답파일 Part 1 시험 유형 따라하기\Chapter04_정답.xlsx

다음은 '주거유형 및 지역별 주거환경만족도'에 대한 자료이다. 문제 파일을 열어 조건에 맞도록 작업하시오.

출력형태

실제 문제에서는 직접 작성한 [제1작업] 시트를 기준으로 작업하게 된다.
연습을 위해 직접 표를 작성한 후 지시사항을 따라해 보도록 한다.

◆ 주거유형 및 지역별 주거환경만족도

	그룹	구분	조사기간	매우 불만족	약간 불만족	대체로 만족	매우 만족	가중치 적용 점수	매우 만족 순위
			가중치	1	2	3	4		
5	주거유형	단독주택	3개월	0.012	0.182	0.733	0.073	(1)	(2)
6	주거유형	아파트	4개월	0.003	0.076	0.764	0.157	(1)	(2)
7	주거유형	연립주택	4개월	0.013	0.169	0.758	0.061	(1)	(2)
8	주거유형	다세대주택	6개월	0.009	0.171	0.747	0.073	(1)	(2)
9	지역	서울	6개월	0.006	0.101	0.735	0.158	(1)	(2)
10	지역	경기	6개월	0.02	0.141	0.723	0.116	(1)	(2)
11	지역	제주	4개월	0.007	● 0.095	0.703	0.195	(1)	(2)
12	약간 불만족의 두 번째 점수			(3)		매우 불만족 1% 이상			(5)
13	대체로 만족의 평균			(4)		주거유형 그룹의 매우 만족 평균			(6)

[F5:F11] 영역이 '약간불만족'으로 이름 정의되어 있다.

조건

문제보기

모든 데이터의 서식에는 글꼴(굴림, 11pt), 정렬은 숫자 및 회계 서식은 오른쪽 정렬, 나머지 서식은 가운데 정렬로 작성하며 예외적인 것은 ≪출력형태≫를 참조하시오.
[E5:H11, E12:E13, J13] 영역에 셀 서식을 이용하여 백분율로 소수 자릿수 2까지 표시하시오(예 : 0.012 → 1.20%).

(1)~(6) 셀은 반드시 주어진 함수를 이용하여 값을 구하시오(결과값을 직접 입력하면 해당 셀은 0점 처리됨).

(1) 가중치 적용 점수 ⇒ [가중치 × 각 항목별 비율]의 합계로, 가중치([E3:H3] 영역)와 매우 불만족, 약간 불만족, 대체로 만족, 매우 만족을 곱한 값의 합계를 구하시오(SUMPRODUCT 함수).

(2) 매우 만족 순위 ⇒ 매우 만족에 대한 내림차순 순위를 구하시오(RANK.EQ 함수).

(3) 약간 불만족의 두 번째 점수 ⇒ 정의된 이름(약간불만족)을 사용하여 두 번째 큰 값을 구하시오(LARGE 함수).

(4) 대체로 만족의 평균 ⇒ 대체로 만족의 평균을 반올림하여 2자리까지 표시하시오(ROUND, AVERAGE 함수)(예 : 69.36%).

(5) 매우 불만족 1% 이상 ⇒ 매우 불만족이 1% 이상인 개수를 구하고 결과값 뒤에 '그룹'을 붙이시오(COUNTIF 함수, & 연산자)(예 : 4그룹).

(6) 주거유형 그룹의 매우 만족 평균 ⇒ 조건은 입력된 데이터를 이용한다(DAVERAGE 함수).

▶ 합격 강의

정답파일 Part 3 모의고사₩모의고사 5회 답안.xlsx

과목	코드	문제유형	시험시간	수험번호	성명
한글엑셀	1122	A	60분	20243005	홍길동

·········· **수험자 유의사항** ··········

• 수험자는 문제지를 받는 즉시 문제지와 **수험표상의 시험과목(프로그램)이 동일한지 반드시 확인**하여야 합니다.

• 파일명은 본인의 "수험번호–성명"으로 입력하여 답안폴더(내 PC₩문서₩ITQ)에 하나의 파일로 저장해야 하며, 답안문서 파일명이 "수험번호–성명"과 일치하지 않거나, 답안파일을 전송하지 않아 미제출로 처리될 경우 실격 처리합니다(예:12345678–홍길동.xlsx).

• 답안 작성을 마치면 파일을 저장하고, '답안 전송' 버튼을 선택하여 감독위원 PC로 답안을 전송하십시오. 수험생 정보와 저장한 파일명이 다를 경우 전송되지 않으므로 주의하시기 바랍니다.

• 답안 작성 중에도 **주기적으로 저장하고, '답안 전송'**하여야 문제 발생을 줄일 수 있습니다. 작업한 내용을 저장하지 않고 전송할 경우 이전에 저장된 내용이 전송되니 이점 유의하시기 바랍니다.

• 답안문서는 지정된 경로 외의 다른 보조기억장치에 저장하는 경우, 지정된 시험 시간 외에 작성된 파일을 활용할 경우, 기타 통신수단(이메일, 메신저, 네트워크 등)을 이용하여 타인에게 전달 또는 외부 반출하는 경우는 부정 처리합니다.

• 시험 중 부주의 또는 고의로 시스템을 파손한 경우는 수험자가 변상해야 하며, 〈수험자 유의사항〉에 기재된 방법대로 이행하지 않아 생기는 불이익은 수험생 당사자의 책임임을 알려 드립니다.

• 문제의 조건은 MS오피스 2016 버전으로 설정되어 있으니 유의하시기 바랍니다.

• 시험을 완료한 수험자는 답안파일이 전송되었는지 확인한 후 감독위원의 지시에 따라 문제지를 제출하고 퇴실합니다.

·········· **답안 작성요령** ··········

• 온라인 답안 작성 절차
    수험자 등록 ⇒ 시험 시작 ⇒ 답안파일 저장 ⇒ 답안 전송 ⇒ 시험 종료

• 문제는 총 4단계, 즉 제1작업부터 제4작업까지 구성되어 있으며 반드시 제1작업부터 순서대로 작성하고 조건대로 작업하시오.

• 모든 작업시트의 A열은 열 너비 '1'로, 나머지 열은 적당하게 조절하시오.

• 모든 작업시트의 테두리는 ≪출력형태≫와 같이 작업하시오.

• 해당 작업란에서는 각각 제시된 조건에 따라 ≪출력형태≫와 같이 작업하시오.

• 답안 시트 이름은 "제1작업", "제2작업", "제3작업", "제4작업"이어야 하며 답안 시트 이외의 것은 감점 처리됩니다.

• 각 시트를 파일로 나누어 작업해서 저장할 경우 실격 처리됩니다.

① [E5:H11, E12:E13, J13] 영역을 Ctrl 을 이용하여 블록 설정한 후 Ctrl + 1 을 눌러 [셀 서식]을 연다.

그룹	구분	조사기간	매우 불만족 (1)	약간 불만족 (2)	대체로 만족 (3)	매우 만족 (4)	가중치 적용 점수	매우 만족 순위
		가중치	1	2	3	4		
주거유형	단독주택	3개월	0.012	0.182	0.733	0.073		
주거유형	아파트	4개월	0.003	0.076	0.764	0.157		
주거유형	연립주택	4개월	0.013	0.169	0.758	0.061		
주거유형	다세대주택	6개월	0.009	0.171	0.747	0.073		
지역	서울	6개월	0.006	0.101	0.735	0.158		
지역	경기	6개월	0.02	0.141	0.723	0.116		
지역	제주	4개월	0.007	0.095	0.703	0.195		
약간 불만족의 두 번째 점수					매우 불만족 1% 이상			
대체로 만족의 평균					주거유형 그룹의 매우 만족 평균			

◆ 주거유형 및 지역별 주거환경만족도

블록

② [셀 서식] 대화상자에서 [표시 형식] 탭의 '백분율'을 선택한 후 소수 자릿수를 '2'로 지정하고 [확인]을 클릭한다.

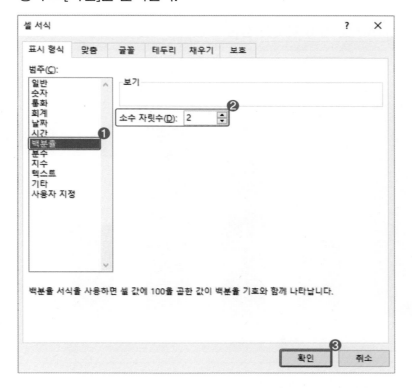

☞ "제1작업" 시트를 이용하여 조건에 따라 ≪출력형태≫와 같이 작업하시오.

조건	
	(1) 차트 종류 ⇒ 〈묶은 세로 막대형〉으로 작업하시오.
	(2) 데이터 범위 ⇒ "제1작업" 시트의 내용을 이용하여 작업하시오.
	(3) 위치 ⇒ "새 시트"로 이동하고, "제4작업"으로 시트 이름을 바꾸시오.
	(4) 차트 디자인 도구 ⇒ 레이아웃 3, 스타일 1을 선택하여 ≪출력형태≫에 맞게 작업하시오.
	(5) 영역 서식 ⇒ 차트 : 글꼴(굴림, 11pt), 채우기 효과(질감 – 파랑 박엽지)
	그림 : 채우기(흰색, 배경1)
	(6) 제목 서식 ⇒ 차트 제목 : 글꼴(굴림, 굵게, 20pt), 채우기(흰색, 배경1), 테두리
	(7) 서식 ⇒ 점수(5점 만점) 계열의 차트 종류를 〈표식이 있는 꺾은선형〉으로 변경한 후 보조 축으로 지정하시오.
	계열 : ≪출력형태≫를 참조하여 표식(세모, 크기 10)과 레이블 값을 표시하시오.
	눈금선 : 선 스타일 – 파선
	축 : ≪출력형태≫를 참조하시오.
	(8) 범례 ⇒ 범례명을 변경하고 ≪출력형태≫를 참조하시오.
	(9) 도형 ⇒ '모서리가 둥근 사각형 설명선'을 삽입한 후 ≪출력형태≫와 같이 내용을 입력하시오.
	(10) 나머지 사항은 ≪출력형태≫에 맞게 작성하시오.

출력형태

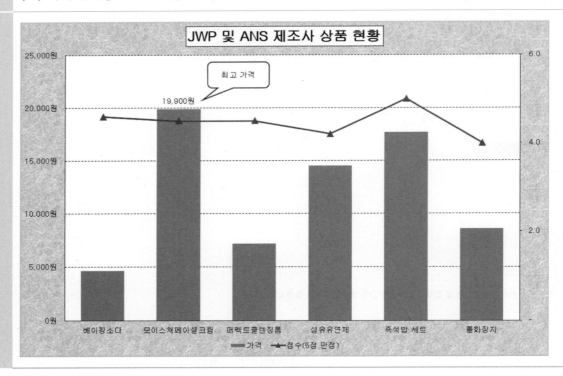

주의 시트명 순서가 차례대로 "제1작업", "제2작업", "제3작업", "제4작업"이 되도록 할 것.

① [I5:I11] 영역을 블록 설정한 후 『=SUMPRODUCT』를 입력하고 Ctrl + A 를 누른다.

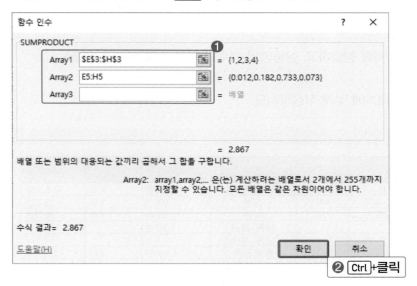

② [함수 인수] 대화상자에서 [Array1]에 『E3:H3』을 입력하거나 마우스로 직접 영역을 드래그하여 선택한 후 F4 를 눌러 『$E$3:$H$3』 형태의 절대주소로 만든다. [Array2] 에는 『E5:H5』를 입력하고 Ctrl +[확인]을 누른다.

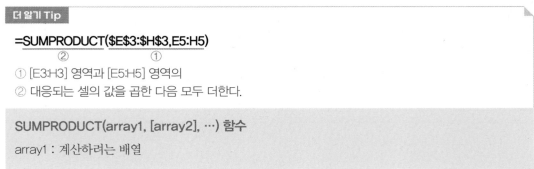

더 알기 Tip

=SUMPRODUCT($E$3:$H$3,E5:H5)
            ②   ①

① [E3:H3] 영역과 [E5:H5] 영역의
② 대응되는 셀의 값을 곱한 다음 모두 더한다.

SUMPRODUCT(array1, [array2], …) 함수

array1 : 계산하려는 배열

☞ "제1작업" 시트의 「B4:H12」 영역을 복사하여 "제2작업" 시트의 「B2」 셀부터 모두 붙여넣기를 한 후 다음의 조건과 같이 작업하시오.

조건	(1) 목표값 찾기 – 「B11:G11」 셀을 병합하여 "제조사 JWP 상품의 가격 평균"을 입력한 후 「H11」 셀에 제조사 JWP 상품의 가격 평균을 구하시오. 단, 조건은 입력데이터를 이용하시오(DAVERAGE 함수, 테두리, 가운데 맞춤).
	– '제조사 JWP 상품의 가격 평균'이 '9,500'이 되려면 베이킹소다의 가격이 얼마가 되어야 하는지 목표값을 구하시오.
	(2) 고급필터 – 상품코드가 'P'로 시작하거나 조회수가 '100,000' 이상인 자료의 상품명, 제조사, 가격, 점수(5점 만점) 데이터만 추출하시오.
	– 조건 범위 : 「B14」 셀부터 입력하시오.
	– 복사 위치 : 「B18」 셀부터 나타나도록 하시오.

☞ "제1작업" 시트의 「B4:H12」 영역을 복사하여 "제3작업" 시트의 「B2」 셀부터 모두 붙여넣기를 한 후 다음의 조건과 같이 작업하시오.

조건	(1) 부분합 – ≪출력형태≫처럼 정렬하고, 상품명의 개수와 가격의 평균을 구하시오.
	(2) 윤곽 – 지우시오.
	(3) 나머지 사항은 ≪출력형태≫에 맞게 작성하시오.

출력형태

A	B	C	D	E	F	G	H
1							
2	상품코드	상품명	제조사	분류	가격	점수 (5점 만점)	조회수
3	QA4-548	샘물 12개	MB	식품	6,390원	4.5	174,320
4	PF4-525	멸균흰우유 10개	MB	식품	17,800원	4.2	18,222
5	PF4-122	즉석밥 세트	ANS	식품	17,650원	5.0	30,763
6				식품 평균	13,947원		
7		3		식품 개수			
8	EA4-475	베이킹소다	JWP	생활용품	4,640원	4.6	23,869
9	DA7-125	섬유유연제	JWP	생활용품	14,490원	4.2	52,800
10	WF1-241	롤화장지	JWP	생활용품	8,560원	4.0	12,870
11				생활용품 평균	9,230원		
12		3		생활용품 개수			
13	SF4-143	모이스쳐페이셜크림	ANS	뷰티	19,900원	4.5	10,967
14	KE4-124	퍼펙트클렌징폼	ANS	뷰티	7,150원	4.5	14,825
15				뷰티 평균	13,525원		
16		2		뷰티 개수			
17				전체 평균	12,073원		
18		8		전체 개수			
19							

① [J5:J11] 영역을 블록 설정한 후 『=RANK.EQ』를 입력하고 Ctrl + A 를 누른다.

② [함수 인수] 대화상자에서 [Number]에는 [H5], [Ref]에는 [H5:H11]를 지정한 후 F4 를 눌러 절대주소를 만든다. → 입력 후 Ctrl +[확인]을 누른다.

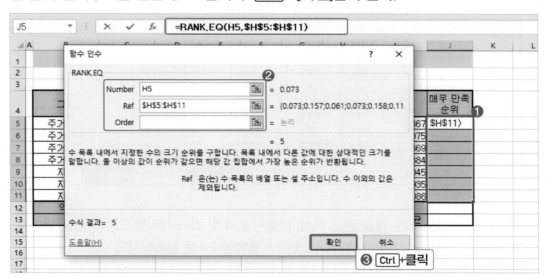

더 알기 Tip

=RANK.EQ(H5,$H$5:$H$11)
    ①   ②

① [H5] 셀의 순위를
② [H5:H11] 영역 안에서 구한다.

RANK.EQ(number, ref, [order]) 함수

number : 순위를 구하려는 셀
ref : 숫자 목록의 범위
order : 순위 결정 방법을 지정. 0이거나 생략하면 내림차순, 0이 아니면 오름차순

☞ 다음은 '관심 상품 TOP8 현황'에 대한 자료이다. 자료를 입력하고 조건에 맞도록 작업하시오.

출력형태

결재	담당	대리	팀장

관심 상품 TOP8 현황

상품코드	상품명	제조사	분류	가격	점수 (5점 만점)	조회수	순위	상품평 차트
EA4-475	베이킹소다	JWP	생활용품	4,640	4.6	23,869	(1)	(2)
SF4-143	모이스쳐페이셜크림	ANS	뷰티	19,900	4.5	10,967	(1)	(2)
QA4-548	샘물 12개	MB	식품	6,390	4.5	174,320	(1)	(2)
PF4-525	멸균흰우유 10개	MB	식품	17,800	4.2	18,222	(1)	(2)
KE4-124	퍼펙트클렌징폼	ANS	뷰티	7,150	4.5	14,825	(1)	(2)
DA7-125	섬유유연제	JWP	생활용품	14,490	4.2	52,800	(1)	(2)
PF4-122	즉석밥 세트	ANS	식품	17,650	5.0	30,763	(1)	(2)
WF1-241	롤화장지	JWP	생활용품	8,560	4.0	12,870	(1)	(2)
최저 가격			(3)			생활용품 조회수 합계		(5)
뷰티 상품 개수			(4)			상품코드	EA4-475	점수 (5점 만점)	(6)

조건

○ 모든 데이터의 서식에는 글꼴(굴림, 11pt), 정렬은 숫자 및 회계 서식은 오른쪽 정렬, 나머지 서식은 가운데 정렬로 작성하며 예외적인 것은 ≪출력형태≫를 참조하시오.

○ 제목 ⇒ 도형(평행 사변형)과 그림자(오프셋 오른쪽)를 이용하여 작성하고 "관심 상품 TOP8 현황"을 입력한 후 다음 서식을 적용하시오
   (글꼴 – 굴림, 24pt, 검정, 굵게, 채우기 – 노랑).

○ 임의의 셀에 결재란을 작성하여 그림으로 복사 기능을 이용하여 붙이기 하시오(단, 원본 삭제).

○ 「B4:J4, G14, I14」 영역은 '주황'으로 채우기 하시오.

○ 유효성 검사를 이용하여 「H14」 셀에 상품코드(「B5:B12」영역)가 선택 표시되도록 하시오.

○ 셀 서식 ⇒ 「F5:F12」 영역에 셀 서식을 이용하여 숫자 뒤에 '원'을 표시하시오(예 : 4,640원).

○ 「E5:E12」 영역에 대해 '분류'로 이름정의를 하시오.

☞ (1)~(6) 셀은 반드시 **주어진 함수를 이용**하여 값을 구하시오(결과값을 직접 입력하면 해당 셀은 0점 처리됨).

(1) 순위 ⇒ 가격의 내림차순 순위를 1~3까지만 구하고 그 외에는 공백으로 표현하시오(IF, RANK.EQ 함수).

(2) 상품평 차트 ⇒ 점수(5점 만점)를 반올림하여 정수로 구한 값의 수만큼 '★'을 표시하시오(REPT, ROUND 함수)
   (예 : 4.5 → ★★★★★).

(3) 최저 가격 ⇒ (MIN 함수)

(4) 뷰티 상품 개수 ⇒ 정의된 이름(분류)을 이용하여 구한 결과값에 '개'를 붙이시오
   (COUNTIF 함수, & 연산자)(예 : 1개).

(5) 생활용품 조회수 합계 ⇒ 조건은 입력데이터를 이용하시오(DSUM 함수).

(6) 점수(5점 만점) ⇒ 「H14」 셀에서 선택한 상품코드에 대한 점수(5점 만점)를 구하시오(VLOOKUP 함수).

(7) 조건부 서식의 수식을 이용하여 가격이 '8,000' 이하인 행 전체에 다음의 서식을 적용하시오(글꼴 : 파랑, 굵게).

① [E12] 셀에서 『=LARGE』를 입력하고 Ctrl + A 를 누른다.

② [함수 인수] 대화상자에서 [Array]에 『약간불만족』, [K]에는 『2』를 입력한 후 [확인]을 클릭한다.

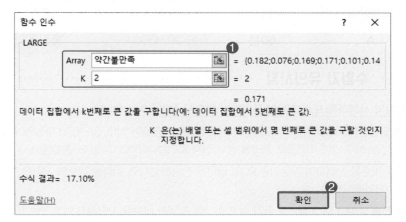

더 알기 Tip

=LARGE(약간불만족,2)
          ①   ②

① 약간불만족으로 이름 정의한 데이터 중에서
② 2번째로 큰 값을 반환

LARGE(array, k) 함수

array : 데이터 범위
k : 범위에서 가장 큰 값을 기준으로 한 상대 순위

▶ 합격 강의

정답파일 Part 3 모의고사₩모의고사 4회 답안.xlsx

과목	코드	문제유형	시험시간	수험번호	성명
한글엑셀	1122	A	60분	20243004	홍길동

수험자 유의사항

- 수험자는 문제지를 받는 즉시 문제지와 **수험표상의 시험과목(프로그램)이 동일한지 반드시 확인**하여야 합니다.
- 파일명은 본인의 "수험번호-성명"으로 입력하여 답안폴더(내 PC₩문서₩ITQ)에 하나의 파일로 저장해야 하며, 답안문서 파일명이 "수험번호-성명"과 일치하지 않거나, 답안파일을 전송하지 않아 미제출로 처리될 경우 실격 처리합니다(예:12345678-홍길동.xlsx).
- 답안 작성을 마치면 파일을 저장하고, '답안 전송' 버튼을 선택하여 감독위원 PC로 답안을 전송하십시오. 수험생 정보와 저장한 파일명이 다를 경우 전송되지 않으므로 주의하시기 바랍니다.
- 답안 작성 중에도 **주기적으로 저장하고, '답안 전송'**하여야 문제 발생을 줄일 수 있습니다. 작업한 내용을 저장하지 않고 전송할 경우 이전에 저장된 내용이 전송되니 이점 유의하시기 바랍니다.
- 답안문서는 지정된 경로 외의 다른 보조기억장치에 저장하는 경우, 지정된 시험 시간 외에 작성된 파일을 활용할 경우, 기타 통신수단(이메일, 메신저, 네트워크 등)을 이용하여 타인에게 전달 또는 외부 반출하는 경우는 부정 처리합니다.
- 시험 중 부주의 또는 고의로 시스템을 파손한 경우는 수험자가 변상해야 하며, 〈수험자 유의사항〉에 기재된 방법대로 이행하지 않아 생기는 불이익은 수험생 당사자의 책임임을 알려 드립니다.
- 문제의 조건은 MS오피스 2016 버전으로 설정되어 있으니 유의하시기 바랍니다.
- 시험을 완료한 수험자는 답안파일이 전송되었는지 확인한 후 감독위원의 지시에 따라 문제지를 제출하고 퇴실합니다.

답안 작성요령

- 온라인 답안 작성 절차
    수험자 등록 ⇒ 시험 시작 ⇒ 답안파일 저장 ⇒ 답안 전송 ⇒ 시험 종료
- 문제는 총 4단계, 즉 제1작업부터 제4작업까지 구성되어 있으며 반드시 제1작업부터 순서대로 작성하고 조건대로 작업하시오.
- 모든 작업시트의 A열은 열 너비 '1'로, 나머지 열은 적당하게 조절하시오.
- 모든 작업시트의 테두리는 ≪출력형태≫와 같이 작업하시오.
- 해당 작업란에서는 각각 제시된 조건에 따라 ≪출력형태≫와 같이 작업하시오.
- 답안 시트 이름은 "제1작업", "제2작업", "제3작업", "제4작업"이어야 하며 답안 시트 이외의 것은 감점 처리됩니다.
- 각 시트를 파일로 나누어 작업해서 저장할 경우 실격 처리됩니다.

① [E13] 셀에서 『=ROUND』를 입력하고 [Ctrl]+[A]를 누른다.

② [함수 인수] 대화상자에서 [Number]에 『AVERAGE(G5:G11)』, [Num_digits]에는 『4』
를 입력한 후 [확인]을 클릭한다.

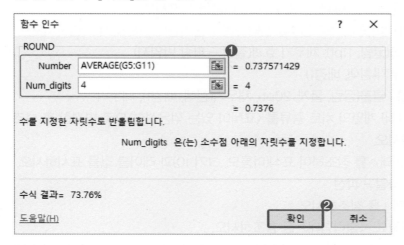

더 알기 Tip

=ROUND(AVERAGE(G5:G11),4)
　　　　　　①　　　　　　②
① [G5:G11] 영역의 평균을 구하여
② 소수점 이하 4자리까지 반올림하여 반환한다.

ROUND(number, num_digits) 함수

number : 반올림할 수
num_digits : 반올림할 자릿수

AVERAGE(number1, [number2], …) 함수

number1 : 평균을 구하려는 수
number2 : 평균을 구하려는 추가 수

☞ "제1작업" 시트를 이용하여 조건에 따라 ≪출력형태≫와 같이 작업하시오.

조건	
	(1) 차트 종류 ⇒ 〈묶은 세로 막대형〉으로 작업하시오.
	(2) 데이터 범위 ⇒ "제1작업" 시트의 내용을 이용하여 작업하시오.
	(3) 위치 ⇒ "새 시트"로 이동하고, "제4작업"으로 시트 이름을 바꾸시오.
	(4) 차트 디자인 도구 ⇒ 레이아웃 3, 스타일 1을 선택하여 ≪출력형태≫에 맞게 작업하시오.
	(5) 영역 서식 ⇒ 차트 : 글꼴(굴림, 11pt), 채우기 효과(질감 – 파랑 박엽지)
	그림 : 채우기(흰색, 배경1)
	(6) 제목 서식 ⇒ 차트 제목 : 글꼴(굴림, 굵게, 20pt), 채우기(흰색, 배경1), 테두리
	(7) 서식 ⇒ 수익금(백만 달러) 계열의 차트 종류를 〈표식이 있는 꺾은선형〉으로 변경한 후 보조축으로 지정하시오.
	계열 : ≪출력형태≫를 참조하여 표식(마름모, 크기 10)과 레이블 값을 표시하시오.
	눈금선 : 선 스타일 – 파선
	축 : ≪출력형태≫를 참조하시오.
	(8) 범례 ⇒ 범례명을 변경하고 ≪출력형태≫를 참조하시오.
	(9) 도형 ⇒ '모서리가 둥근 사각형 설명선'을 삽입한 후 ≪출력형태≫와 같이 내용을 입력하시오.
	(10) 나머지 사항은 ≪출력형태≫에 맞게 작성하시오.

출력형태

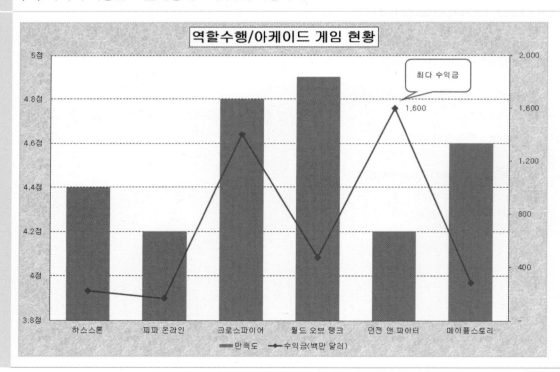

주의 시트명 순서가 차례대로 "제1작업", "제2작업", "제3작업", "제4작업"이 되도록 할 것

① [J12] 셀에서 『=COUNTIF』를 입력하고 Ctrl + A 를 누른다.

② [함수 인수] 대화상자에서 [Range]에 『E5:E11)』, [Criteria]에는 『〉=1%』를 입력한 후 [확인]을 클릭한다.

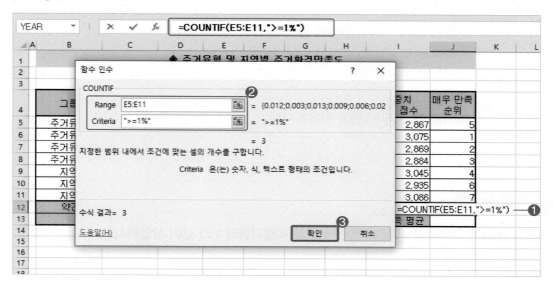

③ [J12] 셀에 입력된 수식 『=COUNTIF(E5:E11,"〉=1%")』에 『&"그룹"』을 이어서 입력한다.

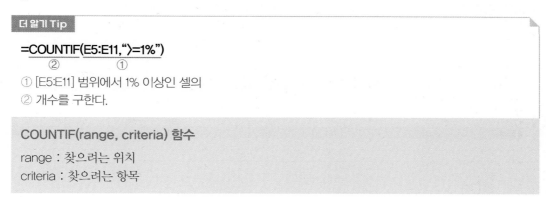

더 알기 Tip

=COUNTIF(E5:E11,"〉=1%")
　　　　② 　　　　　①

① [E5:E11] 범위에서 1% 이상인 셀의
② 개수를 구한다.

COUNTIF(range, criteria) 함수

range : 찾으려는 위치
criteria : 찾으려는 항목

☞ "제1작업" 시트의 「B4:H12」 영역을 복사하여 "제2작업" 시트의 「B2」 셀부터 모두 붙여넣기를 한 후 다음의 조건과 같이 작업하시오.

조건	(1) 고급 필터 – 분류가 '시뮬레이션'이 아니면서 수익금(백만 달러)이 '1,000' 이상인 자료의 관리 코드, 게임명, 수익금(백만 달러), 서비스 시작일 데이터만 추출하시오. 　　　　– 조건 범위 : 「B14」 셀부터 입력하시오. 　　　　– 복사 위치 : 「B18」 셀부터 나타나도록 하시오. (2) 표 서식 – 고급필터의 결과셀을 채우기 없음으로 설정한 후 '표 스타일 보통 7'의 서식을 적용하시오. 　　　　– 머리글 행, 줄무늬 행을 적용하시오.

☞ "제1작업" 시트를 이용하여 "제3작업" 시트에 조건에 따라 ≪출력형태≫와 같이 작업하시오.

조건	(1) 만족도 및 분류별 게임명의 개수와 수익금(백만 달러)의 평균을 구하시오. (2) 만족도를 그룹화하고, 분류를 ≪출력형태≫와 같이 정렬하시오. (3) 레이블이 있는 셀 병합 및 가운데 맞춤 적용 및 빈 셀은 '***'로 표시하시오. (4) 행의 총합계는 지우고, 나머지 사항은 ≪출력형태≫에 맞게 작성하시오.

출력형태

만족도	역할수행		아케이드		시뮬레이션	
	개수 : 게임명	평균 : 수익금(백만 달러)	개수 : 게임명	평균 : 수익금(백만 달러)	개수 : 게임명	평균 : 수익금(백만 달러)
4.1-4.4	1	1,600	1	163	1	2,120
4.4-4.7	2	252	***	***	1	179
4.7-5	***	***	2	936	***	***
총합계	3	701	3	678	2	1,150

위 표의 상단에는 「분류」 필드가 위치함.

① [J13] 셀에서 『=DAVERAGE』를 입력하고 Ctrl + A 를 누른다.

② [함수 인수] 대화상자에서 [Database]에 『B4:J11)』, [Field]에 『H4』, [Criteria]에는 『B4:B5』를 입력한 후 [확인]을 클릭한다.

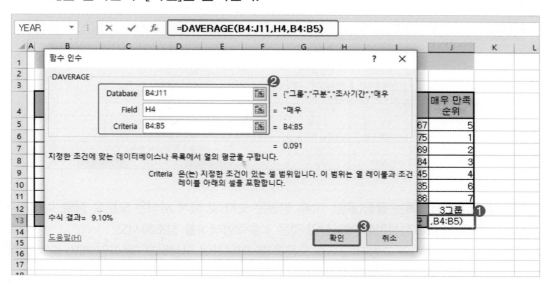

=DAVERAGE(B4:J11,H4,B4:B5)
      ①   ②

① [B4:J11] 영역의 H4열에서
② [B4:B5] 조건에 해당하는 값들의 평균을 구한다.

DAVERAGE(database, field, criteria) 함수

database : 데이터의 범위
field : 값을 구할 필드
criteria : 조건 범위

☞ 다음은 '온라인 게임 수익 현황'에 대한 자료이다. 자료를 입력하고 조건에 맞도록 작업하시오.

출력형태

관리코드	게임명	분류	개발사	수익금 (백만 달러)	만족도	서비스 시작일	서비스 순서	시작연도
C14-9	하스스톤	역할수행	블리자드	219	4.4	2014-01-14	(1)	(2)
S81-2	피파 온라인	아케이드	스피어헤드	163	4.2	2012-12-18	(1)	(2)
F57-1	크로스파이어	아케이드	스마일게이트	1,400	4.8	2007-05-03	(1)	(2)
M32-2	링월드	시뮬레이션	루데온스튜디오	179	4.5	2013-11-04	(1)	(2)
M29-1	리그 오브 레전드	시뮬레이션	라이엇게임즈	2,120	4.3	2009-10-27	(1)	(2)
M62-9	월드 오브 탱크	아케이드	워게이밍넷	471	4.9	2010-08-12	(1)	(2)
R55-5	던전 앤 파이터	역할수행	네오플	1,600	4.2	2005-08-10	(1)	(2)
M43-4	메이플스토리	역할수행	위젯스튜디오	284	4.6	2003-04-29	(1)	(2)
최고 수익금(백만 달러)			(3)			역할수행 게임의 만족도 합계		(5)
아케이드 게임의 평균 수익금(백만 달러)			(4)			관리코드	C14-9 개발사	(6)

제목: 온라인 게임 수익 현황

결재: 담당 / 대리 / 팀장

조건

- 모든 데이터의 서식에는 글꼴(굴림, 11pt), 정렬은 숫자 및 회계 서식은 오른쪽 정렬, 나머지 서식은 가운데 정렬로 작성하며 예외적인 것은 《출력형태》를 참조하시오.
- 제목 ⇒ 도형(육각형)과 그림자(오프셋 오른쪽)를 이용하여 작성하고 "온라인 게임 수익 현황"을 입력한 후 다음 서식을 적용하시오
  (글꼴 – 굴림, 24pt, 검정, 굵게, 채우기 – 노랑).
- 임의의 셀에 결재란을 작성하여 그림으로 복사 기능을 이용하여 붙이기 하시오(단, 원본 삭제).
- 「B4:J4, G14, I14」 영역은 '주황'으로 채우기 하시오.
- 유효성 검사를 이용하여 「H14」 셀에 관리코드(「B5:B12」 영역)가 선택 표시되도록 하시오.
- 셀 서식 ⇒ 「G5:G12」 영역에 셀 서식을 이용하여 숫자 뒤에 '점'을 표시하시오(예 : 4.4점).
- 「D5:D12」 영역에 대해 '분류'로 이름정의를 하시오.

☞ (1)~(6) 셀은 반드시 **주어진 함수를 이용하여** 값을 구하시오(결과값을 직접 입력하면 해당 셀은 0점 처리됨).

(1) 서비스 순서 ⇒ 서비스 시작일을 기준으로 오름차순 순위를 1~3까지만 구하고 그 외에는 공백으로 표시하시오 (IF, RANK.EQ 함수).

(2) 시작연도 ⇒ 서비스 시작일의 연도를 구한 값에 '년'을 붙이시오(YEAR 함수, & 연산자)(예 : 2014년).

(3) 최고 수익금(백만 달러) ⇒ (MAX 함수)

(4) 아케이드 게임의 평균 수익금(백만 달러) ⇒ 정의된 이름(분류)을 이용하여 구하시오(SUMIF, COUNTIF 함수).

(5) 역할수행 게임의 만족도 합계 ⇒ 조건은 입력데이터를 이용하시오(DSUM 함수).

(6) 개발사 ⇒ 「H14」 셀에서 선택한 관리코드에 대한 개발사를 구하시오(VLOOKUP 함수).

(7) 조건부 서식의 수식을 이용하여 수익금(백만 달러)이 '1,000' 이상인 행 전체에 다음의 서식을 적용하시오 (글꼴 : 파랑, 굵게).

문제유형 ① 정답파일 ▶ 유형04_1번 정답.xlsx

다음은 다양한 함수를 이용하여 결과값을 표시하는 형태이다. 자료를 입력하고 조건에 맞도록 작업하시오.

출력형태

	입주업체	업종	입주층	입주일	계약기간 (단위:년)	보증금	월 임대료	입주순위	비고
	SBC	IT	6	2019-12-02	3	₩ 400,000,000	₩ 4,000,000	(1)	(2)
	미라패션	제조	5	2018-03-28	2	₩ 500,000,000	₩ 4,000,000	(1)	(2)
	CC통신	서비스	1	2019-09-11	2	₩ 600,000,000	₩ 2,500,000	(1)	(2)
	씨마㈜	서비스	2	2017-08-09	3	₩ 350,000,000	₩ 3,500,000	(1)	(2)
	진영넷	IT	4	2018-07-20	3	₩ 700,000,000	₩ 2,000,000	(1)	(2)
	E&B	IT	7	2019-10-21	1	₩ 900,000,000	₩ 1,000,000	(1)	(2)
	칸토B	IT	2	2019-10-02	4	₩ 350,000,000	₩ 3,500,000	(1)	(2)
	엘비스㈜	제조	3	2018-10-10	5	₩ 300,000,000	₩ 5,000,000	(1)	(2)
	IT 업종 계약 비율(%)			(3)		보증금이 가장 큰 입주업체			
	IT 업종 입주업체의 월 임대료 합계			(4)		입주업체		계약기간	

조건

- 모든 데이터의 서식에는 글꼴(굴림, 11pt), 정렬은 숫자 및 회계 서식은 오른쪽 정렬, 나머지 서식은 가운데 정렬로 작성하며 예외적인 것은 ≪출력형태≫를 참조하시오.
- 이름 정의 ⇒ [E5:E12] 영역을 '입주일'로 정의하시오.

(1)~(4) 셀은 반드시 <u>주어진 함수를 이용하여</u> 값을 구하시오(결과값을 직접 입력하면 해당 셀은 0점 처리됨).

(1) 입주순위 ⇒ 정의된 이름(입주일)을 사용하여 입주일이 가장 빠른 업체가 1이 되도록 구하고, 결과값 뒤에 "위"를 붙이시오(RANK.EQ 함수, & 연산자)(예 : 1위).

(2) 비고 ⇒ 『입주일+계약기간(단위:년)×365 − 시스템 오늘 날짜』가 90 이하면 '재계약', 아니면 공백으로 구하시오(IF, TODAY 함수).

(3) IT 업종 계약 비율(%) ⇒ 『IT 업종 개수/업종 전체 개수』로 구한 결과값에 셀 서식을 적용하여 '%' 수치로 표시하시오(COUNTIF, COUNTA 함수)(예 : 40%).

(4) IT 업종 입주업체의 월 임대료 합계 ⇒ 조건은 입력 데이터를 이용하시오(DSUM 함수).

🎓 **기적의 Tip**

RANK.EQ(인수, 범위, 옵션) : 범위에서 순위를 구할 셀이 몇 번째 순위인지 구함(옵션이 0이거나 생략 시 내림차순, 0이 아니면 오름차순)
COUNTIF(범위, 조건) : 범위에서 조건을 만족하는 셀의 개수를 구함
COUNTA(인수1, 인수2, …) : 인수들 중 비어 있지 않은 셀의 개수를 구함
DSUM(범위, 열 번호, 조건) : 범위에서 조건에 맞는 자료를 대상으로 지정된 열의 합계를 구함

정답파일 Part 3 모의고사₩모의고사 3회 답안.xlsx

과목	코드	문제유형	시험시간	수험번호	성명
한글엑셀	1122	A	60분	20243003	홍길동

·············· **수험자 유의사항** ··············

- 수험자는 문제지를 받는 즉시 문제지와 **수험표상의 시험과목(프로그램)이 동일한지 반드시 확인**하여야 합니다.
- 파일명은 본인의 "수험번호-성명"으로 입력하여 답안폴더(내 PC₩문서₩ITQ)에 하나의 파일로 저장해야 하며, 답안문서 파일명이 "수험번호-성명"과 일치하지 않거나, 답안파일을 전송하지 않아 미제출로 처리될 경우 실격 처리합니다(예:12345678-홍길동.xlsx).
- 답안 작성을 마치면 파일을 저장하고, '답안 전송' 버튼을 선택하여 감독위원 PC로 답안을 전송하십시오. 수험생 정보와 저장한 파일명이 다를 경우 전송되지 않으므로 주의하시기 바랍니다.
- 답안 작성 중에도 **주기적으로 저장하고, '답안 전송'**하여야 문제 발생을 줄일 수 있습니다. 작업한 내용을 저장하지 않고 전송할 경우 이전에 저장된 내용이 전송되니 이점 유의하시기 바랍니다.
- 답안문서는 지정된 경로 외의 다른 보조기억장치에 저장하는 경우, 지정된 시험 시간 외에 작성된 파일을 활용할 경우, 기타 통신수단(이메일, 메신저, 네트워크 등)을 이용하여 타인에게 전달 또는 외부 반출하는 경우는 부정 처리합니다.
- 시험 중 부주의 또는 고의로 시스템을 파손한 경우는 수험자가 변상해야 하며, 〈수험자 유의사항〉에 기재된 방법대로 이행하지 않아 생기는 불이익은 수험생 당사자의 책임임을 알려 드립니다.
- 문제의 조건은 MS오피스 2016 버전으로 설정되어 있으니 유의하시기 바랍니다.
- 시험을 완료한 수험자는 답안파일이 전송되었는지 확인한 후 감독위원의 지시에 따라 문제지를 제출하고 퇴실합니다.

·············· **답안 작성요령** ··············

- 온라인 답안 작성 절차
  - 수험자 등록 ⇒ 시험 시작 ⇒ 답안파일 저장 ⇒ 답안 전송 ⇒ 시험 종료
- 문제는 총 4단계, 즉 제1작업부터 제4작업까지 구성되어 있으며 반드시 제1작업부터 순서대로 작성하고 조건대로 작업하시오.
- 모든 작업시트의 A열은 열 너비 '1'로, 나머지 열은 적당하게 조절하시오.
- 모든 작업시트의 테두리는 《출력형태》와 같이 작업하시오.
- 해당 작업란에서는 각각 제시된 조건에 따라 《출력형태》와 같이 작업하시오.
- 답안 시트 이름은 "제1작업", "제2작업", "제3작업", "제4작업"이어야 하며 답안 시트 이외의 것은 감점 처리됩니다.
- 각 시트를 파일로 나누어 작업해서 저장할 경우 실격 처리됩니다.

다음은 다양한 함수를 이용하여 결과값을 표시하는 형태이다. 자료를 입력하고 조건에 맞도록 작업하시오.

출력형태

고객명	차량	입고일	정비부서	부품비 (단위:원)	수리비용 (단위:원)	정비총액 (단위:원)	입고 요일	비고
김재하	아반떼	2020-02-05	엔진	350,000	287,000	637,000		(1)
강민숙	SM3	2020-02-08	도색	645,000	231,000	876,000		(1)
김기대	마티즈	2020-02-11	판금	278,000	153,000	431,000		(1)
신소연	소나타	2020-02-12	엔진	786,000	321,000	1,107,000		(1)
고미숙	SM5	2020-02-15	도색	487,000	175,000	662,000		(1)
강문숙	싼타페	2020-02-17	엔진	574,000	211,000	785,000		(1)
김민아	소울	2020-02-19	도색	398,000	136,000	534,000		(1)
한미원	카렌스	2020-02-23	판금	438,000	213,000	651,000		(1)
엔진 정비부서의 정비총액 평균			(2)	╳	부품비가 최고인 고객			
정비부서가 도색인 정비총액 합			(3)		고객명		정비총액	

조건

- 모든 데이터의 서식에는 글꼴(굴림, 11pt), 정렬은 숫자 및 회계 서식은 오른쪽 정렬, 나머지 서식은 가운데 정렬로 작성하며 예외적인 것은 《출력형태》를 참조하시오.
- 이름 정의 ⇒ [B4:H12] 영역을 '고객정보'로 정의하시오.

(1)~(3) 셀은 반드시 <u>주어진 함수를 이용</u>하여 값을 구하시오(결과값을 직접 입력하면 해당 셀은 0점 처리됨).

(1) 비고 ⇒ '정비총액(단위:원)'의 큰 값이 1이 되도록 구하되 1~4까지만 표시하고 나머지는 공백으로 표시하시오(IF, RANK.EQ 함수).

(2) 엔진 정비부서의 정비총액 평균 ⇒ 정의된 이름(고객정보)을 사용하여 '정비부서'가 "엔진"인 '정비총액(단위:원)'의 평균을 구한 결과값 뒤에 "원"을 붙이시오. 조건은 입력데이터를 이용하시오 (DAVERAGE 함수, & 연산자).

(3) 정비부서가 도색인 정비총액 합 ⇒ '정비부서'가 "도색"인 '정비총액(단위:원)'의 합을 구하시오(SUMIF 함수).

🎓 기적의 Tip

DAVERAGE(범위, 열 번호, 조건) : 범위에서 조건에 맞는 자료를 대상으로 지정된 열의 평균을 구함
SUMIF(범위, 조건, 합계 범위) : 범위에서 조건에 맞는 자료의 합계를 구함

☞ **"제1작업" 시트를 이용하여 조건에 따라 ≪출력형태≫와 같이 작업하시오.**

조건	
	(1) 차트 종류 ⇒ 〈묶은 세로 막대형〉으로 작업하시오.
	(2) 데이터 범위 ⇒ "제1작업" 시트의 내용을 이용하여 작업하시오.
	(3) 위치 ⇒ "새 시트"로 이동하고, "제4작업"으로 시트 이름을 바꾸시오.
	(4) 차트 디자인 도구 ⇒ 레이아웃 3, 스타일 1을 선택하여 ≪출력형태≫에 맞게 작업하시오.
	(5) 영역 서식 ⇒ 차트 : 글꼴(굴림, 11pt), 채우기 효과(질감 – 파랑 박엽지) 　　　　　　　 그림 : 채우기(흰색, 배경1)
	(6) 제목 서식 ⇒ 차트 제목 : 글꼴(굴림, 굵게, 20pt), 채우기(흰색, 배경1), 테두리
	(7) 서식 ⇒ 무게 계열의 차트 종류를 〈표식이 있는 꺾은선형〉으로 변경한 후 보조 축으로 지정하시오. 　　　계열 : ≪출력형태≫를 참조하여 표식(세모, 크기 10)과 레이블 값을 표시하시오. 　　　눈금선 : 선 스타일 – 파선 　　　축 : ≪출력형태≫를 참조하시오.
	(8) 범례 ⇒ 범례명을 변경하고 ≪출력형태≫를 참조하시오.
	(9) 도형 ⇒ '모서리가 둥근 사각형 설명선'을 삽입한 후 ≪출력형태≫와 같이 내용을 입력하시오.
	(10) 나머지 사항은 ≪출력형태≫에 맞게 작성하시오.

출력형태

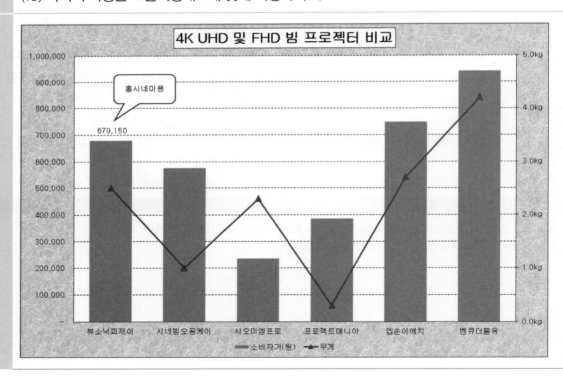

주의 시트명 순서가 차례대로 "제1작업", "제2작업", "제3작업", "제4작업"이 되도록 할 것

함수-3(찾기, 참조)

▶ 합격 강의

난이도 상 중 하

문제파일 Part 1 시험 유형 따라하기\Chapter05.xlsx
정답파일 Part 1 시험 유형 따라하기\Chapter05_정답.xlsx

기적의 3회독
☐ 1회 ☐ 2회 ☐ 3회

문제보기

다음은 '부동산 중개실적'에 대한 자료이다. 문제 파일을 열어 조건에 맞도록 작업하시오.

출력형태

실제 문제에서는 직접 작성한 [제1작업] 시트를 기준으로 작업하게 된다.
연습을 위해 직접 표를 작성한 후 지시사항을 따라해 보도록 한다.

A	B	C	D	E	F	G	H	I
1	★ 5월 부동산 중개실적							
2								
3								(단위:만원)
4	물건명	소재지	주택종류	구분	현시세	실거래가	개조여부	중개수수료
5	대원-A441	사당동	아파트	매매	40,500	41,500	(1)	(2)
6	방배-H672	방배동	단독	매매	71,000	68,000	(1)	(2)
7	서호-V341	서초동	빌라	매매	27,500	25,800	(1)	(2)
8	정금-A213	양재동	아파트	전세	12,500	11,500	(1)	(2)
9	양재-H582	양재동	단독	전세	18,000	18,000	(1)	(2)
10	이수-V311	사당동	빌라	전세	17,500	17,000	(1)	(2)
11	홍실-A261	방배동	아파트	월세	22,000	20,000	(1)	(2)
12	양재-V182	양재동	빌라	월세	7,500	7,500	(1)	(2)
13	숳실-V153	상도동	빌라	월세	● 6,000	6,500	(1)	(2)
14	각 물건명의	물건명	현시세	실거래가	현시세가 가장 낮은 물건명 위치			(5)
15	실거래가	서호-V341	(3)	(4)	실거래가가 최고인 물건명			(6)
16								
17	구분	매매	월세	전세				
18	수수료율	0.30%	0.50%	0.40%				

[B5:G13] 영역이 '중개실적'으로 이름 정의되어 있다.

조건

모든 데이터의 서식에는 글꼴(굴림, 11pt), 정렬은 숫자 및 회계 서식은 오른쪽 정렬, 나머지 서식은 가운데 정렬로 작성하며 예외적인 것은 ≪출력형태≫를 참조하시오.

(1)~(6) 셀은 반드시 **주어진 함수를 이용**하여 값을 구하시오(결과값을 직접 입력하면 해당 셀은 0점 처리됨).

(1) 개조여부 ⇒ 물건명의 오른쪽 한 문자가 1이면 "안함", 2이면 "부분개조", 3이면 "개조"로 표시 하시오(CHOOSE, RIGHT 함수).

(2) 중개수수료 ⇒ '실거래가×수수료율'로 구하고, 수수료율은 [B17:E18] 셀 영역을 참조하여 구 하시오. 단, 소수점 이하는 절삭(HLOOKUP, TRUNC 함수)

(3) 현시세 ⇒ 정의된 이름(중개실적)을 사용하여 [C15] 셀 값에 따른 현시세를 구하시오 (VLOOKUP 함수).

(4) 실거래가 ⇒ [C15] 셀 값에 따른 실거래가를 구하시오. 단, 셀이 비어 있거나 잘못된 물건명이 입력되어 오류가 발생하는 경우에는 "없음"으로 표시하시오 (IF, ISERROR, VLOOKUP 함수).

(5) 현시세가 가장 낮은 물건명 위치⇒ [F5:F13] 셀 영역에서 현시세가 가장 낮은 데이터의 상대 적 위치 번호를 구하시오(MATCH, MIN 함수).

(6) 실거래가가 최고인 물건명 ⇒ (INDEX, MATCH, MAX 함수)

☞ "제1작업" 시트의 「B4:H12」 영역을 복사하여 "제2작업" 시트의 「B2」 셀부터 모두 붙여넣기를 한 후 다음의 조건과 같이 작업하시오.

조건	
	(1) 목표값 찾기 – 「B11:G11」 셀을 병합하여 "해상도 FHD 제품의 무게 평균"을 입력한 후 「H11」 셀에 해상도 FHD 제품의 무게 평균을 구하시오. 단, 조건은 입력데이터를 이용하시오(DAVERAGE 함수, 테두리, 가운데 맞춤).
	– '해상도 FHD 제품의 무게 평균'이 '1.6'이 되려면 뷰소닉피제이의 무게가 얼마가 되어야 하는지 목표값을 구하시오.
	(2) 고급 필터 – 제품코드가 'L'로 시작하거나 소비자가(원)가 '300,000' 이하인 자료의 제품명, 해상도, 소비자가(원), 밝기(안시루멘) 데이터만 추출하시오.
	– 조건 범위 : 「B14」 셀부터 입력하시오.
	– 복사 위치 : 「B18」 셀부터 나타나도록 하시오.

☞ "제1작업" 시트의 「B4:H12」 영역을 복사하여 "제3작업" 시트의 「B2」 셀부터 모두 붙여넣기를 한 후 다음의 조건과 같이 작업하시오.

조건	
	(1) 부분합 – ≪출력형태≫처럼 정렬하고, 제품명의 개수와 소비자가(원)의 평균을 구하시오.
	(2) 윤곽 – 지우시오.
	(3) 나머지 사항은 ≪출력형태≫에 맞게 작성하시오.

출력형태

	A	B	C	D	E	F	G	H
1								
2		제품코드	제품명	해상도	부가기능	소비자가 (원)	무게	밝기 (안시루멘)
3		LV1-054	레베타이포	HD	내장스피커	199,000	1.0kg	180
4		LG3-003	시네빔피에치	HD	키스톤보정	392,800	0.7kg	550
5				HD 평균		295,900		
6			2	HD 개수				
7		VS4-101	뷰소닉피제이	FHD	게임모드	679,150	2.5kg	3,800
8		LG2-002	시네빔오공케이	FHD	HDTV수신	575,990	1.0kg	600
9		PJ2-002	프로젝트매니아	FHD	내장스피커	385,900	0.3kg	700
10		EP2-006	엡손이에치	FHD	게임모드	747,990	2.7kg	3,300
11				FHD 평균		597,258		
12			4	FHD 개수				
13		SH1-102	샤오미엠프로	4K UHD	키스톤보정	234,970	2.3kg	220
14		VQ4-001	벤큐더블유	4K UHD	게임모드	938,870	4.2kg	3,000
15				4K UHD 평균		586,920		
16			2	4K UHD 개수				
17				전체 평균		519,334		
18			8	전체 개수				
19								

① [H5:H13] 영역을 블록 설정한 후 『=CHOOSE』를 입력하고 Ctrl+A를 누른다.

② [함수 인수] 대화상자에서 [Index_num]에 『RIGHT(B5,1)』을 입력하고, [Value1], [Value2], [Value3]에 차례로 『"안함"』, 『"부분개조"』, 『"개조"』를 입력한 후 Ctrl+[확인]을 클릭한다.

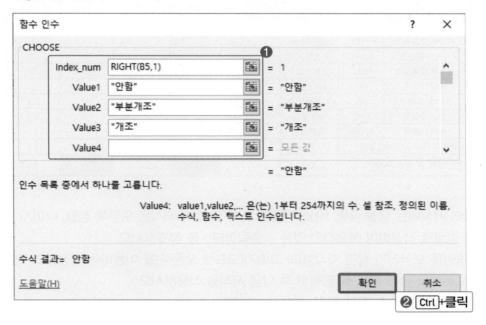

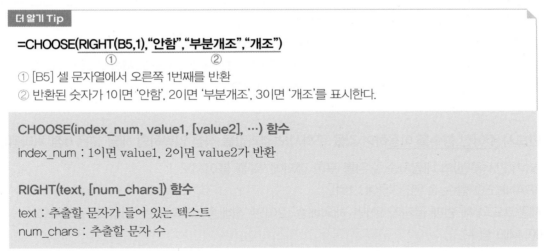

더 알기 Tip

=CHOOSE(RIGHT(B5,1),"안함","부분개조","개조")
          ①   ②

① [B5] 셀 문자열에서 오른쪽 1번째를 반환
② 반환된 숫자가 1이면 '안함', 2이면 '부분개조', 3이면 '개조'를 표시한다.

CHOOSE(index_num, value1, [value2], …) 함수

index_num : 1이면 value1, 2이면 value2가 반환

RIGHT(text, [num_chars]) 함수

text : 추출할 문자가 들어 있는 텍스트
num_chars : 추출할 문자 수

☞ 다음은 '인기 빔 프로젝터 판매 정보'에 대한 자료이다. 자료를 입력하고 조건에 맞도록 작업하시오.

출력형태

	담당	책임	팀장
결재			

인기 빔 프로젝터 판매 정보

제품코드	제품명	해상도	부가기능	소비자가(원)	무게	밝기(안시루멘)	밝기 순위	배송방법
VS4-101	뷰소닉피제이	FHD	게임모드	679,150	2.5	3,800	(1)	(2)
LG2-002	시네빔오공케이	FHD	HDTV수신	575,990	1.0	600	(1)	(2)
SH1-102	샤오미엠프로	4K UHD	키스톤보정	234,970	2.3	220	(1)	(2)
PJ2-002	프로젝트매니아	FHD	내장스피커	385,900	0.3	700	(1)	(2)
LV1-054	레베타이포	HD	내장스피커	199,000	1.0	180	(1)	(2)
LG3-003	시네빔피에치	HD	키스톤보정	392,800	0.7	550	(1)	(2)
EP2-006	엡손이에치	FHD	게임모드	747,990	2.7	3,300	(1)	(2)
VQ4-001	벤큐더블유	4K UHD	게임모드	938,870	4.2	3,000	(1)	(2)
해상도 HD 제품의 소비자가(원) 평균		(3)		╳		두 번째로 높은 소비자가(원)		(5)
게임모드 제품 중 최소 무게		(4)				제품코드	VS4-101	밝기(안시루멘) (6)

조건

○ 모든 데이터의 서식에는 글꼴(굴림, 11pt), 정렬은 숫자 및 회계 서식은 오른쪽 정렬, 나머지 서식은 가운데 정렬로 작성하며 예외적인 것은 ≪출력형태≫를 참조하시오.
○ 제목 ⇒ 도형(양쪽 모서리가 잘린 사각형)과 그림자(오프셋 오른쪽)를 이용하여 작성하고 "인기 빔 프로젝터 판매 정보"를 입력한 후 다음 서식을 적용하시오 (글꼴 – 굴림, 24pt, 검정, 굵게, 채우기 – 노랑).
○ 임의의 셀에 결재란을 작성하여 그림으로 복사 기능을 이용하여 붙이기 하시오(단, 원본 삭제).
○ 「B4:J4, G14, I14」 영역은 '주황'으로 채우기 하시오.
○ 유효성 검사를 이용하여 「H14」 셀에 제품코드(「B5:B12」 영역)가 선택 표시되도록 하시오.
○ 셀 서식 ⇒ 「G5:G12」 영역에 셀 서식을 이용하여 숫자 뒤에 'kg'을 표시하시오(예 : 2.5kg).
○ 「D5:D12」 영역에 대해 '해상도'로 이름정의를 하시오.

☞ (1)~(6) 셀은 반드시 <u>주어진 함수</u>를 이용하여 값을 구하시오(결과값을 직접 입력하면 해당 셀은 0점 처리됨).

(1) 밝기 순위 ⇒ 밝기(안시루멘)의 내림차순 순위를 구한 결과에 '위'를 붙이시오 (RANK.EQ 함수, & 연산자)(예 : 1위).
(2) 배송방법 ⇒ 제품코드의 세 번째 글자가 1이면 '해외배송', 2이면 '직배송', 그 외에는 '기타'로 구하시오 (IF, MID 함수).
(3) 해상도 HD 제품의 소비자가(원) 평균 ⇒ 정의된 이름(해상도)을 이용하여 구하시오(SUMIF, COUNTIF 함수).
(4) 게임모드 제품 중 최소 무게 ⇒ 부가기능이 게임모드인 제품 중 최소 무게를 구하시오. 단, 조건은 입력데이터를 이용하시오(DMIN 함수).
(5) 두 번째로 높은 소비자가(원) ⇒ (LARGE 함수).
(6) 밝기(안시루멘) ⇒ 「H14」 셀에서 선택한 제품코드에 대한 밝기(안시루멘)를 구하시오(VLOOKUP 함수).
(7) 조건부 서식의 수식을 이용하여 무게가 '1.0' 이하인 행 전체에 다음의 서식을 적용하시오(글꼴 : 파랑, 굵게).

① [I5:I13] 영역을 블록 설정한 후 『=HLOOKUP』을 입력하고 Ctrl + A 를 누른다.

② [함수 인수] 대화상자에서 [Lookup_value]에 『E5』, [Table_array]에 『$B$17:$E$18』, [Row_index_num]에 『2』, [Range_lookup]에 『0』을 입력한 후 Ctrl +[확인]을 클릭한다.

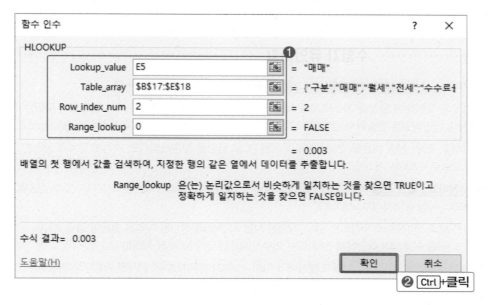

③ [I5:I13] 영역이 블록 설정된 상태에서 수식 입력줄을 『=TRUNC(HLOOKUP(E5,$B$17:$E$18,2,0)*G5)』로 수정한 후 Ctrl + Enter 를 누른다.

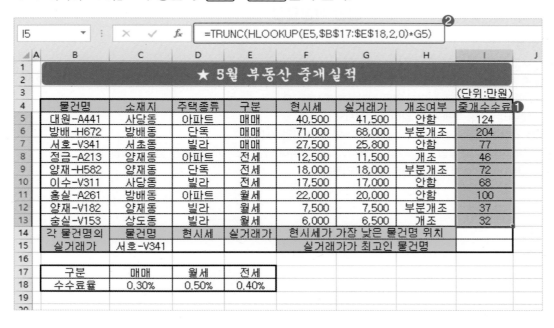

모의고사 2회

▶ 합격 강의

정답파일 Part 3 모의고사₩모의고사 2회 답안.xlsx

과목	코드	문제유형	시험시간	수험번호	성명
한글엑셀	1122	A	60분	20243002	홍길동

·················· **수험자 유의사항** ··················

- 수험자는 문제지를 받는 즉시 문제지와 **수험표상의 시험과목(프로그램)이 동일한지 반드시 확인**하여야 합니다.
- 파일명은 본인의 "수험번호-성명"으로 입력하여 답안폴더(내 PC₩문서₩ITQ)에 하나의 파일로 저장해야 하며, 답안문서 파일명이 "수험번호-성명"과 일치하지 않거나, 답안파일을 전송하지 않아 미제출로 처리될 경우 실격 처리합니다(예:12345678-홍길동.xlsx).
- 답안 작성을 마치면 파일을 저장하고, '답안 전송' 버튼을 선택하여 감독위원 PC로 답안을 전송하십시오. 수험생 정보와 저장한 파일명이 다를 경우 전송되지 않으므로 주의하시기 바랍니다.
- 답안 작성 중에도 **주기적으로 저장하고, '답안 전송'**하여야 문제 발생을 줄일 수 있습니다. 작업한 내용을 저장하지 않고 전송할 경우 이전에 저장된 내용이 전송되니 이점 유의하시기 바랍니다.
- 답안문서는 지정된 경로 외의 다른 보조기억장치에 저장하는 경우, 지정된 시험 시간 외에 작성된 파일을 활용할 경우, 기타 통신수단(이메일, 메신저, 네트워크 등)을 이용하여 타인에게 전달 또는 외부 반출하는 경우는 부정 처리합니다.
- 시험 중 부주의 또는 고의로 시스템을 파손한 경우는 수험자가 변상해야 하며, 〈수험자 유의사항〉에 기재된 방법대로 이행하지 않아 생기는 불이익은 수험생 당사자의 책임임을 알려 드립니다.
- 문제의 조건은 MS오피스 2016 버전으로 설정되어 있으니 유의하시기 바랍니다.
- 시험을 완료한 수험자는 답안파일이 전송되었는지 확인한 후 감독위원의 지시에 따라 문제지를 제출하고 퇴실합니다.

·················· **답안 작성요령** ··················

- 온라인 답안 작성 절차
    수험자 등록 ⇒ 시험 시작 ⇒ 답안파일 저장 ⇒ 답안 전송 ⇒ 시험 종료
- 문제는 총 4단계, 즉 제1작업부터 제4작업까지 구성되어 있으며 반드시 제1작업부터 순서대로 작성하고 조건대로 작업하시오.
- 모든 작업시트의 A열은 열 너비 '1'로, 나머지 열은 적당하게 조절하시오.
- 모든 작업시트의 테두리는 ≪출력형태≫와 같이 작업하시오.
- 해당 작업란에서는 각각 제시된 조건에 따라 ≪출력형태≫와 같이 작업하시오.
- 답안 시트 이름은 "제1작업", "제2작업", "제3작업", "제4작업"이어야 하며 답안 시트 이외의 것은 감점 처리됩니다.
- 각 시트를 파일로 나누어 작업해서 저장할 경우 실격 처리됩니다.

=TRUNC(HLOOKUP(E5,$B$17:$E$18,2,0)*G5)
   ③   ①   ②

① [B17:E18] 범위에서 [E5] 셀과 같은 내용의 열을 찾아 2번째 행(수수료율)을 반환하여
② [G5] 셀을 곱한 후에
③ 소수점 이하 자릿수를 버린다.

HLOOKUP(lookup_value, table_array, row_index_num, [range_lookup]) 함수

lookup_value : 조회하려는 값
table_array : 조회값이 있는 범위
row_index_num : 반환하려는 값이 있는 table_array의 행 번호
[range_lookup] : 0(FALSE)이면 정확히 일치, 1(TRUE 또는 생략)이면 근사값 반환

TRUNC(number) 함수

number : 소수점을 버릴 수

SECTION 03 현시세(정의된 이름 사용)

① [D15] 셀에서 『=VLOOKUP』을 입력하고 [Ctrl]+[A]를 누른다.

② [함수 인수] 대화상자에서 [Lookup_value]에 『C15』, [Table_array]에 『중개실적』, [Col_index_num]에 『5』, [Range_lookup]에 『0』을 입력한 후 [확인]을 클릭한다.

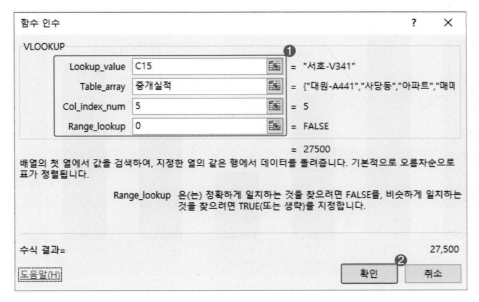

☞ "제1작업" 시트를 이용하여 조건에 따라 ≪출력형태≫와 같이 작업하시오.

조건	
	(1) 차트 종류 ⇒ 〈묶은 세로 막대형〉으로 작업하시오.
	(2) 데이터 범위 ⇒ "제1작업" 시트의 내용을 이용하여 작업하시오.
	(3) 위치 ⇒ "새 시트"로 이동하고, "제4작업"으로 시트 이름을 바꾸시오.
	(4) 차트 디자인 도구 ⇒ 레이아웃 3, 스타일 1을 선택하여 ≪출력형태≫에 맞게 작업하시오.
	(5) 영역 서식 ⇒ 차트 : 글꼴(굴림, 11pt), 채우기 효과(질감 – 파랑 박엽지)
	그림 : 채우기(흰색, 배경1)
	(6) 제목 서식 ⇒ 차트 제목 : 글꼴(굴림, 굵게, 20pt), 채우기(흰색, 배경1), 테두리
	(7) 서식 ⇒ 파견인원 계열의 차트 종류를 〈표식이 있는 꺾은선형〉으로 변경한 후 보조 축으로 지정하시오.
	계열 : ≪출력형태≫를 참조하여 표식(마름모, 크기 10)과 레이블 값을 표시하시오.
	눈금선 : 선 스타일 – 파선
	축 : ≪출력형태≫를 참조하시오.
	(8) 범례 ⇒ 범례명을 변경하고 ≪출력형태≫를 참조하시오.
	(9) 도형 ⇒ '모서리가 둥근 사각형 설명선'을 삽입한 후 ≪출력형태≫와 같이 내용을 입력하시오.
	(10) 나머지 사항은 ≪출력형태≫에 맞게 작성하시오.
출력형태	

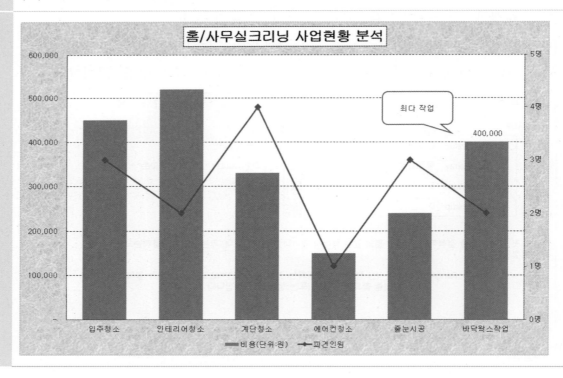

주의 시트명 순서가 차례대로 "제1작업", "제2작업", "제3작업", "제4작업"이 되도록 할 것

=VLOOKUP(C15,중개실적,5,0)
          ①   ②

① [C15] 셀에 있는 값을 '중개실적'으로 이름 정의된 영역에서 조회하여
② 해당하는 행의 5번째 열에 있는 값을 반환한다.

VLOOKUP(lookup_value, table_array, col_index_num, [range_lookup]) 함수

lookup_value : 조회하려는 값
table_array : 조회값이 있는 범위
col_index_num : 반환값이 포함된 범위의 열 번호
[range_lookup] : 0(FALSE)이면 정확히 일치, 1(TRUE 또는 생략)이면 근사값 반환

SECTION 04 │ 실거래가

① 앞의 '현시세'를 참조하여 [E15] 셀에 '실거래가'를 구하는 수식 『=VLOOKUP(C15,B5:G13,6,0)』을 작성한다.

② [E15] 셀에 작성된 수식의 등호(=)를 제외한 'VLOOKUP(C15,B5:G13,6,0)' 부분을 블록 설정하여 복사한다(Ctrl+C).

| YEAR | fx | =VLOOKUP(C15,B5:G13,6,0) ❷ |

★ 5월 부동산 중개실적

(단위:만원)

물건명	소재지	주택종류	구분	현시세	실거래가	개조여부	중개수수료
대원-A441	사당동	아파트	매매	40,500	41,500	안함	124
방배-H672	방배동	단독	매매	71,000	68,000	부분개조	204
서호-V341	서초동	빌라	매매	27,500	25,800	안함	77
정금-A213	양재동	아파트	전세	12,500	11,500	개조	46
양재-H582	양재동	단독	전세	18,000	18,000	부분개조	72
이수-V311	사당동	빌라	전세	17,500	17,000	안함	68
홍실-A261	방배동	아파트	월세	22,000	20,000	안함	100
양재-V182	양재동	빌라	월세	7,500	7,500	부분개조	37
숭실-V153	상도동	빌라	월세	6,000	6,500	개조	32
각 물건명의	물건명	현시세	실거래가 ❶	현시세가 가장 낮은 물건명 위치			
실거래가	서호-V341	27,500	i13,6,0)	실거래가가 최고인 물건명			

구분	매매	월세	전세
수수료율	0.30%	0.50%	0.40%

③ Delete로 [E15] 셀에 입력된 내용을 모두 지운다. → 『=IF』를 입력하여 Ctrl+A를 누른다.

④ [함수 인수] 대화상자에서 [Logical_test]에 『ISERROR(』를 입력하고 Ctrl+V를 눌러 복사해 둔 VLOOKUP 함수식과 『)』를 붙여넣는다.

☞ "제1작업" 시트의 「B4:H12」 영역을 복사하여 "제2작업" 시트의 「B2」 셀부터 모두 붙여넣기를 한 후 다음의 조건과 같이 작업하시오.

조건	(1) 고급 필터 – 구분이 '특수크리닝'이 아니면서 비용(단위:원)이 '400,000' 이상인 자료의 관리번호, 고객명, 작업, 작업일 데이터만 추출하시오. 　　– 조건 범위 : 「B14」 셀부터 입력하시오. 　　– 복사 위치 : 「B18」 셀부터 나타나도록 하시오. (2) 표 서식 – 고급필터의 결과셀을 채우기 없음으로 설정한 후 '표 스타일 보통 7'의 서식을 적용하시오. 　　– 머리글 행, 줄무늬 행을 적용하시오.

제 3 작업　피벗 테이블　80점

☞ "제1작업" 시트를 이용하여 "제3작업" 시트에 조건에 따라 ≪출력형태≫와 같이 작업하시오.

조건	(1) 작업일 및 구분별 고객명의 개수와 비용(단위:원)의 평균을 구하시오. (2) 작업일을 그룹화하고, 구분을 ≪출력형태≫와 같이 정렬하시오. (3) 레이블이 있는 셀 병합 및 가운데 맞춤 적용 및 빈 셀은 '＊＊＊'로 표시하시오. (4) 행의 총합계는 지우고, 나머지 사항은 ≪출력형태≫에 맞게 작성하시오.

출력형태

	A	B	C	D	E	F	G	H
1								
2			구분					
3			홈크리닝		특수크리닝		사무실크리닝	
4		작업일	개수 : 고객명	평균 : 비용(단위:원)	개수 : 고객명	평균 : 비용(단위:원)	개수 : 고객명	평균 : 비용(단위:원)
5		2022-04-01 - 2022-04-10	1	240,000	＊＊＊	＊＊＊	＊＊＊	＊＊＊
6		2022-04-11 - 2022-04-20	2	300,000	＊＊＊	＊＊＊	1	330,000
7		2022-04-21 - 2022-04-30	＊＊＊	＊＊＊	2	1,140,000	2	460,000
8		총합계	3	280,000	2	1,140,000	3	416,667
9								

⑤ [Value_if_true]에 『없음』, [Value_if_false]에는 다시 Ctrl+V로 VLOOKUP 함수식을 넣고 [확인]을 클릭한다.

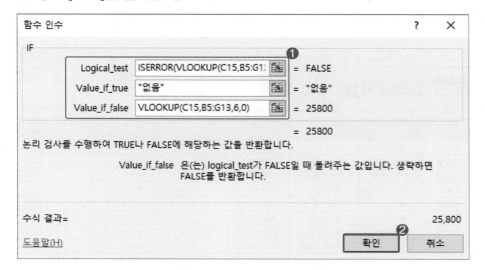

=IF(ISERROR(VLOOKUP(C15,B5:G13,6,0)),"없음",
　　② 　　　　　① 　　　　　③
VLOOKUP(C15,B5:G13,6,0))
　　④

① [C15] 셀과 동일한 데이터를 [B5:G13] 범위에서 찾아서 6번째 열(실거래가)을 반환한다.
② ①의 결과에 오류가 발생하는지 확인한다.
③ 오류가 있으면 '없음'을 표시하고
④ 오류가 없으면 수식 결과를 표시한다.

IF(logical_test, value_if_true, value_if_false) 함수

logical_test : 조건식
value_if_true : 조건식이 참일 때 반환할 것
value_if_false : 조건식이 거짓일 때 반환할 것

ISERROR(value) 함수

value : 테스트할 값. 오류 조건이 있는지를 확인

☞ 다음은 '우드크리닝 4월 작업 현황'에 대한 자료이다. 자료를 입력하고 조건에 맞도록 작업하시오.

출력형태									

우드크리닝 4월 작업 현황

							결재	담당	팀장	부장

관리번호	고객명	구분	작업	작업일	파견인원	비용(단위:원)	지역	작업요일
H01-1	임동진	홈크리닝	입주청소	2022-04-11	3	450,000	(1)	(2)
F01-2	고인돌	사무실크리닝	인테리어청소	2022-04-27	2	520,000	(1)	(2)
S01-1	김나래	특수크리닝	전산실청소	2022-04-23	5	1,030,000	(1)	(2)
F02-1	이철수	사무실크리닝	계단청소	2022-04-14	4	330,000	(1)	(2)
H02-2	나영희	홈크리닝	에어컨청소	2022-04-19	1	150,000	(1)	(2)
H03-1	박달재	홈크리닝	줄눈시공	2022-04-09	3	240,000	(1)	(2)
S02-2	한우주	특수크리닝	건물외벽청소	2022-04-23	4	1,250,000	(1)	(2)
F03-1	최고봉	사무실크리닝	바닥왁스작업	2022-04-29	2	400,000	(1)	(2)
홈크리닝 비용(단위:원) 합계			(3)			가장 빠른 작업일		(5)
사무실크리닝 작업 개수			(4)			관리번호	H01-1	파견인원	(6)

조건	○ 모든 데이터의 서식에는 글꼴(굴림, 11pt), 정렬은 숫자 및 회계 서식은 오른쪽 정렬, 나머지 서식은 가운데 정렬로 작성하며 예외적인 것은 ≪출력형태≫를 참조하시오. ○ 제목 ⇒ 도형(십자형)과 그림자(오프셋 오른쪽)를 이용하여 작성하고 "우드크리닝 4월 작업 현황"을 입력한 후 다음 서식을 적용하시오 　　(글꼴 – 굴림, 24pt, 검정, 굵게, 채우기 – 노랑). ○ 임의의 셀에 결재란을 작성하여 그림으로 복사 기능을 이용하여 붙이기 하시오(단, 원본 삭제). ○ 「B4:J4, G14, I14」 영역은 '주황'으로 채우기 하시오. ○ 유효성 검사를 이용하여 「H14」 셀에 관리번호(「B5:B12」 영역)가 선택 표시되도록 하시오. ○ 셀 서식 ⇒ 「G5:G12」 영역에 셀 서식을 이용하여 숫자 뒤에 '명'을 표시하시오(예 : 3명). ○ 「F5:F12」 영역에 대해 '작업일'로 이름정의를 하시오.

☞ (1)～(6) 셀은 반드시 <u>주어진 함수를 이용</u>하여 값을 구하시오(결과값을 직접 입력하면 해당 셀은 0점 처리됨).

(1) 지역 ⇒ 관리번호의 마지막 글자가 1이면 '서울', 그 외에는 '경기/인천'으로 표시하시오(IF, RIGHT 함수).

(2) 작업 요일 ⇒ 작업일의 요일을 구하시오(CHOOSE, WEEKDAY 함수)(예 : 월요일).

(3) 홈크리닝 비용(단위:원) 합계 ⇒ 조건은 입력데이터를 이용하시오(DSUM 함수).

(4) 사무실크리닝 작업 개수 ⇒ 결과값에 '개'를 붙이시오(COUNTIF 함수, & 연산자)(예 : 1개).

(5) 가장 빠른 작업일 ⇒ 정의된 이름(작업일)을 이용하여 구하시오(MIN 함수)(예 : 2022 – 04 – 01).

(6) 파견인원 ⇒ 「H14」 셀에서 선택한 관리번호에 대한 파견인원을 구하시오(VLOOKUP 함수).

(7) 조건부 서식의 수식을 이용하여 비용(단위:원)이 '1,000,000' 이상인 행 전체에 다음의 서식을 적용하시오
　　(글꼴 : 파랑, 굵게).

① [I14] 셀에서 『=MATCH』를 입력하고 [Ctrl]+[A]를 누른다.

② [함수 인수] 대화상자에서 [Lookup_value]에 『MIN(F5:F13)』, [Lookup_array]에 『F5:F13』, [Match_type]에 『0』을 입력한 후 [확인]을 클릭한다.

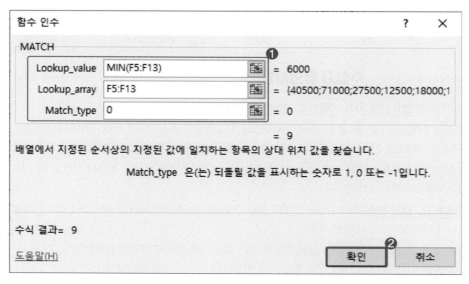

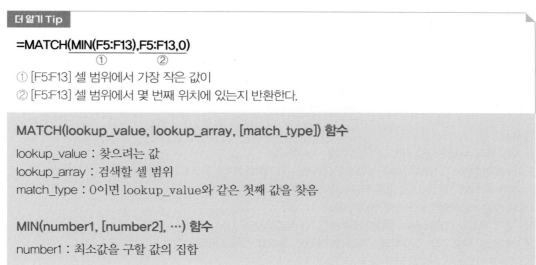

더 알기 Tip

=MATCH(<u>MIN(F5:F13)</u>,<u>F5:F13</u>,0)
　　　　　① 　　　 ②

① [F5:F13] 셀 범위에서 가장 작은 값이
② [F5:F13] 셀 범위에서 몇 번째 위치에 있는지 반환한다.

MATCH(lookup_value, lookup_array, [match_type]) 함수

lookup_value : 찾으려는 값
lookup_array : 검색할 셀 범위
match_type : 0이면 lookup_value와 같은 첫째 값을 찾음

MIN(number1, [number2], …) 함수

number1 : 최소값을 구할 값의 집합

모의고사 1회

▶ 합격 강의

정답파일 Part 3 모의고사₩모의고사 1회 답안.xlsx

과목	코드	문제유형	시험시간	수험번호	성명
한글엑셀	1122	A	60분	20243001	홍길동

수험자 유의사항

- 수험자는 문제지를 받는 즉시 문제지와 **수험표상의 시험과목(프로그램)이 동일한지 반드시 확인**하여야 합니다.
- 파일명은 본인의 "수험번호−성명"으로 입력하여 답안폴더(내 PC₩문서₩ITQ)에 하나의 파일로 저장해야 하며, 답안문서 파일명이 "수험번호−성명"과 일치하지 않거나, 답안파일을 전송하지 않아 미제출로 처리될 경우 실격 처리합니다(예:12345678−홍길동.xlsx).
- 답안 작성을 마치면 파일을 저장하고, '답안 전송' 버튼을 선택하여 감독위원 PC로 답안을 전송하십시오. 수험생 정보와 저장한 파일명이 다를 경우 전송되지 않으므로 주의하시기 바랍니다.
- 답안 작성 중에도 **주기적으로 저장하고, '답안 전송'**하여야 문제 발생을 줄일 수 있습니다. 작업한 내용을 저장하지 않고 전송할 경우 이전에 저장된 내용이 전송되니 이점 유의하시기 바랍니다.
- 답안문서는 지정된 경로 외의 다른 보조기억장치에 저장하는 경우, 지정된 시험 시간 외에 작성된 파일을 활용할 경우, 기타 통신수단(이메일, 메신저, 네트워크 등)을 이용하여 타인에게 전달 또는 외부 반출하는 경우는 부정 처리합니다.
- 시험 중 부주의 또는 고의로 시스템을 파손한 경우는 수험자가 변상해야 하며, 〈수험자 유의사항〉에 기재된 방법대로 이행하지 않아 생기는 불이익은 수험생 당사자의 책임임을 알려 드립니다.
- 문제의 조건은 MS오피스 2016 버전으로 설정되어 있으니 유의하시기 바랍니다.
- 시험을 완료한 수험자는 답안파일이 전송되었는지 확인한 후 감독위원의 지시에 따라 문제지를 제출하고 퇴실합니다.

답안 작성요령

- 온라인 답안 작성 절차
  수험자 등록 ⇒ 시험 시작 ⇒ 답안파일 저장 ⇒ 답안 전송 ⇒ 시험 종료
- 문제는 총 4단계, 즉 제1작업부터 제4작업까지 구성되어 있으며 반드시 제1작업부터 순서대로 작성하고 조건대로 작업하시오.
- 모든 작업시트의 A열은 열 너비 '1'로, 나머지 열은 적당하게 조절하시오.
- 모든 작업시트의 테두리는 ≪출력형태≫와 같이 작업하시오.
- 해당 작업란에서는 각각 제시된 조건에 따라 ≪출력형태≫와 같이 작업하시오.
- 답안 시트 이름은 "제1작업", "제2작업", "제3작업", "제4작업"이어야 하며 답안 시트 이외의 것은 감점 처리됩니다.
- 각 시트를 파일로 나누어 작업해서 저장할 경우 실격 처리됩니다.

① [I15] 셀에서 『=INDEX』를 입력하고 Ctrl + A 를 누른다.

② [인수 선택] 대화상자에서 'array, row_num, column_num'을 선택하고 [확인]을 클릭한다.

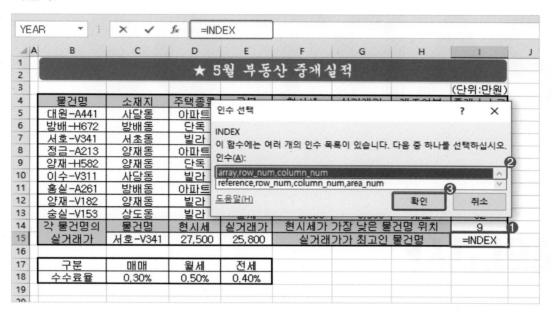

③ [함수 인수] 대화상자에서 [Array]에 『B5:B13』, [Row_num]에 『MATCH(MAX (G5:G13),G5:G13,0)』, [Column_num]에 『1』을 입력한 후 [확인]을 클릭한다.

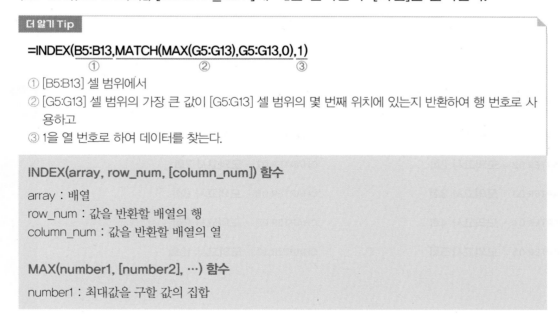

더 알기 Tip

=INDEX(B5:B13,MATCH(MAX(G5:G13),G5:G13,0),1)
　　　　　①　　　　　　　　　②　　　　　　③

① [B5:B13] 셀 범위에서
② [G5:G13] 셀 범위의 가장 큰 값이 [G5:G13] 셀 범위의 몇 번째 위치에 있는지 반환하여 행 번호로 사용하고
③ 1을 열 번호로 하여 데이터를 찾는다.

INDEX(array, row_num, [column_num]) 함수

array : 배열
row_num : 값을 반환할 배열의 행
column_num : 값을 반환할 배열의 열

MAX(number1, [number2], …) 함수

number1 : 최대값을 구할 값의 집합

PART 03

모의고사

차례

문제유형 ❶   정답파일 ▶ 유형05_1번 정답.xlsx

다음은 다양한 함수를 이용하여 결과값을 표시하는 형태이다. 자료를 입력하고 조건에 맞도록 작업하시오.

출력형태

코드번호	활동지역	프로그램명	활동횟수(월)	참가인원	소요시간수	후원회원수	봉사분야	연간지원금
A01-1	수원	공부방지도	4	5	4	20		
B01-1	인천	금연캠페인	2	10	3	33		
B02-3	수원	가사활동지원	10	15	5	45		
A02-2	서울	이/미용봉사	4	4	4	8		
A03-1	인천	시설아동돌보기	12	6	5	22		
B03-3	서울	나들이보조	6	7	4	18		
B04-2	서울	노인급식서비스	8	12	3	25		
A04-3	인천	단체업무보조	4	8	5	15		
인천 지역의 프로그램 개수				✕		참가인원이 가장 많은 프로그램명	프로그램명	후원회원수
공부방지도 후원회원수 비율						(1)	공부방지도	(2)

조건

- 모든 데이터의 서식에는 글꼴(굴림, 11pt), 정렬은 숫자 및 회계 서식은 오른쪽 정렬, 나머지 서식은 가운데 정렬로 작성하며 예외적인 것은 ≪출력형태≫를 참조하시오.
- 유효성 검사를 이용하여 [I14] 셀에 프로그램명([D5:D12] 영역)이 선택 표시되도록 하시오.
- 이름 정의 ⇒ [D5:H12] 영역을 '후원'으로 정의하시오.

(1)~(2) 셀은 반드시 주어진 함수를 이용하여 값을 구하시오(결과값을 직접 입력하면 해당 셀은 0점 처리됨).

(1) 참가인원이 가장 많은 프로그램명 ⇒ '참가인원'이 가장 많은 '프로그램명'을 구하시오 (INDEX, MATCH, MAX 함수).

(2) 후원회원수 ⇒ 정의된 이름(후원)을 사용하여 [I14] 셀에서 선택한 프로그램명에 대한 후원회원수를 표시하시오(VLOOKUP 함수).

기적의 Tip

INDEX(범위, 행 번호, 열 번호) : 범위에서 행 번호와 열 번호에 위치한 데이터를 표시
MATCH(찾을 값, 범위, 옵션) : 범위에서 찾을 값과 같은 데이터를 찾아 그 위치를 번호로 표시
VLOOKUP(찾을 값, 범위, 열 번호, 인수) : 범위의 첫 번째 열에서 찾을 값과 같은 데이터를 찾은 후 지정된 열 번호에서 동일한 행에 있는 데이터를 표시

① [삽입] 탭의 [일러스트레이션] 그룹에서 [도형] – [모서리가 둥근 사각형 설명선]을 선택한 후 ≪출력형태≫와 동일한 위치에 드래그하여 삽입한다.

② 도형을 선택하고 [홈] 탭의 [글꼴] 그룹에서 '굴림', '11pt', '검정'을 설정한 후 『최대 창업비용』을 입력한다. → [맞춤] 그룹에서 위/아래, 왼쪽/오른쪽 모두 [가운데 맞춤]을 설정한다. [채우기 색]은 '흰색'으로 선택한다.

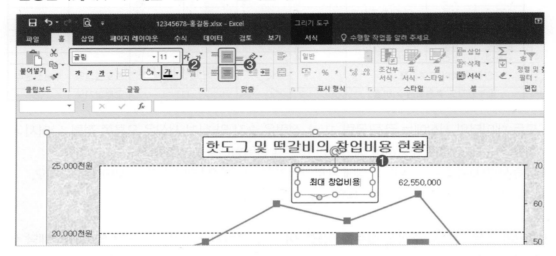

③ 도형의 노란색 조절점을 드래그하여 ≪출력형태≫와 동일한 모양으로 변경한다.

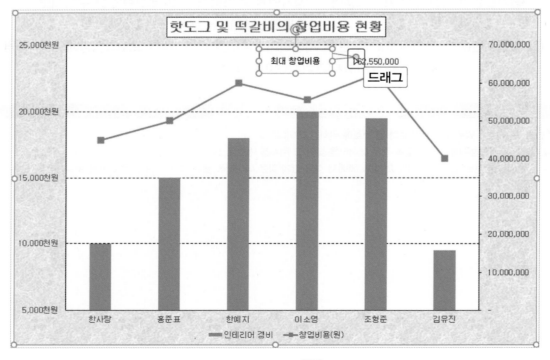

다음은 다양한 함수를 이용하여 결과값을 표시하는 형태이다. 자료를 입력하고 조건에 맞도록 작업하시오.

출력형태

차량코드	대여차종	출고일	대여고객	대여기간	배기량 (단위 : CC)	대여요금	연식	차량구분
RV-0825	스타렉스	2019-07-18	김명철	4	2500	₩ 346,000		
LC-0550	다이너스티 3.0	2016-02-12	박미희	1	3000	₩ 192,000		
MC-0420	옵티마 2.0	2014-09-15	이현미	4	2000	₩ 156,000		
LC-0636	에쿠스 GS350	2016-05-23	한정우	2	3500	₩ 265,000		
RV-0811	뉴카니발	2017-03-10	박재환	3	3000	₩ 229,000		
RV-0835	봉고Ⅲ	2015-08-25	정찬욱	4	2000	₩ 159,000		
LC-0737	그랜저 TG	2017-06-10	강은정	2	2700	₩ 186,000		
MC-0520	SM520	2018-04-07	이주희	3	2000	₩ 175,000		
배기량이 2000CC인 차량 수				╳		출고일이 가장 오래된 대여차종		(1)
대여기간이 4일인 대여요금 평균						대여차종	스타렉스	대여고객	(2)

조건

- 모든 데이터의 서식에는 글꼴(굴림, 11pt), 정렬은 숫자 및 회계 서식은 오른쪽 정렬, 나머지 서식은 가운데 정렬로 작성하며 예외적인 것은 ≪출력형태≫를 참조하시오.
- 유효성 검사를 이용하여 [H14] 셀에 대여차종([C5:C12] 영역)이 선택 표시되도록 하시오.
- 이름 정의 ⇒ [C5:H12] 영역을 '고객'으로 정의하시오.

(1)~(2) 셀은 반드시 <u>주어진 함수를 이용</u>하여 값을 구하시오(결과값을 직접 입력하면 해당 셀은 0점 처리됨).

(1) 출고일이 가장 오래된 대여차종 ⇒ (INDEX, MATCH, MIN 함수)
(2) 대여고객 ⇒ 정의된 이름(고객)을 사용하여 [H14] 셀에서 선택한 '대여차종'에 대한 '대여고객'을 표시하시오(VLOOKUP 함수).

① [차트 도구] – [디자인] 탭의 [데이터] 그룹에서 [데이터 선택](🖼)을 클릭한다.

② [데이터 원본 선택] 대화상자가 나타나면 '범례 항목(계열)'의 '인테리어경비'를 선택한 후 [편집]을 클릭한다.

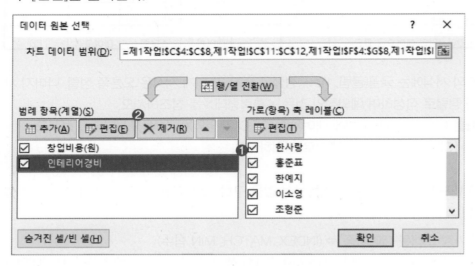

③ [계열 편집] 대화상자가 나타나면 '계열 이름'에 『인테리어 경비』로 수정하여 입력한 후 [확인]을 클릭한다.

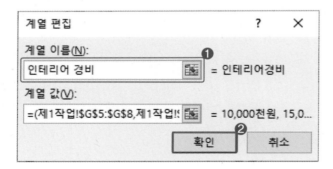

④ 다시 [데이터 원본 선택] 대화상자가 나타나면 [확인]을 클릭한다.

목표값 찾기/고급 필터/표 서식

▶ 합격 강의

난이도 상 중 **하**

문제파일 Part 1 시험 유형 따라하기₩Chapter06.xlsx
정답파일 Part 1 시험 유형 따라하기₩Chapter06_정답.xlsx

기적의 3회독
☐1회 ☐2회 ☐3회

문제보기

"제1작업" 시트의 [B5:H15] 영역을 복사하여 "제2작업" 시트의 [B2] 셀부터 모두 붙여넣기를 한 후 다음의 조건과 같이 작업하시오.

출력형태

제품코드	브랜드	생산지	분류	수입	판매	수입 단가 (단위:달러)
KBR-02	까베르네	칠레	레드	1,350 Box	1,056 Box	100
SBN-04	쇼비뇽	미국	레드	1,025 Box	970 Box	456
BRG-03	보르고나	칠레	화이트	1,350 Box	1,205 Box	120
PMR-04	뽀마르	칠레	레드	960 Box	925 Box	406
CSD-08	까스뗄리	이탈리아	레드	160 Box	160 Box	725
SDN-02	샤도네	미국	화이트	980 Box	935 Box	789
SRR-08	수레리어	프랑스	디저트	450 Box	400 Box	725
BRD-04	보르도	프랑스	레드	1,050 Box	1,049 Box	563
SMY-03	세미용	미국	화이트	1,500 Box	925 Box	789
MRS-07	마르살라	이탈리아	디저트	250 Box	240 Box	980
레드 와인 평균 수입 단가						450

제품코드	판매
R	>=1000

제품코드 ▼	브랜드 ▼	생산지 ▼	분류 ▼	수입 ▼	판매 ▼	수입 단가 (단위:달러) ▼
KBR-02	까베르네	칠레	레드	1,350 Box	1,056 Box	100
BRG-03	보르고나	칠레	화이트	1,350 Box	1,205 Box	120
BRD-04	보르도	프랑스	레드	1,050 Box	1,049 Box	563

조건

(1) 목표값 찾기 – [B13:G13] 셀을 병합하여 "레드 와인 평균 수입 단가"를 입력한 후 [H13] 셀에
레드 와인 평균 수입 단가를 구하시오
(DAVERAGE 함수, 테두리, 가운데 맞춤).
– '레드 와인 평균 수입 단가'가 '450'이 되려면 '뽀마르' 브랜드의 '수입 단가'가
얼마가 되어야 하는지 목표값을 구하시오.

(2) 고급 필터 – '제품코드'에 'R'자를 포함하고 '판매'가 '1,000' 이상인 데이터만 추출하시오.
– 조건 위치 : [B15] 셀부터 입력하시오.
– 복사 위치 : [B18] 셀부터 나타나도록 하시오.

(3) 표 서식 – 고급 필터의 결과셀을 채우기 없음으로 설정한 후 '표 스타일 보통 2'의 서식을 적
용하시오.
– 머리글 행, 줄무늬 행을 적용하시오.

⑨ '세로 (값) 축'을 선택한 상태에서 [차트 도구] – [서식] 탭 – [도형 스타일] 그룹의 [도형 윤곽선]을 '검정'으로 지정해 준다.

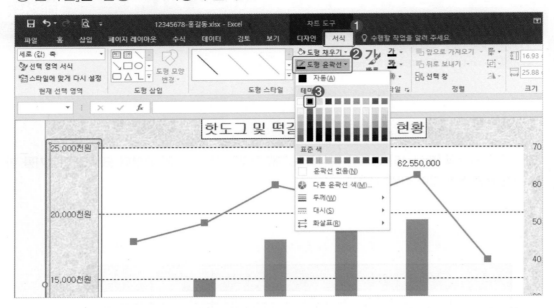

⑩ 같은 방법으로 '가로 (항목) 축'과 '보조 세로 (값) 축'의 [도형 윤곽선]을 지정해 준다.

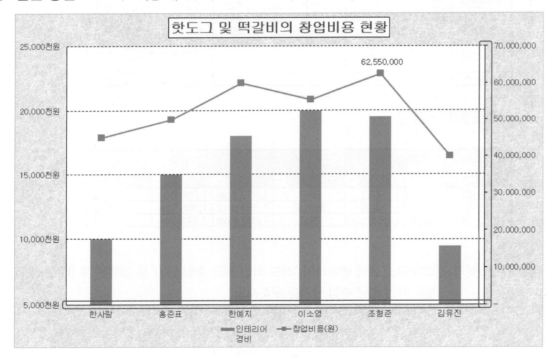

① "제1작업" 시트의 [B5:H15] 영역을 블록 설정한 후 [홈] 탭 – [클립보드] 그룹 – [복사] (📋)를 클릭한다(Ctrl+C).

제품코드	브랜드	생산지	분류	수입	판매	수입 단가 (단위:달러)	원화 단가 (단위:원)	등급
KBR-02	까베르네	칠레	레드	1,350 Box	1,056 Box	100	95,050	
SBN-04	쇼비뇽	미국	레드	1,025 Box	970 Box	456	433,428	중급
BRG-03	보르고나	칠레	화이트	1,350 Box	1,205 Box	120	114,060	
PMR-04	뽀마르	칠레	레드	960 Box	925 Box	435	413,468	중급
CSD-08	까스뗄리	이탈리아	레드	160 Box	160 Box	725	689,113	고급
SDN-02	샤도네	미국	화이트	980 Box	935 Box	789	749,945	
SRR-08	수레리어	프랑스	디저트	450 Box	400 Box	725	689,113	고급
BRD-04	보르도	프랑스	레드	1,050 Box	1,049 Box	563	535,132	중급
SMY-03	세미용	미국	화이트	1,500 Box	925 Box	789	749,945	
MRS-07	마르살라	이탈리아	디저트	250 Box	240 Box	980	931,490	고급

(상단 결재란: 담당 / 팀장 / 사장)

◆ 2020년 5월 수입 와인 판매현황

판매량이 평균 이상인 제품 개수 : 7개
전체 수입 가격 합계 : 4,417,120
와인의 평균 수입 : 568
브랜드 : 까베르네 ... : 1,350

② "제2작업" 시트의 [B2] 셀에서 [붙여넣기](📋)를 한다(Ctrl+V).

③ 열 너비를 복사하기 위해 [B2] 셀을 선택한 후 [홈] 탭 – [클립보드] 그룹에서 [붙여넣기] 드롭다운 단추(붙여넣기▼) – [선택하여 붙여넣기]를 선택한다.

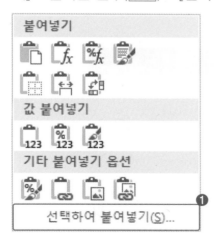

붙여넣기

값 붙여넣기

기타 붙여넣기 옵션

선택하여 붙여넣기(S)...

⑦ [주 눈금선 서식] 탭에서 색을 '검정', 대시 종류를 '파선'으로 선택하고 닫는다.

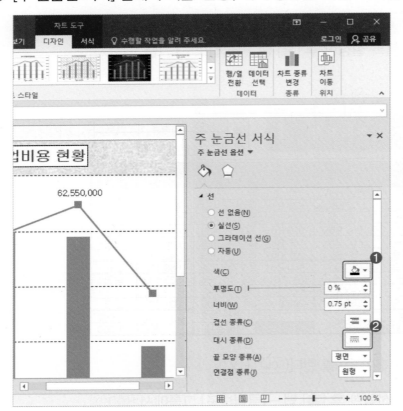

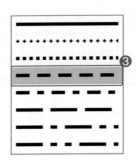

⑧ 세로 (값) 축을 마우스 오른쪽 클릭한 후 [축 서식] 탭 – [축 옵션]의 '최소'에 『5000』, '최대'에 『25000』, '주 단위'에 『5000』을 입력하고 탭을 닫는다.

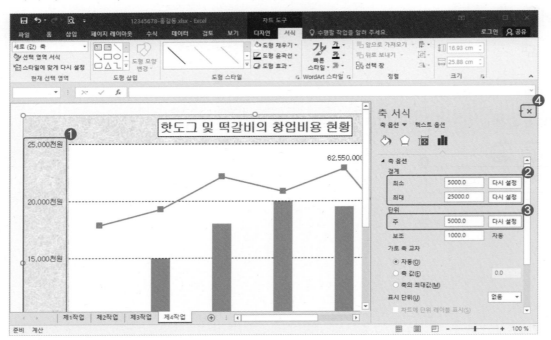

④ [선택하여 붙여넣기] 대화상자에서 '열 너비'를 선택하고 [확인]을 클릭한다.

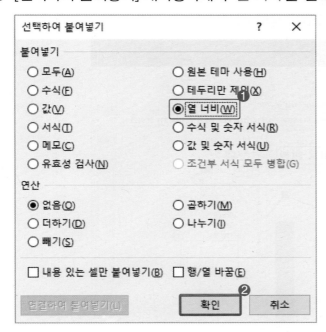

⑤ [B13:G13] 영역을 블록 설정한 후 [홈] 탭 – [맞춤] 그룹에서 [병합하고 가운데 맞춤]
(▤)을 클릭한다.

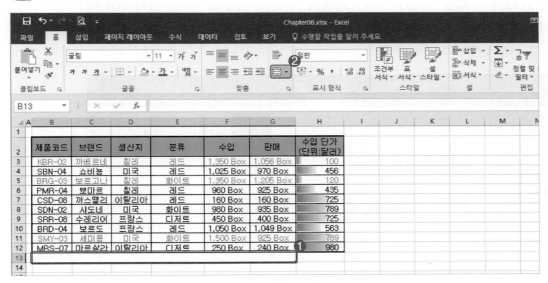

④ [데이터 계열 서식] 탭에서 [채우기 및 선](🖌)을 선택하고 [표식](📈) – [표식 옵션]을 클릭한다. → '형식'을 네모(■)로 선택하고 크기는 '10'으로 지정한다.

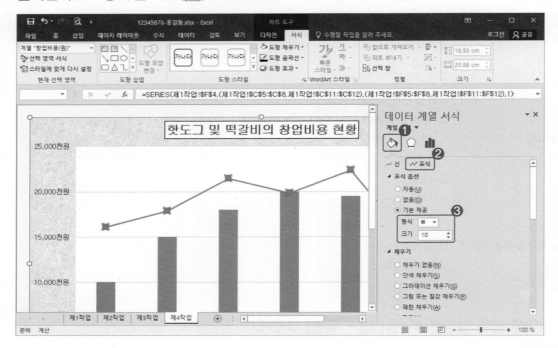

⑤ 레이블 값을 표시하기 위해 '창업비용(원)' 계열의 '조형준' 요소를 두 번 클릭하여 선택한다. → [차트 도구] – [디자인] 탭의 [차트 요소 추가]를 클릭하여 [데이터 레이블] – [위쪽]을 선택한다.

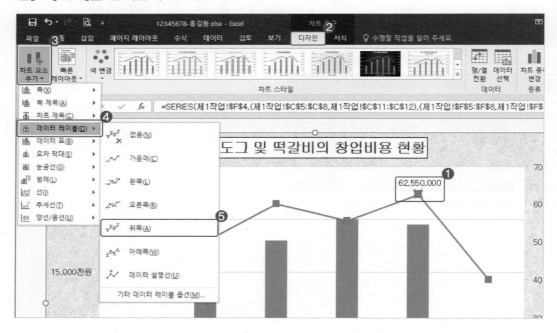

⑥ 눈금선을 선택하고 마우스 오른쪽 클릭하여 [눈금선 서식]을 선택한다.

⑥ [B13] 셀에 『레드 와인 평균 수입 단가』를 입력한 후 [H13] 셀에 『=DAVERAGE(B2:
H12,H2,E2:E3)』을 입력하고 Enter 를 누른다.

더알기 Tip

=DAVERAGE(B2:H12,H2,E2:E3)
　　　　　　　① 　　②

① [B2:H12] 영역의 H2열에서
② [E2:E3] 조건에 해당하는 값들의 평균을 구한다.

---

⑦ [B13:H13] 영역을 블록 설정한 후 마우스 오른쪽을 클릭하여 [셀 서식]을 클릭한다.

⑧ [셀 서식] 대화상자의 [테두리] 탭에서 가는 실선을 선택하고 '왼쪽', '오른쪽', '가운데',
'아래쪽'을 클릭한 후 [확인]을 클릭한다.

② [차트 도구] – [서식] 탭의 [도형 스타일] 그룹에서 [도형 윤곽선]을 클릭한 후 임의의 색을 지정해 준다.

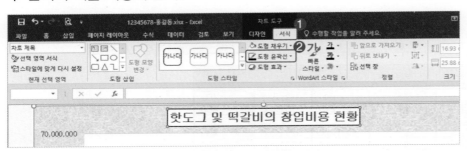

SECTION 04 서식

① 차트 영역에서 마우스 오른쪽 클릭하여 [차트 종류 변경]을 선택한다.

② [차트 종류 변경] 대화상자에서 '콤보'를 선택한 다음 '창업비용(원)' 계열을 '표식이 있는 꺾은선형'으로 설정하고 [보조 축]에 체크한다. → '인테리어경비' 계열은 '묶은 세로 막대형'으로 설정하고 [확인]을 누른다.

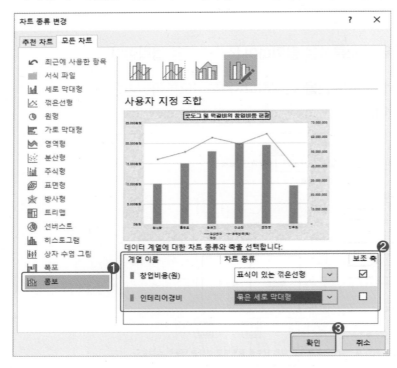

③ '창업비용(원)' 계열을 선택한 후 마우스 오른쪽 클릭하여 [데이터 계열 서식]을 선택한다.

⑨ [H13] 셀을 선택하고 [데이터] 탭 – [예측] 그룹에서 [가상 분석] – [목표값 찾기]를 클릭한다.

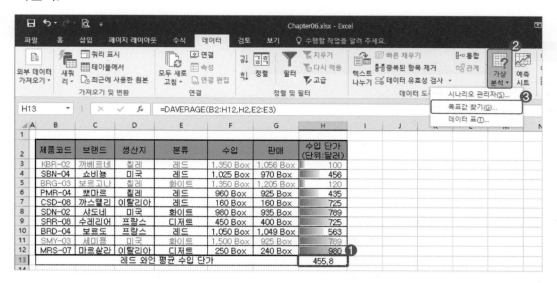

⑩ [목표값 찾기] 대화상자에서 수식 셀에 『H13』, 찾는 값에 『450』을 입력하고, 값을 바꿀 셀에 [H6] 셀을 지정한 후 [확인]을 클릭한다. → [목표값 찾기 상태] 대화상자가 나타나고 '답을 찾았습니다.' 메시지가 표시되면 다시 [확인]을 클릭한다.

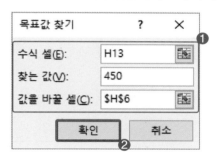 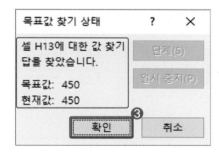

④ [차트 옵션]의 드롭다운 단추(▼)를 클릭하여 '그림 영역'을 선택한다. → [그림 영역
서식] 탭이 나타나면 '단색 채우기'를 클릭하고 '흰색, 배경1'을 선택한 후 [닫기](✖)를
누른다.

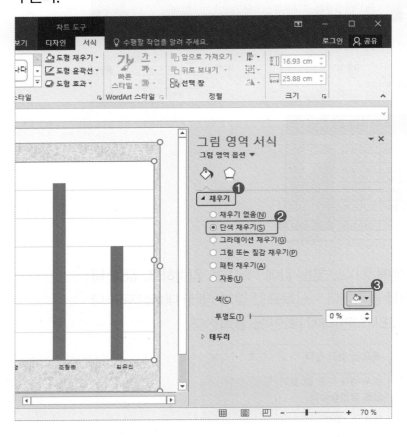

SECTION 03 | 제목 서식

① 차트 제목을 선택한 후 『핫도그 및 떡갈비의 창업비용 현황』을 입력한다. → 글꼴은
'굴림', '20pt', '굵게'를 설정하고 채우기 색은 '흰색, 배경1'을 설정한다.

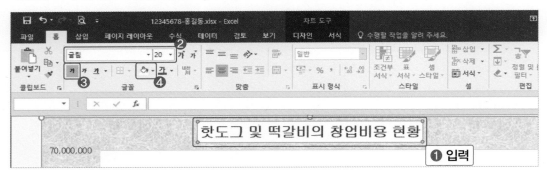

① 조건 위치를 지정하기 위해 [B2]와 [G2] 셀을 복사하여 [B15] 셀에 붙여넣기한다. →
[B16] 셀에 『*R*』를 입력하고, [C16] 셀에는 『>=1000』을 입력한다.

제품코드	브랜드	생산지	분류	수입	판매	수입 단가 (단위:달러)
KBR-02	까베르네	칠레	레드	1,350 Box	1,056 Box	100
SBN-04	쇼비뇽	미국	레드	1,025 Box	970 Box	456
BRG-03	보르고냐	칠레	화이트	1,350 Box	1,205 Box	120
PMR-04	뽀마르	칠레	레드	960 Box	925 Box	406
CSD-08	까스뗄리	이탈리아	레드	160 Box	160 Box	725
SDN-02	샤도네	미국	화이트	980 Box	935 Box	789
SRR-08	수레리어	프랑스	디저트	450 Box	400 Box	725
BRD-04	보르도	프랑스	레드	1,050 Box	1,049 Box	563
SMY-03	세미용	미국	화이트	1,500 Box	925 Box	789
MRS-07	마르살라	이탈리아	디저트	250 Box	240 Box	980
레드 와인 평균 수입 단가						450

제품코드	판매
R	>=1000

② [B2:H12] 영역을 블록 설정한 후 [데이터] 탭 – [정렬 및 필터] 그룹에서 [고급]을 클릭
한다.

③ [고급 필터] 대화상자에서 '다른 장소에 복사'를 선택하고 조건 범위에 [B15:C16], 복
사 위치에 [B18]을 마우스로 직접 지정한 후 [확인]을 클릭한다.

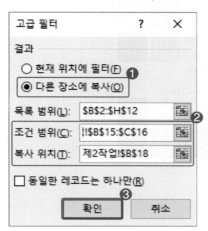

① 영역 서식을 지정하기 위해 차트 영역을 선택한 후 [홈] 탭의 [글꼴] 그룹에서 '굴림', '11pt'를 설정한다.

② [차트 도구] – [서식] 탭의 [현재 선택 영역] 그룹에서 [선택 영역 서식]을 클릭한다.

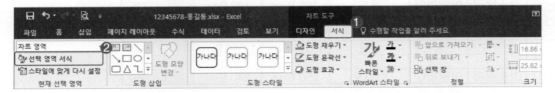

③ [차트 영역 서식] 탭의 [채우기]에서 '그림 또는 질감 채우기'를 선택한 후 [질감](📷▾)을 클릭하여 '파랑 박엽지'를 선택한다.

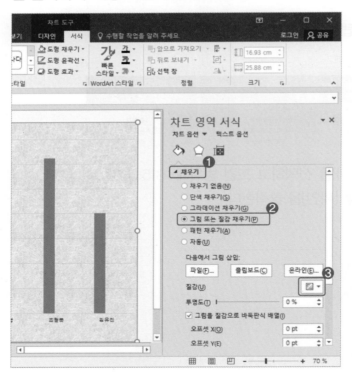

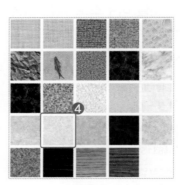

① [B18:H21] 영역을 블록 설정한 후 [홈] 탭 – [채우기 색]( )에서 [채우기 없음]을 선택한다.

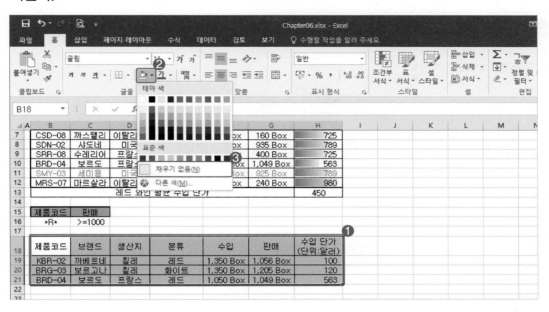

② [B18:H21] 영역을 블록 설정한 상태에서 [홈] 탭 – [스타일] 그룹의 [표 서식]( )을 클릭한 다음 [표 스타일 보통 2]를 선택한다.

③ [표 서식] 대화상자가 나타나면 [확인]을 클릭한다.

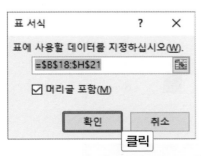

제품코드	브랜드	생산지	분류	수입	판매	수입 단가 (단위:달러)
KBR-02	까베르네	칠레	레드	1,350 Box	1,056 Box	100
BRG-03	보르고나	칠레	화이트	1,350 Box	1,205 Box	120
BRD-04	보르도	프랑스	레드	1,050 Box	1,049 Box	563

③ [차트 이동] 대화상자가 나타나면 '새 시트'를 선택하고 입력란에 『제4작업』을 입력한
후 [확인]을 클릭한다.

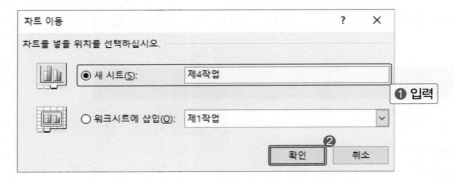

④ "제4작업" 시트를 "제3작업" 시트 뒤로 마우스 드래그하여 이동시킨다.

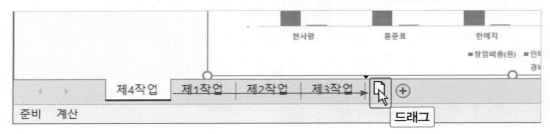

⑤ [차트 도구] – [디자인] 탭의 [차트 레이아웃] 그룹에서 [빠른 레이아웃](📊)을 눌러 '레
이아웃 3'을 선택한다.

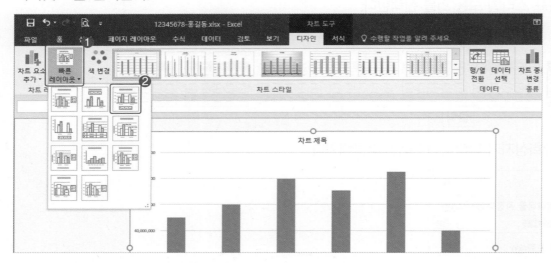

⑥ [차트 스타일] 그룹에서 '스타일 1'을 선택한다.

문제유형 ①   **정답파일** ▶ 유형06_1번 문제.xlsx   **정답파일** ▶ 유형06_1번 정답.xlsx

"제1작업" 시트의 [B4:H12] 영역을 복사하여 "제2작업" 시트의 [B2] 셀부터 모두 붙여넣기를 한 후 다음의 조건과 같이 작업하시오.

조건	(1) 목표값 찾기 – [B11:G11] 셀을 병합하여 "판매대수 합계"를 입력한 후 [H11] 셀에 판매대수의 합계를 구하시오(SUM 함수, 테두리, 가운데 맞춤). 　　　– '판매대수 합계'가 '700'대가 되려면 '첼로' 제품의 '판매대수'가 얼마가 되어야 하는지 목표값을 구하시오. (2) 고급 필터 – 제품코드가 '3'으로 시작하거나 총판매금액(단위:천원)이 '10,000' 미만인 자료의 '제품코드, 제품명, 가격(단위:원), 판매대수, 발송지역' 데이터만 추출하시오. 　　　– 조건 위치 : [B13] 셀부터 입력하시오. 　　　– 복사 위치 : [B18] 셀부터 나타나도록 하시오.

🎓 **기적의 Tip**

목표값 찾기 : [데이터] 탭 – [예측] 그룹에서 [가상 분석] – [목표값 찾기]
고급 필터 : [데이터] 탭 – [정렬 및 필터] 그룹에서 [고급]

문제유형 ②   **정답파일** ▶ 유형06_2번 문제.xlsx   **정답파일** ▶ 유형06_2번 정답.xlsx

"제1작업" 시트의 [B5:G15] 영역을 복사하여 "제2작업" 시트의 [B2] 셀부터 모두 붙여넣기를 한 후 다음의 조건과 같이 작업하시오.

조건	(1) 고급 필터 – '수량(EA)'이 '30' 이하이고, '매출액(원)'이 '매출액(원)'의 평균 이상인 자료의 데이터만 추출하시오(AVERAGE 함수 사용). 　　　– 조건 위치 : [B15] 셀부터 입력하시오. 　　　– 복사 위치 : [B19] 셀부터 나타나도록 하시오. (2) 표 서식 – 표의 모든 셀을 채우기 없음으로 설정한 후, 고급 필터의 결과에 '표 스타일 보통 4'의 서식을 적용하시오.

🎓 **기적의 Tip**

표 스타일 : [홈] 탭 – [스타일] 그룹에서 [표 서식]

① "제1작업"의 [C4:C8] 영역을 블록 설정하고 [Ctrl]을 누르면서 [C11: C12], [F4:G8], [F11:G12] 영역을 블록 설정한 후 [삽입] 탭의 [차트] 그룹에서 [2차원 세로 막대형]의 [묶은 세로 막대형]을 선택한다.

> 🎓 **기적의 Tip**
>
> 차트에 사용할 데이터의 범위는 《출력형태》를 보고, 가로축에 표시된 데이터와 범례에 표시된 항목을 지정한다.

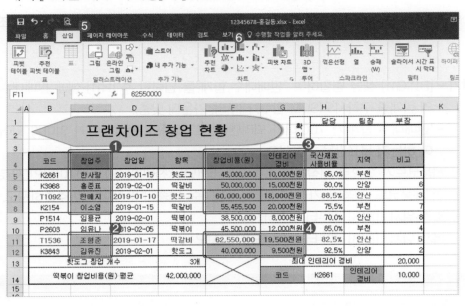

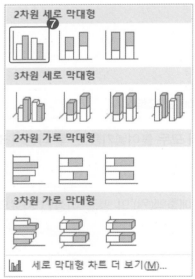

② [차트 도구] – [디자인] 탭의 [위치] 그룹에서 [차트 이동](⬚)을 클릭한다.

▶ 합격 강의

난이도 상 중 하

기적의 3회독
☐1회 ☐2회 ☐3회

문제보기

"제1작업" 시트의 [B5:H15] 영역을 복사하여 "제2작업" 시트의 [B2] 셀부터 모두 붙여넣기를 한 후 다음의 조건과 같이 작업하시오.

출력형태

	B	C	D	E	F	G	H
2	제품코드 ▼	브랜드 ▼	생산지 ▼	분류 ▼	수입 ▼	판매 ⊽	수입 단가 (단위:달러 ▼
3	KBR-02	까베르네	칠레	레드	1,350 Box	1,056 Box	100
4	SBN-04	쇼비뇽	미국	레드	1,025 Box	970 Box	456
7							
8							
9	제품코드	KBR-02	SBN-04				
10	브랜드	까베르네	쇼비뇽				
11	생산지	칠레	미국				
12	분류	레드	레드				
13	수입	1,350 Box	1,025 Box				
14	판매	1,056 Box	970 Box				
15	수입 단가 (단위:달러)	100	456				

조건

(1) 중복 데이터 제거 – '생산지'를 기준으로 중복된 데이터를 찾아 행 전체를 제거하시오.

(2) 자동 필터 – 중복된 데이터를 제거한 결과값에서 자동 필터를 이용하여 조건에 따라 값을 추출한 후, 그 결과값을 복사하여 지정된 위치에 행/열 바꿈으로 선택하여 붙여넣기 하시오.
   – 조건 : 500 ~ 1,100Box 사이에 판매된 제품코드
   – 복사 위치 : [B9] 셀부터 나타나도록 하시오.

⑫ '항목' 필터 단추를 클릭하여 [텍스트 내림차순 정렬]을 선택한다.

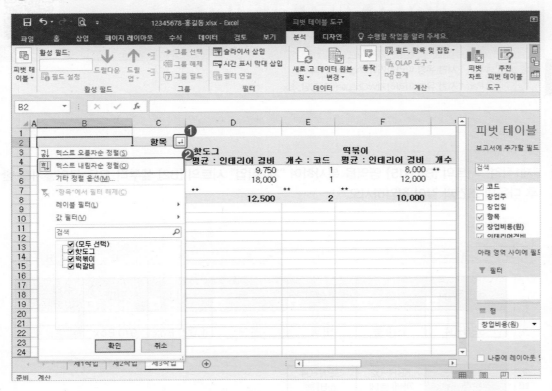

⑬ ≪출력형태≫를 참고하여 열 너비를 적당히 조절하고 [B8] 셀과 '＊＊'로 표시된 셀을
[가운데 맞춤] 적용한다.

창업비용(원) ▼	항목 ⏎ 핫도그 개수 : 코드	평균 : 인테리어 경비	떡볶이 개수 : 코드	평균 : 인테리어 경비	떡갈비 개수 : 코드	평균 : 인테리어 경비
30000001-45000000	2	9,750	1	8,000	＊＊	＊＊
45000001-60000000	1	18,000	1	12,000	2	17,500
60000001-75000000	＊＊	＊＊	＊＊	＊＊	1	19,500
총합계	3	12,500	2	10,000	3	18,167

제 4 작업　　**그래프**　　　　　　　　　　　　　　　　　　　　　　　　　**100**점

제4작업에서는 제1작업에서 작성한 기본 데이터를 이용하여 차트로 표현하는 능력을 평가한다. 차트의
종류, 차트 위치 및 서식, 차트의 옵션 등을 다루는 형태로 출제되고 있다.

① "제1작업" 시트의 [B5:H15] 영역을 블록 설정한 후 Ctrl+C를 눌러 복사한다.

	B	C	D	E	F	G	H	I	J
	◆ 2020년 5월 수입 와인 판매현황						결 재	담당	팀장	사장
제품코드	브랜드	생산지	분류	수입	판매	수입 단가 (단위:달러)	원화 단가 (단위:원)	등급
KBR-02	까베르네	칠레	레드	1,350 Box	1,056 Box	100	95,050	
SBN-04	쇼비뇽	미국	레드	1,025 Box	970 Box	456	433,428	중급
BRG-03	보르고냐	칠레	화이트	1,350 Box	1,205 Box	120	114,060	
PMR-04	뽀마르	칠레	레드	960 Box	925 Box	435	413,468	중급
CSD-08	까스뗄리	이탈리아	레드	160 Box	160 Box	725	689,113	고급
SDN-02	샤도네	미국	화이트	980 Box	935 Box	789	749,945	
SRR-08	수레리어	프랑스	디저트	450 Box	400 Box	725	689,113	고급
BRD-04	보르도	프랑스	레드	1,050 Box	1,049 Box	563	535,132	중급
SMY-03	세미용	미국	화이트	1,500 Box	925 Box	789	749,945	
MRS-07	마르살라	이탈리아	디저트	250 Box	240 Box	980	931,490	고급

(Row 16) 판매량이 평균 이상인 제품 개수 | 7개 | | 와인의 평균 수입 | | 568
(Row 17) 전체 수입 가격 합계 | 4,417,120 | 브랜드 | 까베르네 | 복사 | 1,350

② "제2작업" 시트의 [B2] 셀에서 Ctrl+V를 눌러 붙여넣기한다.

③ 열 너비를 복사하기 위해 [B2] 셀을 선택하고 [홈] 탭 – [클립보드] 그룹에서 [붙여넣기] 드롭다운 단추(붙여넣기) – [선택하여 붙여넣기]를 선택한다. → [선택하여 붙여넣기] 대화상자에서 '열 너비'를 선택하고 [확인]을 클릭한다.

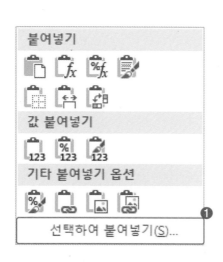

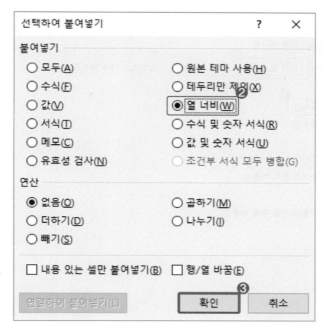

⑪ [피벗 테이블 옵션] 대화상자의 [레이아웃 및 서식] 탭에서 '레이블이 있는 셀 병합 및 가운데 맞춤'에 체크한다. → [빈 셀 표시] 입력란에 『＊＊』을 입력하고 [요약 및 필터] 탭에서 '행 총합계 표시'를 체크 해제한 후 [확인]을 누른다.

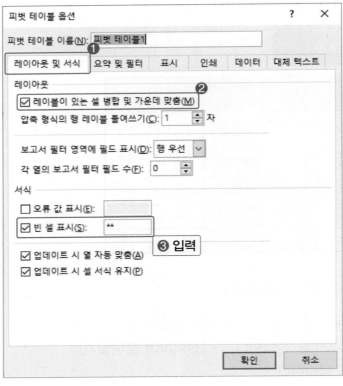

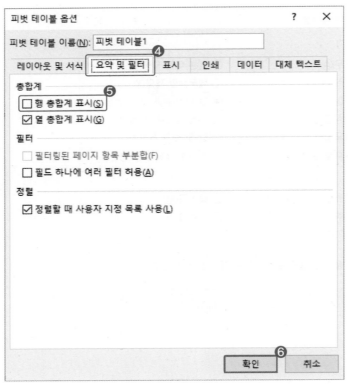

④ [B2] 셀을 선택한 후 [데이터] 탭의 [데이터 도구] 그룹에서 [중복된 항목 제거]를 클릭한다.

⑤ [중복된 항목 제거] 대화상자에서 [모두 선택 취소]를 클릭하여 체크 해제한 후 다시 '생산지'를 체크하고 [확인]을 클릭한다.

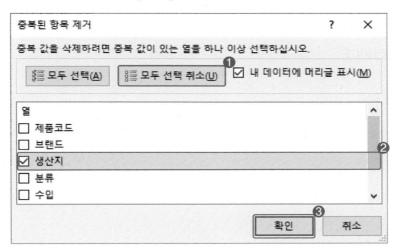

⑥ 메시지가 나타나면 [확인]을 클릭한다.

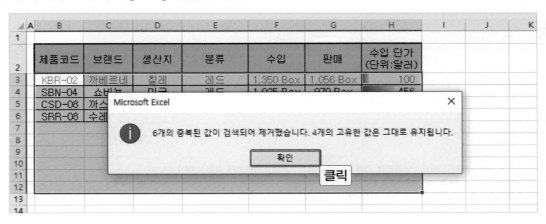

⑦ [셀 서식]에서 [표시 형식]을 '회계', 기호는 '없음'으로 설정하고 [확인]을 누른다. →
다시 [값 필드 설정] 대화상자가 나타나면 [확인]을 누른다.

⑧ 창업비용(원)을 그룹 설정하기 위해 [B5]를 선택한 후 [피벗 테이블 도구] – [분석] 탭
에서 [그룹 선택]을 클릭한다.

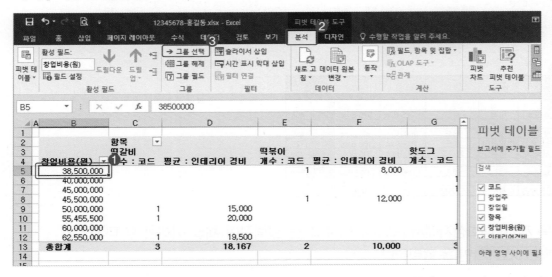

⑨ [그룹화] 대화상자가 나타나면 [시작]에 『30000001』, [끝]에 『75000000』, [단위]에
『15000000』을 입력하고 [확인]을 클릭한다.

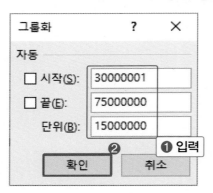

⑩ [피벗 테이블 도구] – [분석] 탭에서 [피벗 테이블] – [옵션]을 클릭한다.

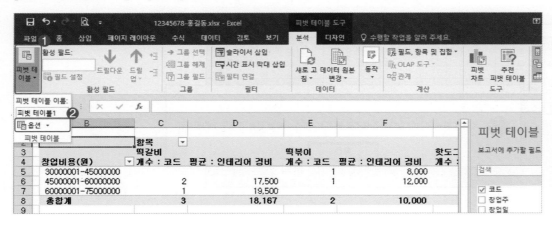

① [B2] 셀을 선택한 후 [데이터] 탭 – [정렬 및 필터] 그룹에서 [필터](▽)를 클릭한다.

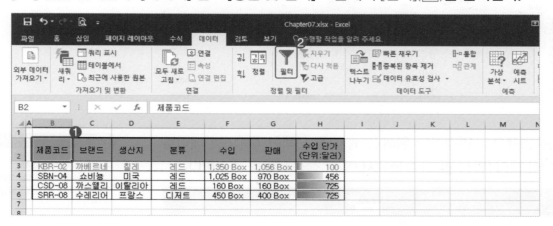

② '판매' 필터 단추(▽)를 클릭한 후 [숫자 필터] – [해당 범위] 메뉴를 선택한다.

④ ≪출력형태≫와 동일하게 [C2] 셀에 『항목』을, [B4] 셀에 『창업비용(원)』을 입력한다.

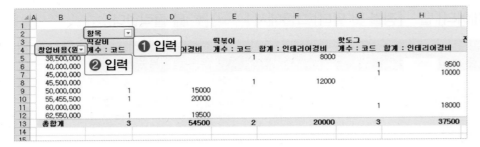

⑤ 계산 유형을 평균으로 변경하기 위해 [D4] 셀을 선택한 후 [피벗 테이블 도구] – [분석] 탭의 [활성 필드] 그룹에서 [필드 설정](📧)을 클릭한다.

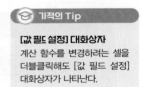

기적의 Tip

[값 필드 설정] 대화상자
계산 함수를 변경하려는 셀을 더블클릭해도 [값 필드 설정] 대화상자가 나타난다.

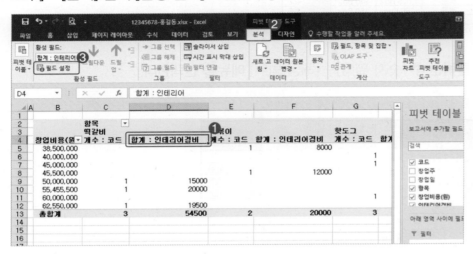

⑥ [값 필드 설정] 대화상자가 나타나면 [값 요약 기준]에서 '평균'을 선택하고 [사용자 지정 이름]에 『평균 : 인테리어 경비』를 입력한다. → 데이터에 회계 서식을 지정하기 위해 [표시 형식]을 클릭한다.

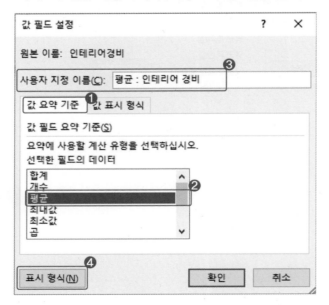

③ [사용자 지정 자동 필터] 대화상자에서 첫 번째 조건으로 '>=' 연산자를 선택하고
『500』을 입력, 두 번째 조건으로 '<=' 연산자를 선택하고 『1100』을 입력한 후 [확인]을
클릭한다.

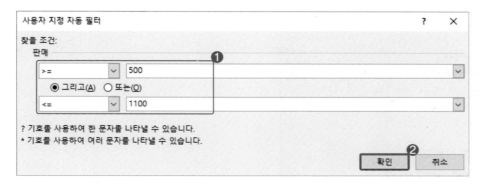

④ [B2:H4] 영역을 블록 설정한 후 [Ctrl]+[C]를 눌러 복사한다.

⑤ [B9] 셀에서 [홈] 탭 – [클립보드] 그룹의 [붙여넣기] – [선택하여 붙여넣기]를 선택한다.

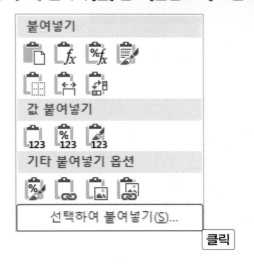

② [피벗 테이블 만들기] 대화상자가 나타나면 '기존 워크시트'를 선택하고 [위치] 입력란에서 "제3작업" 시트의 [B2] 셀을 클릭한 후 [확인]을 누른다.

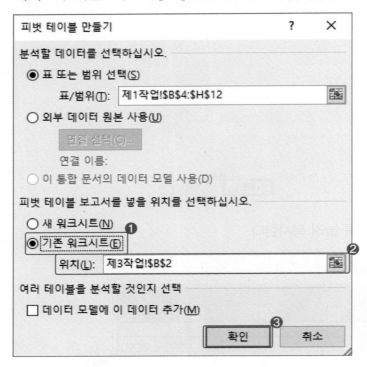

③ [피벗 테이블 필드] 탭에서 각 필드명을 드래그하여 그림과 같이 배치되도록 한다.

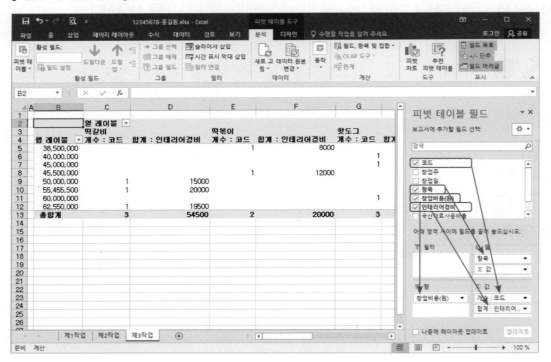

⑥ [선택하여 붙여넣기] 대화상자에서 '행/열 바꿈'을 선택하고 [확인]을 클릭한다.

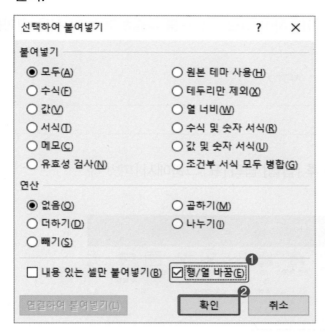

⑦ [B] 열, [C] 열, [D] 열 머리글의 경계선을 더블클릭하여 너비를 조절한다.

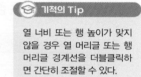

기적의 Tip

열 너비 또는 행 높이가 맞지 않을 경우 열 머리글 또는 행 머리글 경계선을 더블클릭하면 간단히 조절할 수 있다.

제3작업에서는 제1작업에서 작성한 기본 데이터를 이용하여 필요한 필드를 추출하여 보기 쉬운 결과를 만드는 능력을 평가한다.

SECTION 01 | 피벗 테이블 작성

① "제1작업" 시트의 [B4:H12] 영역을 블록 설정한 후 [삽입] 탭의 [표] 그룹에서 [피벗 테이블](🔃)을 클릭한다.

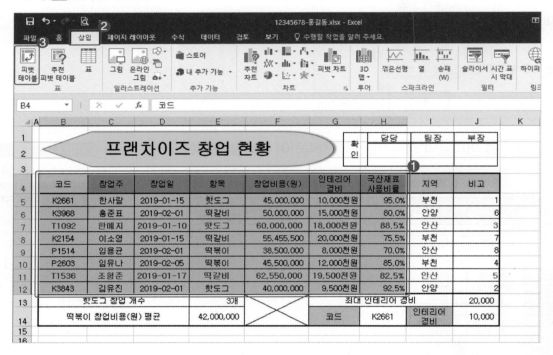

문제유형 ❶ | **정답파일** ▶ 유형07_1번 문제.xlsx | **정답파일** ▶ 유형07_1번 정답.xlsx

"제1작업" 시트의 [B4:H12] 영역을 복사하여 "제2작업" 시트의 [B2] 셀부터 모두 붙여넣기를 한 후 다음의 조건과 같이 작업하시오.

조건	(1) 중복 데이터 제거 – '업종'을 기준으로 중복된 데이터를 찾아 행 전체를 제거하시오.
	(2) 자동 필터 – 중복된 데이터를 제거한 결과값에서 자동 필터를 이용하여 조건에 따라 값을 추출한 후, 그 결과값을 복사하여 지정된 위치에 행/열 바꿈으로 선택하여 붙여넣기 하시오.
	– 조건 : 2019년 1월 1일 ~ 2019년 12월 31일 사이에 입주한 업체
	– 복사 위치 : [B8] 셀부터 나타나도록 하시오.

🎓 **기적의 Tip**

중복 데이터 제거 : [데이터] 탭의 [데이터 도구] 그룹에서 [중복된 항목 제거]
자동 필터 : [데이터] 탭의 [정렬 및 필터] 그룹에서 [필터]

문제유형 ❷ | **정답파일** ▶ 유형07_2번 문제.xlsx | **정답파일** ▶ 유형07_2번 정답.xlsx

"제1작업" 시트의 [B4:G15] 영역을 복사하여 "제2작업" 시트의 [B2] 셀부터 모두 붙여넣기를 한 후 다음의 조건과 같이 작업하시오.

조건	(1) 중복 데이터 제거 – '거래처'를 기준으로 중복된 데이터를 찾아 행 전체를 제거하시오.
	(2) 자동 필터 – 중복된 데이터를 제거한 결과값에서 자동 필터를 이용하여 조건에 따라 값을 추출한 후, 그 결과값을 복사하여 지정된 위치에 행/열 바꿈으로 선택하여 붙여넣기 하시오.
	– 조건 : 500,000 ~ 800,000 사이에 판매된 매출액(원)
	– 복사 위치 : [B9] 셀부터 나타나도록 하시오.

① [B18:E18] 영역을 블록 설정한 후 [홈] 탭 – [글꼴] 그룹의 [채우기 색](🎨▾)에서 [채우기 없음]을 선택한다.

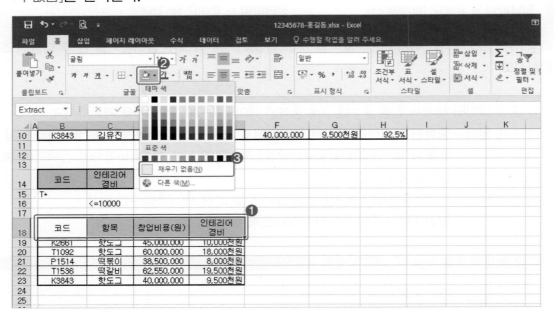

② [B18:E23] 영역을 블록 설정한 후 [홈] 탭의 [스타일] 그룹에서 [표 서식](📋)을 클릭한 다음 [표 스타일 보통 6]을 선택한다. → [표 서식] 대화상자가 나타나면 [확인]을 누른다.

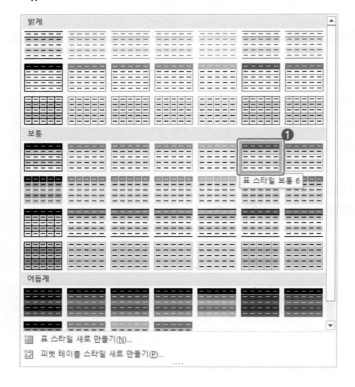

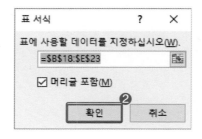

정렬 및 부분합

▶ 합격 강의

문제파일 Part 1 시험 유형 따라하기\Chapter08.xlsx
정답파일 Part 1 시험 유형 따라하기\Chapter08_정답.xlsx

기적의 3회독
☐1회 ☐2회 ☐3회

문제보기

"제1작업" 시트의 [B5:H15] 영역을 복사하여 "제3작업" 시트의 [B2] 셀부터 모두 붙여넣기를 한 후 다음의 조건과 같이 작업하시오.

출력형태

◢ A	B	C	D	E	F	G	H
1							
2	제품코드	브랜드	생산지	분류	수입	판매	수입 단가 (단위:달러)
3	KBR-02	까베르네	칠레	레드	1,350 Box	1,056 Box	100
4	SBN-04	쇼비뇽	미국	레드	1,025 Box	970 Box	456
5	PMR-04	뽀마르	칠레	레드	960 Box	925 Box	435
6	CSD-08	까스뗄리	이탈리아	레드	160 Box	160 Box	725
7	BRD-04	보르도	프랑스	레드	1,050 Box	1,049 Box	563
8				레드 평균			456
9	5			레드 개수			
10	BRG-03	보르고나	칠레	화이트	1,350 Box	1,205 Box	120
11	SDN-02	샤도네	미국	화이트	980 Box	935 Box	789
12	SMY-03	세미용	미국	화이트	1,500 Box	925 Box	789
13				화이트 평균			566
14	3			화이트 개수			
15	SRR-08	수레리어	프랑스	디저트	450 Box	400 Box	725
16	MRS-07	마르살라	이탈리아	디저트	250 Box	240 Box	980
17				디저트 평균			853
18	2			디저트 개수			
19				전체 평균			568
20	10			전체 개수			

조건

(1) 부분합 – ≪출력형태≫처럼 정렬하고, 제품코드의 개수와 수입 단가(단위:달러)의 평균을 구하시오.

(2) 윤곽 – 지우시오.

(3) 나머지 사항은 ≪출력형태≫에 맞게 작성하시오.

⑥ [B2] 셀을 선택하고 Ctrl을 누른 채 [E2:G2] 영역을 블록 지정하여 복사하고 [B18] 셀에 붙여넣기를 한다.

코드	창업주	창업일	항목	창업비용(원)	인테리어 경비	국산재료 사용비율
K2661	한사랑	2019-01-15	핫도그	45,000,000	10,000천원	95.0%
K3968	홍준표	2019-02-01	떡갈비	50,000,000	15,000천원	80.0%
T1092	한예지	2019-01-10	핫도그	60,000,000	18,000천원	88.5%
K2154	이소영	2019-01-15	떡갈비	55,455,500	20,000천원	75.5%
P1514	임용균	2019-02-01	떡볶이	38,500,000	8,000천원	70.0%
P2603	임유나	2019-02-05	떡볶이	45,500,000	12,000천원	85.0%
T1536	조형준	2019-01-17	떡갈비	62,550,000	19,500천원	82.5%
K3843	김유진	2019-02-01	핫도그	40,000,000	9,500천원	92.5%

⑦ [B2:H10] 영역을 블록 설정한 후 [데이터] 탭의 [정렬 및 필터] 그룹에서 [고급]을 클릭한다.

⑧ [고급 필터] 대화상자에서 '다른 장소에 복사'를 선택하고, [조건 범위]에 『B14:C16』, [복사 위치]에 『B18:E18』을 지정한 후 [확인]을 클릭한다.

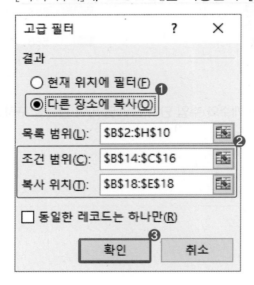

① "제1작업" 시트의 [B5:H15] 영역을 블록 설정한 후 [Ctrl]+[C]를 눌러 복사한다.

	제품코드	브랜드	생산지	분류	수입	판매	수입 단가 (단위:달러)	원화 단가 (단위:원)	등급
	KBR-02	까베르네	칠레	레드	1,350 Box	1,056 Box	100	95,050	
	SBN-04	쇼비뇽	미국	레드	1,025 Box	970 Box	456	433,428	중급
	BRG-03	보르고나	칠레	화이트	1,350 Box	1,205 Box	120	114,060	
	PMR-04	뽀마르	칠레	레드	960 Box	925 Box	435	413,468	중급
	CSD-08	까스텔리	이탈리아	레드	160 Box	160 Box	725	689,113	고급
	SDN-02	샤도네	미국	화이트	980 Box	935 Box	789	749,945	
	SRR-08	수레리어	프랑스	디저트	450 Box	400 Box	725	689,113	고급
	BRD-04	보르도	프랑스	레드	1,050 Box	1,049 Box	563	535,132	중급
	SMY-03	세미용	미국	화이트	1,500 Box	925 Box	789	749,945	
	MRS-07	마르살라	이탈리아	디저트	250 Box	240 Box	980	931,490	고급

(상단: 2020년 5월 수입 와인 판매현황 / 결재 담당 팀장 사장)

판매량이 평균 이상인 제품 개수 7개 / 와인의 평균 수입 568 / 복사
전체 수입 가격 합계 4,417,120 / 브랜드 까베르네 1,350

② "제3작업" 시트의 [B2] 셀에서 [Ctrl]+[V]를 눌러 붙여넣기한다.

③ 열 너비를 복사하기 위해 [B2] 셀을 선택하고 [홈] 탭 – [클립보드] 그룹에서 [붙여넣기] 드롭다운 단추(붙여넣기) – [선택하여 붙여넣기]를 선택한다. → [선택하여 붙여넣기] 대화상자에서 '열 너비'를 선택하고 [확인]을 클릭한다.

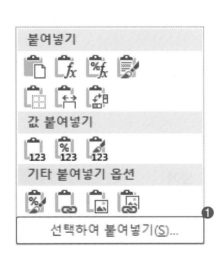

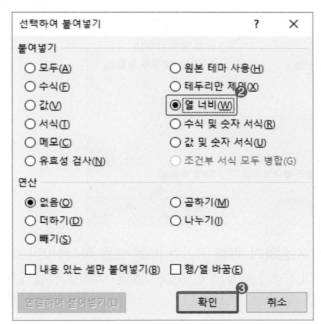

③ 열 너비도 붙여넣기 위해 [붙여넣기]의 드롭다운 단추를 클릭하여 [선택하여 붙여넣기]를 선택한다.

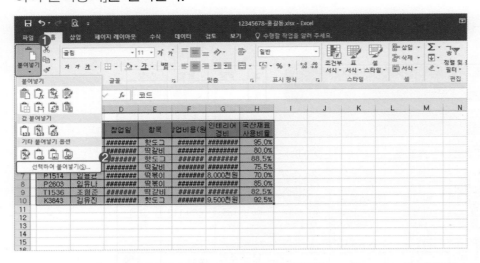

④ [선택하여 붙여넣기] 대화상자에서 '열 너비'를 선택하고 [확인]을 클릭한다.

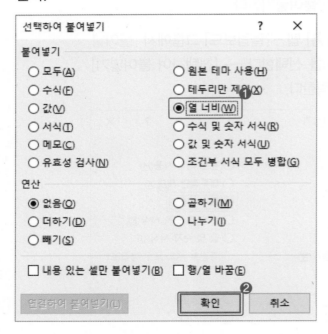

⑤ 조건 위치를 지정하기 위해 [B2]와 [G2] 셀을 복사하여 [B14:C14] 셀에 붙여넣기 한다. [B15] 셀에 『T*』, [C16] 셀에 『<=10000』을 입력한다.

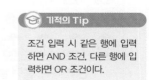

기적의 Tip

조건 입력 시 같은 행에 입력하면 AND 조건, 다른 행에 입력하면 OR 조건이다.

④ 표 안 [B2:H12] 영역에 셀 포인터를 두고 [데이터] 탭 – [정렬 및 필터] 그룹에서 [정렬]()을 클릭한다.

⑤ [정렬] 대화상자가 나타나면 열을 '분류'로 선택하고 정렬은 '사용자 지정 목록'을 선택한다.

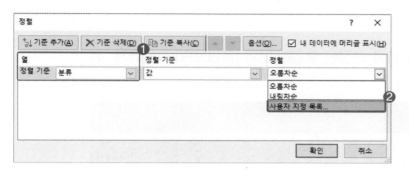

> **기적의 Tip**
>
> 오름차순 또는 내림차순으로 정렬할 수 없을 경우에는 '사용자 지정 목록' 정렬을 선택하여 ≪출력형태≫와 동일하게 정렬한다.

⑥ [사용자 지정 목록] 대화상자가 나타나면 탭의 목록 항목에 『레드 Enter 화이트 Enter 디저트』를 입력한 후 [추가]를 클릭하고 [확인]을 누른다.

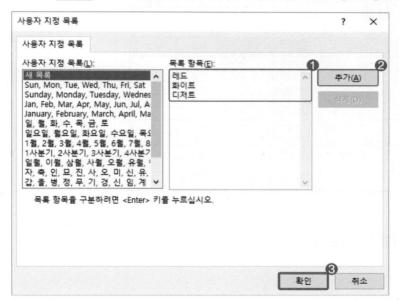

⑦ 다시 [정렬] 대화상자가 나타나면 [확인]을 누른다.

제2작업에서는 제1작업에서 작성한 기본 데이터를 이용한 데이터 필터 능력과 서식 작성 능력을 평가한다. 고급 필터에서 조건 지정과 추출 위치 지정을 통해 필터링 후에 표 서식을 지정하는 형태가 주로 출제된다.

SECTION 01　고급 필터

① "제1작업" 시트의 [B4:H12] 영역을 블록 설정한 후 [홈] 탭의 [클립보드] 그룹에서 [복사](🗐)를 클릭한다(또는 Ctrl + C).

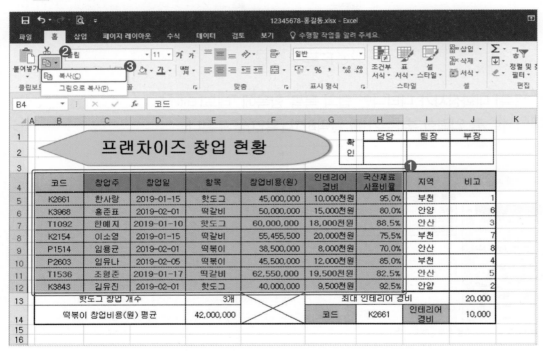

② "제2작업" 시트의 [B2] 셀을 클릭하고 [클립보드] 그룹에서 [붙여넣기](📋)를 클릭한다(또는 Ctrl + V).

① 표 안 [B2:H12] 영역에 셀 포인터를 두고 [데이터] 탭 – [윤곽선] 그룹에
서 [부분합](▦)을 클릭한다.

② [부분합] 대화상자가 나타나면 [그룹화할 항목]에 '분류', [사용할 함수]에
'개수', [부분합 계산 항목]에 '제품코드'만 선택하고 [확인]을 클릭한다.

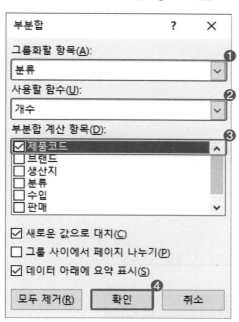

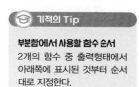

기적의 Tip

부분합에서 사용할 함수 순서
2개의 함수 중 출력형태에서
아래쪽에 표시된 것부터 순서
대로 지정한다.

③ 분류 필드의 그룹별로 개수가 계산된 상태에서 다시, [데이터] 탭 – [윤곽
선] 그룹 – [부분합](▦)을 클릭한다.

③ [셀 서식] 대화상자에서 [글꼴 스타일]은 '굵게', [색]은 '파랑'으로 설정하고 [확인]을 클릭한다. → 이어서 [새 서식 규칙] 대화상자에서도 [확인]을 클릭한다.

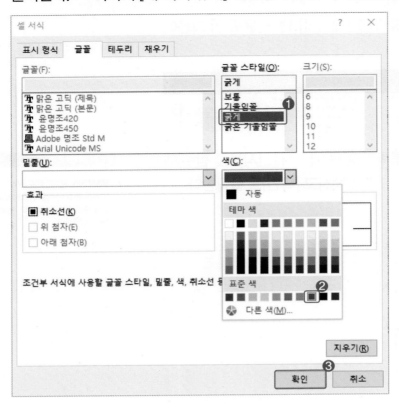

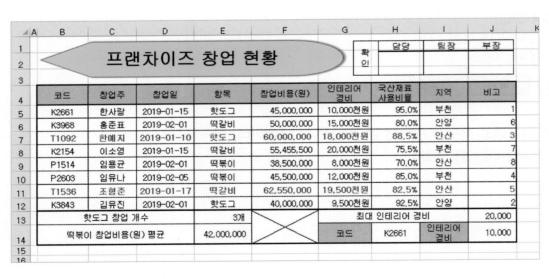

④ [부분합] 대화상자에서 [사용할 함수]를 '평균'으로 변경하고, [부분합 계
산 항목]에 '수입 단가(단위:달러)'만 선택한다. → '새로운 값으로 대치'를
선택 해제한 후 [확인]을 클릭한다.

🎓 기적의 Tip

'새로운 값으로 대치' 선택 해제
부분합을 두 번 이상 수행할
경우, 두 번째 부분합부터는
반드시 '새로운 값으로 대치'
를 선택 해제해야 한다.

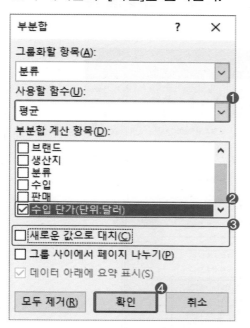

⑤ 분류 필드의 그룹별로 평균과 개수가 구해진 뒤, [데이터] 탭 – [윤곽선]
그룹에서 [그룹 해제] – [윤곽 지우기]를 클릭한다.

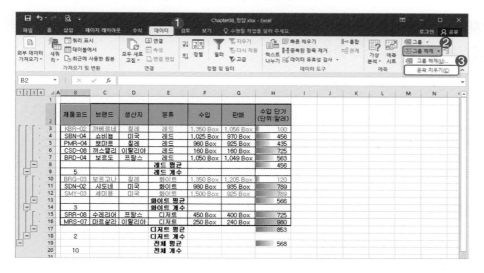

① [B5:J12] 영역을 블록 설정한 후 [홈] 탭의 [스타일] 그룹에서 [조건부 서식](📋)을 클릭하고 [새 규칙](📋)을 선택한다.

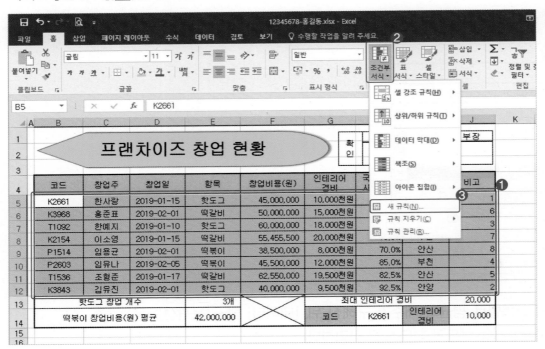

② [새 서식 규칙] 대화상자에서 '▶수식을 사용하여 서식을 지정할 셀 결정'을 선택하고 『=$F5>=60000000』을 입력한 후 [서식]을 클릭한다.

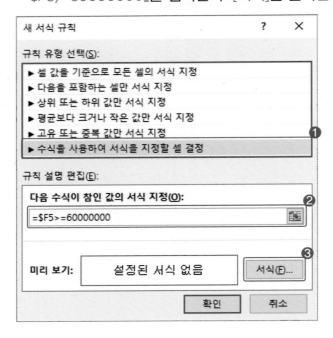

문제유형 ❶ 정답파일 ▶ 유형08_1번 문제.xlsx   정답파일 ▶ 유형08_1번 정답.xlsx

"제1작업" 시트의 [B4:H12] 영역을 복사하여 "제3작업" 시트의 [B2] 셀부터 모두 붙여넣기를 한 후 다음의 조건과 같이 작업하시오.

출력형태

A	B	C	D	E	F	G	H
1							
2	입주업체	업종	입주층	입주일	계약기간 (단위:년)	보증금	월 임대료
3	CC통신	서비스	1	2019년 09월 11일	2	₩ 600,000,000	₩ 2,500,000
4	씨마㈜	서비스	2	2017년 08월 09일	3	₩ 350,000,000	₩ 3,500,000
5		서비스 평균				₩ 475,000,000	
6	서비스 개수	2					
7	미라패션	제조	5	2018년 03월 28일	2	₩ 500,000,000	₩ 4,000,000
8	엘비스㈜	제조	3	2018년 10월 10일	5	₩ 300,000,000	₩ 5,000,000
9		제조 평균				₩ 400,000,000	
10	제조 개수	2					
11	SBC	IT	6	2019년 12월 02일	3	₩ 400,000,000	₩ 4,000,000
12	진영넷	IT	4	2018년 07월 20일	3	₩ 700,000,000	₩ 2,000,000
13	E&B	IT	7	2019년 10월 21일	1	₩ 900,000,000	₩ 1,000,000
14	칸토B	IT	2	2019년 10월 02일	4	₩ 350,000,000	₩ 3,500,000
15		IT 평균				₩ 587,500,000	
16	IT 개수	4					
17		전체 평균				₩ 512,500,000	
18	전체 개수	10					

조건

(1) 부분합 – ≪출력형태≫처럼 정렬하고, 업종의 개수와 보증금의 평균을 구하시오.

(2) 윤곽 – 지우시오.

(3) 나머지 사항은 ≪출력형태≫에 맞게 작성하시오.

🎓 **기적의 Tip**

부분합 : [데이터] 탭 – [윤곽선] 그룹에서 [부분합]

윤곽 : [데이터] 탭 – [윤곽선] 그룹에서 [그룹 해제] – [윤곽 지우기]

⑫ [J14] 셀에 『=VLOOKUP』를 입력하고 Ctrl + A 를 누른다. → [함수 인수] 대화상자에
서 [Lookup_value]에 『H14』, [Table_array]에 『B4:H12』, [Col_index_num]에 『6』,
[Range_lookup]에 『0』을 입력한 후 [확인]을 클릭한다.

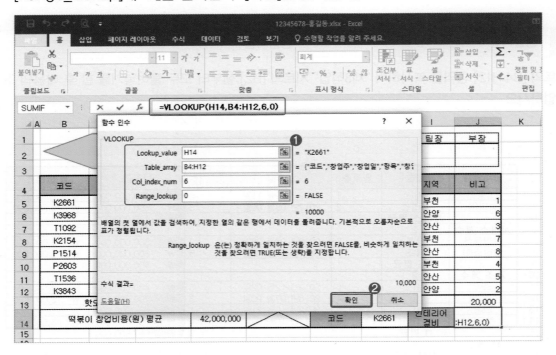

더 알기 Tip

=VLOOKUP(H14,B4:H12,6,0)
            ①   ②

① [H14] 셀에 있는 값을 B열에서 조회하여
② 해당하는 행의 6번째 열에 있는 값을 반환한다.

VLOOKUP(lookup_value, table_array, col_index_num, [range_lookup]) 함수

lookup_value : 조회하려는 값
table_array : 조회 값이 있는 범위(조회 값이 B열에 있으면 B로 시작)
col_index_num : 반환 값이 포함된 범위의 열 번호
[range_lookup] : 0(FALSE)이면 정확히 일치, 1(TRUE 또는 생략)이면 근사값 반환

"제1작업" 시트의 [B5:G15] 영역을 복사하여 "제3작업" 시트의 [B2] 셀부터 모두 붙여넣기를 한 후 다음의 조건과 같이 작업하시오.

출력형태

	매출코드	거래처	영업구분	수량(EA)	원가	매출액(원)
	BK-10010	대 진 해 운	교재료	50	15,000	750,000
	PS-06010	대 진 해 운	강사료	6	30,000	180,000
	NT-06001	대 진 해 운	렌탈료	50	30,000	1,500,000
3		대 진 해 운 개 수				
		대 진 해 운 요 약				2,430,000
	RM-10001	한 빛 통 운	렌탈료	20	40,000	800,000
	PH-06021	한 빛 통 운	강사료	30	40,000	1,200,000
2		한 빛 통 운 개 수				
		한 빛 통 운 요 약				2,000,000
	PH-07020	삼 신 자 동 차	강사료	15	41,000	615,000
	BK-07040	삼 신 자 동 차	교재료	20	18,000	360,000
2		삼 신 자 동 차 개 수				
		삼 신 자 동 차 요 약				975,000
	PS-07010	아 산 자 동 차	강사료	10	35,000	350,000
	NT-07001	아 산 자 동 차	렌탈료	30	35,000	1,050,000
	PH-05010	아 산 자 동 차	강사료	10	35,000	350,000
3		아 산 자 동 차 개 수				
		아 산 자 동 차 요 약				1,750,000
10		전 체 개 수				
		총 합 계				7,155,000

조건

(1) 부분합 – 《출력형태》처럼 정렬하고, 매출액(원)의 합계와 매출코드의 개수를 구하시오.

(2) 윤곽 – 지우시오.

(3) 나머지 사항은 《출력형태》에 맞게 작성하시오.

=SUMIF(항목,"떡볶이",F5:F12)/COUNTIF(항목,"떡볶이")
              ①   ②

① '항목'으로 이름정의한 범위에서 "떡볶이"인 것의 창업비용(원)을 찾아 모두 합한다.
② 그것을 "떡볶이"의 개수를 구해 나눈다.

SUMIF(range, criteria, [sum_range]) 함수

range : 조건을 적용할 셀 범위
criteria : 추가할 셀을 정의하는 조건
sum_range : range 인수에 지정되지 않은 셀을 추가할 때

⑪ [J13] 셀에서 『=MAX』를 입력하고 [Ctrl]+[A]를 누른다. [함수 인수] 대화상자에서 [Number1]에 『G5:G12』를 입력하고 [확인]을 누른다.

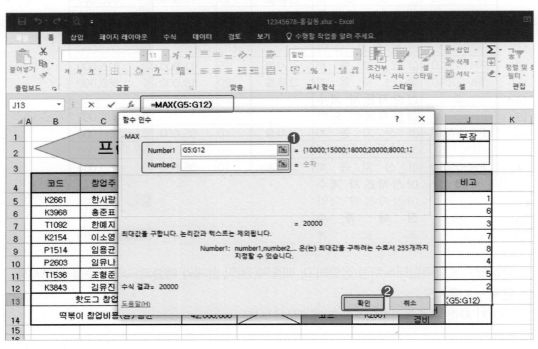

=MAX(G5:G12)
       ①

① [G5:G12] 영역에서 최대값을 구한다.

MAX(number1, [number2], …) 함수

number1 : 최대값을 구할 값의 집합

피벗 테이블

▶ 합격 강의

난이도 상 중 하

문제파일 Part 1 시험 유형 따라하기₩Chapter09.xlsx
정답파일 Part 1 시험 유형 따라하기₩Chapter09_정답.xlsx

기적의 3회독
☐ 1회 ☐ 2회 ☐ 3회

문제보기

"제1작업" 시트를 이용하여 "제3작업" 시트의 [B2] 셀부터 표시되도록 다음과 같은 조건의 피벗 테이블을 작업하시오.

출력형태

행 레이블	개수 : 브랜드	평균 : 수입 단가	개수 : 브랜드	평균 : 수입 단가	개수 : 브랜드	평균 : 수입 단가	개수 : 브랜드	평균 : 수입 단가
분류	(모두)							
		프랑스		미국		칠레		이탈리아
<250	*	*	*	*	*	*	2	852.5
250-499	1	725.0	*	*	*	*	*	*
750-1000	*	*	3	678.0	1	435.0	*	*
>1000	1	563.0	*	*	2	110.0	*	*
총합계	2	644.0	3	678.0	3	218.3	2	852.5

(열 레이블 표시)

조건

(1) 분류, 판매, 생산지별 브랜드 개수와 수입 단가 평균을 구하시오.

(2) 판매를 그룹화하고, 레이블이 있는 셀 병합 및 가운데 맞춤으로 설정하시오.

(3) 생산지를 ≪출력형태≫와 같이 정렬하고, 빈 셀은 '*'로 표시하시오.

(4) 행의 총합계를 지우고, 나머지 사항은 ≪출력형태≫에 맞게 작성하시오.

⑧ 떡볶이 창업비용(원) 평균을 구하기 위해 [E14] 셀에 『=SUMIF』를 입력하고 Ctrl + A 를 누른다.

⑨ [Range]에 『항목』, [Criteria]에 『"떡볶이"』 [Sum_range]에 『F5:F12』를 입력하고 [확인]을 클릭한다.

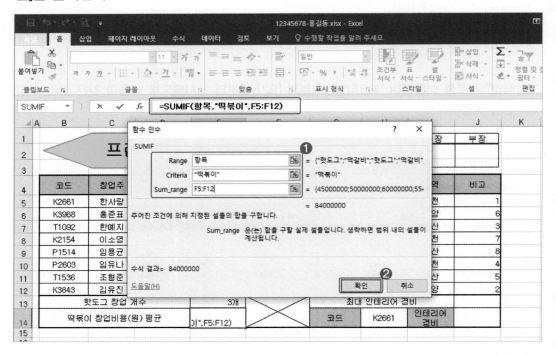

⑩ [E14] 셀의 수식에 『/COUNTIF』를 이어서 입력하고 Ctrl + A 를 누른다. → [함수 인수] 대화상자에서 [Range]에 『항목』, [Criteria]에 『"떡볶이"』를 입력하고 [확인]을 누른다.

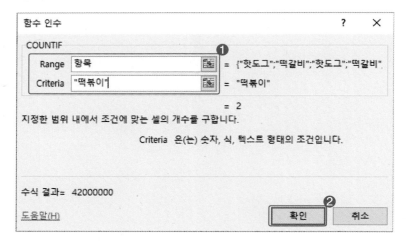

① "제1작업" 시트의 [B5:H15] 영역을 블록 설정한 후 [삽입] 탭의 [표] 그룹에서 [피벗 테이블](□)을 클릭한다.

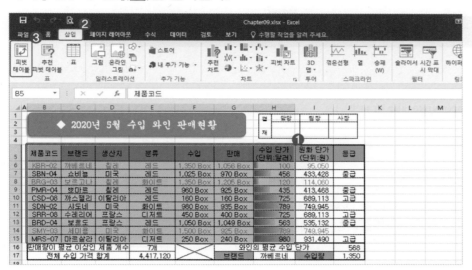

② [피벗 테이블 만들기] 대화상자가 나타나면 '기존 워크시트'를 선택한다.
→ 위치 입력란에서 '제3작업' 시트의 [B4] 셀을 지정하고 [확인]을 클릭한다.

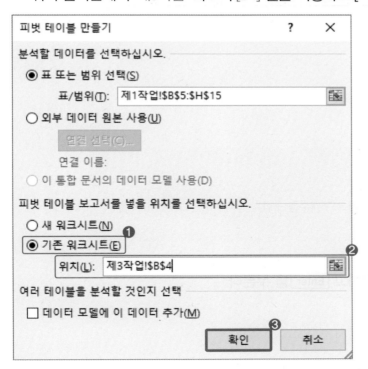

> 🎓 **기적의 Tip**
>
> 출력형태에 표시된 피벗 테이블에서 [필터]에 필드가 사용되는 경우에는 문제에 지시된 셀 주소보다 2행 아래 셀을 선택한다. 아닌 경우에는 지시된 셀을 선택한다.

⑤ 핫도그 창업 개수를 구하기 위해 [E13] 셀을 선택하고 『=DCOUNTA』를 입력 후 [Ctrl]
  +[A]를 누른다.

⑥ [Database]에 『B4:H12』, [Field]에 『4』, [Criteria]에 『E4:E5』를 입력하고 [확인]을 클
  릭한다.

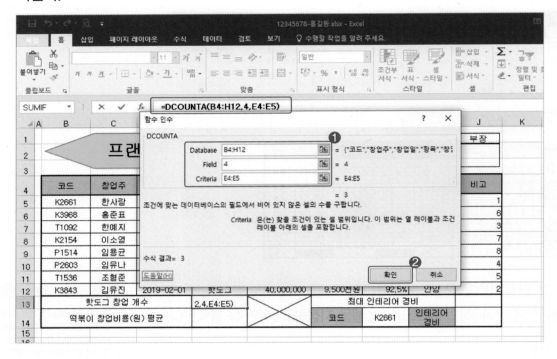

더 알기 Tip

=DCOUNTA(B4:H12,4,E4:E5)
              ①   ②

① [B4:H12] 영역의 4번째 열에서
② 항목이 '핫도그'인 것의 개수를 구한다.

DCOUNTA(database, [field], criteria) 함수

database : 데이터베이스로 지정할 셀 범위
field : 함수에 사용되는 열을 지정(생략하면 모든 레코드 개수를 구함)
criteria : 지정한 조건이 있는 셀 범위

⑦ [E13] 셀의 수식에 『&"개"』를 이어서 입력하고 [Enter]를 누른다.

③ [피벗 테이블 필드] 작업탭에서 필드명을 드래그하여 그림과 같이 배치되도록 한다.

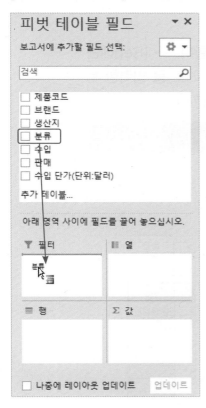 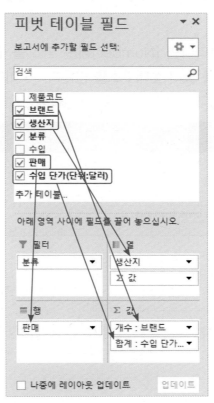

더 알기 Tip

피벗 테이블 레이아웃

≪출력형태≫를 보고 레이아웃을 지정한다.

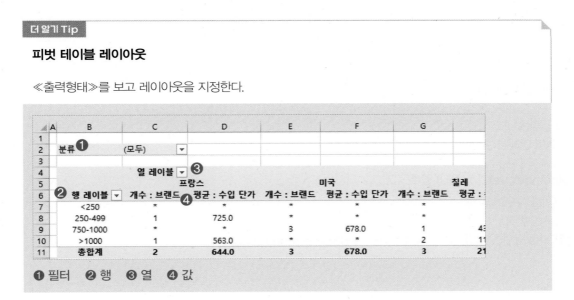

❶ 필터   ❷ 행   ❸ 열   ❹ 값

③ 비고에 해당하는 [J5:J12] 영역을 블록 설정한 후 수식 입력줄에 『=RANK.EQ』를 입력하고 Ctrl + A 를 누른다.

④ [함수 인수] 대화상자가 나타나면 [Number]에는 『H5』를 입력한다. → [Ref]에는 『H5』를 먼저 입력한 후 F4 를 눌러 절대주소를 만든다. → 이어서 『:H12』를 입력한 후 F4 를 눌러 절대주소를 만든다. → 마지막으로 Ctrl +[확인]을 클릭한다.

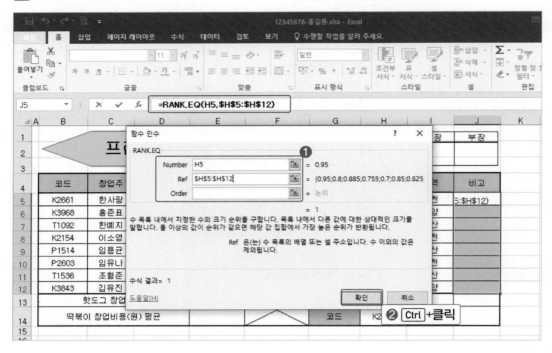

더 알기 Tip

=RANK.EQ(H5,$H$5:$H$12)
       ①   ②

① [H5] 셀의 순위를
② [H5:H12] 영역 안에서 구한다.

RANK.EQ(number, ref, [order]) 함수

number : 순위를 구하려는 셀
ref : 숫자 목록의 범위
order : 순위 결정 방법을 지정. 0이거나 생략하면 내림차순, 0이 아니면 오름차순

④ 계산 함수를 변경하기 위해 [D6] 셀을 선택한 후 [피벗 테이블 도구] – [분석] 탭의 [활성 필드] 그룹에서 [필드 설정](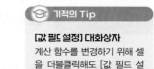)을 클릭한다.

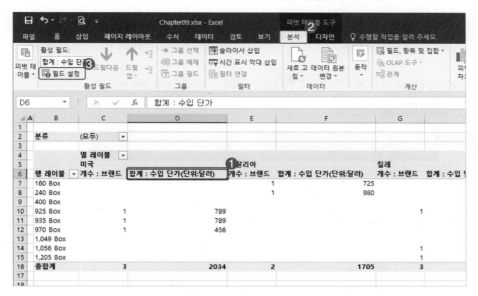

⑤ [값 필드 설정] 대화상자가 나타나면 사용할 계산 유형을 '평균'으로 선택하고 데이터에 통화 서식을 지정하기 위해 [표시 형식]을 클릭한다.

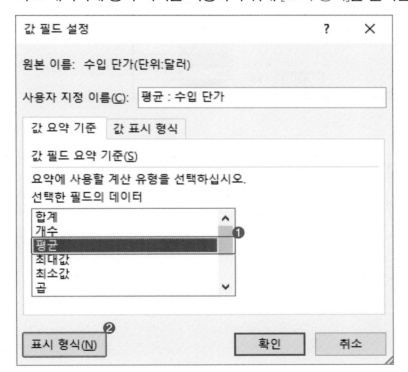

① 지역에 해당하는 [I5:I12] 영역을 블록 설정한 후 수식 입력줄에 『=CHOOSE』를 입력하고 Ctrl+A를 누른다.

② [Index_num]에 『MID(B5,2,1)』, [Value1]에 『"안산"』, [Value2]에 『"부천"』, [Value3]에 『"안양"』을 입력하고 Ctrl+[확인]을 클릭한다.

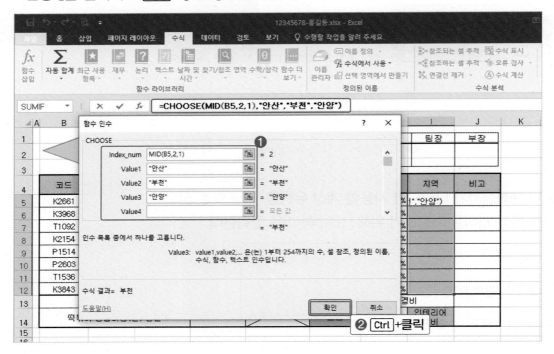

더 알기 Tip

=CHOOSE(MID(B5,2,1),"안산","부천","안양")
　　　　　①　　　　　②　　　③

① [B5] 셀의 텍스트 중 두번째 글자가 "1"이면 "안산"을 반환한다.
② "2"이면 "부천"을 반환한다.
③ "3"이면 "안양"을 반환한다.

MID(text, start_num, num_chars) 함수

text : 추출할 문자가 들어 있는 문자열
start_num : 텍스트에서 추출할 첫 문자의 위치
num_chars : 텍스트에서 반환할 문자의 개수

⑥ [셀 서식] 대화상자가 나타나면 '숫자'를 선택하고 소수 자릿수를 '1'로 지정한 후 [확인]을 클릭한다.

⑦ [값 필드 설정] 대화상자가 다시 나타나면 [확인]을 누른다.

⑧ [피벗 테이블 도구] – [분석] 탭에서 [피벗 테이블] – [옵션]을 클릭한다.

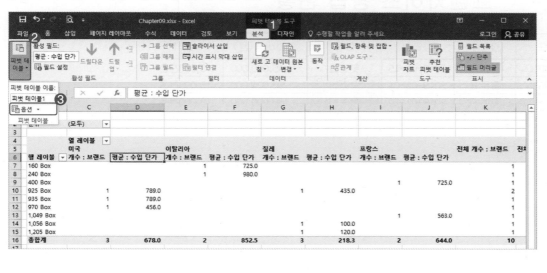

① 이름 정의가 필요한 [E5:E12] 영역을 블록 설정한다.

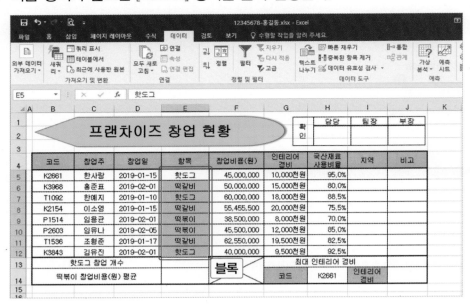

② [수식 입력줄] 왼쪽의 [이름 상자]에 『항목』을 입력하고 Enter 를 누른다.

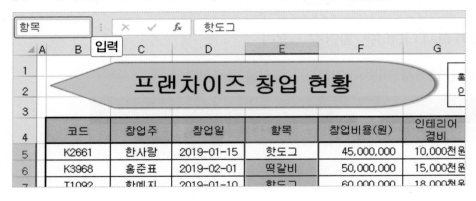

> **기적의 Tip**
>
> [수식] 탭 – [정의된 이름] 그룹 – [이름 관리자]에서 정의된 이름을 관리할 수 있다.

⑨ [피벗 테이블 옵션] 대화상자가 나타나면 [레이아웃 및 서식] 탭에서 '레이블이 있는
셀 병합 및 가운데 맞춤'을 클릭하여 체크하고, '빈 셀 표시' 입력란에 『*』을 입력한다.
→ [요약 및 필터] 탭에서 '행 총합계 표시'를 클릭하여 체크 해제하고 [확인]을 클릭한다.

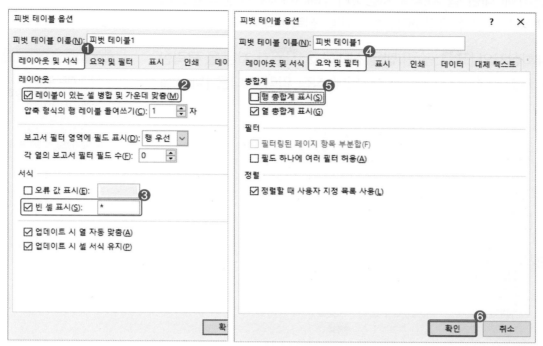

⑩ 판매를 그룹화하기 위해 [B7] 셀을 선택한 후 [그룹 선택](→)을 클릭한다.

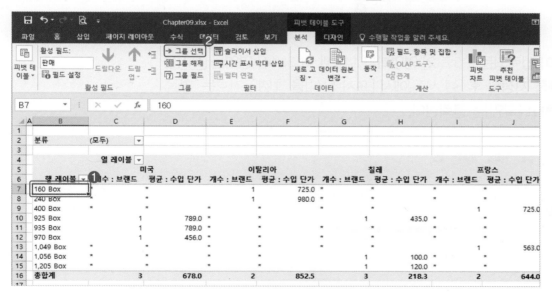

① '인테리어 경비'에 대한 셀 서식을 지정하기 위해 [G5:G12] 영역을 블록 지정한 후 마우스 오른쪽 클릭하여 [셀 서식]을 선택한다.

② [셀 서식] 대화상자의 [표시 형식] 탭을 선택하고 '사용자 지정'을 클릭한 다. → '#,##0'을 선택하고 『"천""원"』을 뒤에 직접 입력한 다음 [확인]을 클릭한다.

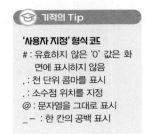

'사용자 지정' 형식 코드
: 유효하지 않은 '0' 값은 화면에 표시하지 않음
, : 천 단위 콤마를 표시
. : 소수점 위치를 지정
@ : 문자열을 그대로 표시
_ - : 한 칸의 공백 표시

③ 회계 서식이 입력되는 [F5:F12] 영역과 [E14] 셀, [J13:J14] 영역을 Ctrl을 누른 채 블록 지정한 후 [셀 서식]에서 [표시 형식]을 '회계', 기호는 '없음'으로 설정하고 [확인]을 클릭한다.

⑪ [그룹화] 대화상자에서 시작을 『250』으로, 끝을 『1000』으로, 단위를 『250』으로 입력하고 [확인]을 클릭한다.

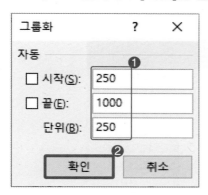

⑫ 《출력형태》와 같은 정렬 순서를 지정하기 위해 [G5] 셀을 선택한 후 셀 가장자리에 마우스 포인터를 가져가 마우스 포인터가 변경되면 [D] 열과 [E] 열 사이에 드래그하여 이동한다.

🎓 기적의 Tip

오름차순 또는 내림차순으로 정렬이 가능할 경우에는 [데이터] 탭 – [정렬 및 필터] 그룹에서 [텍스트 오름차순], [텍스트 내림차순]을 선택하여 정렬한다.

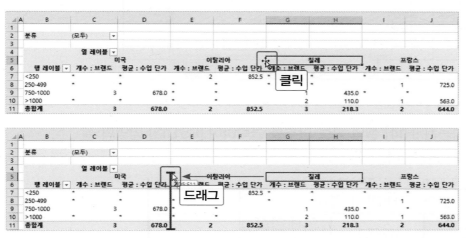

⑬ '프랑스' 열도 동일한 방법으로 드래그하여 이동한다. → [B7:J11] 영역을 블록 설정한 후 [홈] 탭 – [맞춤] 그룹 – [가운데 맞춤](≡)을 클릭한다.

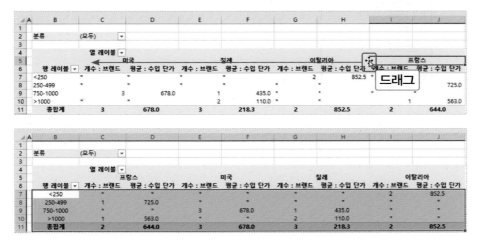

② [데이터 유효성] 대화상자의 [설정] 탭에서 [제한 대상]을 '목록'으로 지정한다. → [원본]의 빈 입력란을 클릭하여 커서를 위치하고 마우스로 [B5:B12] 영역을 블록 지정한 후 [확인]을 클릭한다.

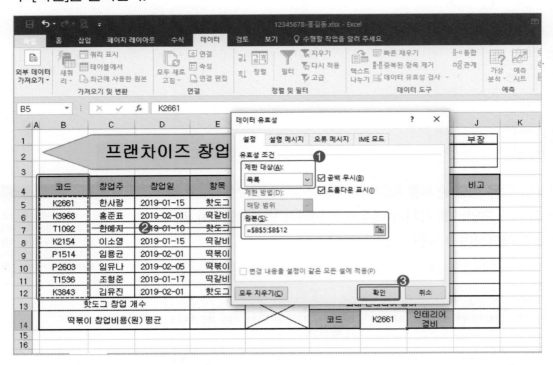

③ 데이터 유효성 검사가 적용된 [H14] 셀의 콤보 단추를 클릭하여 [B5:B12] 영역의 셀 값이 목록으로 표시되는지 확인한다.

문제유형 ①   정답파일 ▶ 유형09_1번 문제.xlsx   정답파일 ▶ 유형09_1번 정답.xlsx

"제1작업" 시트를 이용하여 "제3작업" 시트의 [B2] 셀부터 표시되도록 다음과 같은 조건의 피벗 테이블을 작성하시오.

출력형태	

◢	A	B	C	D	E	F	G	H
1								
2		업종	(모두) ▾					
3								
4			월 임대료 ▾					
5			<2000000		2000000-3499999		3500000-5000000	
6		입주일 ▾	개수 : 입주업체	합계 : 보증금	개수 : 입주업체	합계 : 보증금	개수 : 입주업체	합계 : 보증금
7		2017년	*	*	*	*	1	₩ 350,000,000
8		2018년	*	*	1	₩ 700,000,000	2	₩ 800,000,000
9		2019년	1	₩ 900,000,000	1	₩ 600,000,000	2	₩ 750,000,000
10		총합계	1	₩ 900,000,000	2	₩ 1,300,000,000	5	₩ 1,900,000,000

조건	

(1) 업종, 입주일, 월 임대료에 따른 입주업체의 개수와 보증금의 합계를 구하시오.

(2) 입주일과 월 임대료를 그룹화하고, 레이블이 있는 셀 병합 및 가운데 맞춤으로 설정하시오.

(3) 입주일을 ≪출력형태≫와 같이 정렬하고, 빈 셀은 '*'로 표시하시오.

(4) 행의 총합계를 지우고, 나머지 사항은 ≪출력형태≫에 맞게 작성하시오.

문제유형 ②   정답파일 ▶ 유형09_2번 문제.xlsx   정답파일 ▶ 유형09_2번 정답.xlsx

"제1작업" 시트를 이용하여 "제3작업" 시트에 조건에 따라 ≪출력형태≫와 같이 작업하시오.

출력형태	

◢	A	B	C	D	E	F	G	H
1								
2			매출액(원) ▾					
3			<500000		500000-999999		1000000-1500000	
4		영업구분 ▾	개수 : 거래처	합계 : 원가	개수 : 거래처	합계 : 원가	개수 : 거래처	합계 : 원가
5		렌탈	***	***	1	₩ 40,000	2	₩ 65,000
6		교재	1	₩ 18,000	1	₩ 15,000	***	***
7		강사	3	₩ 100,000	1	₩ 41,000	1	₩ 40,000
8		총합계	4	₩ 118,000	3	₩ 96,000	3	₩ 105,000

조건	

(1) 매출액(원), 영업구분별로 거래처의 개수와 원가의 합계를 구하시오.

(2) 매출액(원)을 그룹화하고, 항목을 ≪출력형태≫와 같이 정렬하시오.

(3) 레이블이 있는 셀 병합 및 가운데 맞춤 적용하고 빈 셀은 '***'로 표시하시오.

(4) 행의 총합계를 지우고, 나머지 사항은 ≪출력형태≫에 맞게 작성하시오.

⑦ [홈] 탭 – [클립보드] 그룹의 [붙여넣기](📋)를 클릭한 후 그림의 위치를 마우스 드래그하여 조절한다.

⑧ 결재란의 원본을 삭제하기 위해 [L16:O17] 영역을 블록 설정한 후 [홈] 탭 – [셀] 그룹에서 [삭제](🗑)를 클릭한다.

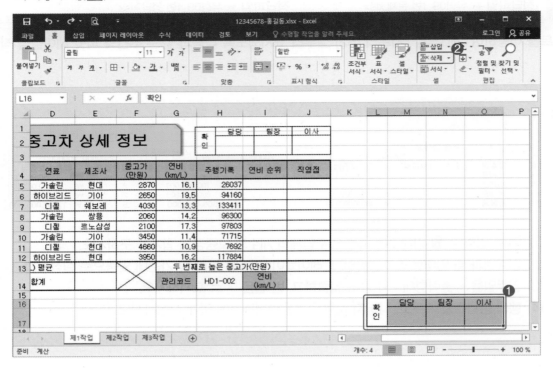

SECTION 04 | 유효성 검사

① [H14] 셀을 선택하고 [데이터] 탭 – [데이터 도구] 그룹에서 [데이터 유효성 검사](🗐)를 클릭한다.

차트

난이도 상 중 하

기적의 3회독
□ 1회 □ 2회 □ 3회

문제파일 Part 1 시험 유형 따라하기₩Chapter10.xlsx
정답파일 Part 1 시험 유형 따라하기₩Chapter10_정답.xlsx

▶ 합격 강의

문제보기

"제1작업" 시트를 이용하여 조건에 따라 ≪출력형태≫와 같이 작업하시오.

조건

(1) 차트 종류 ⇒ 〈묶은 세로 막대형〉으로 작업하시오.

(2) 데이터 범위 ⇒ "제1작업" 시트의 내용을 이용하여 작업하시오.

(3) 위치 ⇒ "새 시트"로 이동하고, "제4작업"으로 시트 이름을 바꾸시오.

(4) 차트 디자인 도구 ⇒ 레이아웃 3, 스타일 1을 선택하여 ≪출력형태≫에 맞게 작업하시오.

(5) 영역 서식 ⇒ 차트 : 글꼴(굴림, 11pt), 채우기 효과(질감 – 양피지)
　　　　　　　　 그림 : 채우기(흰색, 배경1)

(6) 제목 서식 ⇒ 차트 제목 : 글꼴(굴림, 굵게, 20pt), 채우기(흰색, 배경1) 테두리

(7) 서식 ⇒ 수입 단가(단위:달러) 계열의 차트 종류를 〈표식이 있는 꺾은선형〉으로 변경한 후 보조축으로 지정하시오.
　　　　　계열 : ≪출력형태≫를 참조하여 표식(네모, 크기 10)과 레이블 값을 표시하시오.
　　　　　눈금선 : 선 스타일 – 파선
　　　　　축 : ≪출력형태≫를 참조하시오.

(8) 범례 ⇒ 범례명을 변경하고 ≪출력형태≫를 참조하시오.

(9) 도형 ⇒ '모서리가 둥근 사각형 설명선'을 삽입한 후 ≪출력형태≫와 같이 내용을 입력하시오.

(10) 나머지 사항은 ≪출력형태≫에 맞게 작성하시오.

출력형태

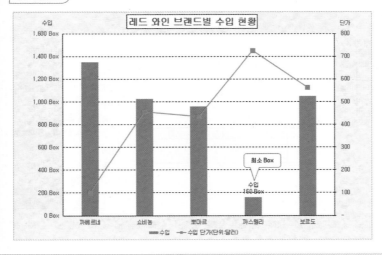

④ 텍스트를 입력하고 행 높이와 열 너비를 조절해 준다.

⑤ 결재란에 해당하는 [L16:O17] 영역을 블록 설정한 후 [홈] 탭 – [글꼴] 그룹의 테두리
설정에서 [모든 테두리](田)를 선택한다.

⑥ 결재란이 블록 설정된 상태에서 [홈] 탭 – [클립보드] 그룹 – [복사](📋)의 드롭다운
단추(▾)를 클릭하고 [그림으로 복사]를 선택한다. → [그림 복사] 대화상자가 나타나
면 [확인]을 클릭한다.

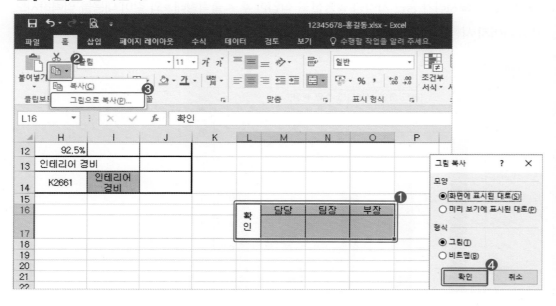

① "제1작업"의 [C5:C7] 영역을 블록 설정하고 [Ctrl]을 누르면서 [C9:C10], [C13], [F5:F7], [F9:F10], [F13], [H5:H7], [H9:H10], [H13] 영역을 블록 설정한다.

> **기적의 Tip**
>
> 차트에 사용할 데이터 범위는 《출력형태》를 보고 가로 축에 표시된 데이터와 범례에 표시된 항목을 이용하여 지정하면 된다.

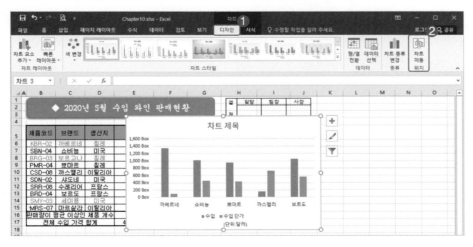

② [삽입] 탭의 [차트] 그룹에서 [세로 또는 가로 막대형](📊)을 클릭하여 [묶은 세로 막대형]을 선택한다.

③ [차트 도구] – [디자인] 탭에서 [차트 이동](📊)을 클릭한다.

② '확인'이 입력될 두 개의 셀을 블록 설정한 후 마우스 오른쪽 클릭하여 [셀 서식]을 선택한다.

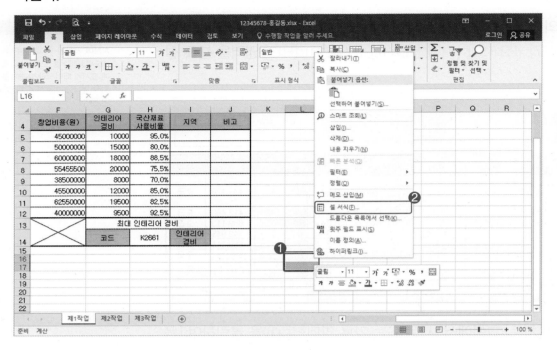

③ [셀 서식] 대화상자에서 [맞춤] 탭을 클릭하고 [방향]을 세로로 써진 '텍스트'를 선택한다. 그 다음 '셀 병합'에 체크한 후 [확인]을 클릭한다.

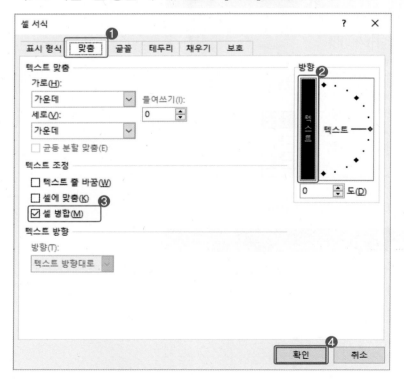

④ [차트 이동] 대화상자가 나타나면 '새 시트'를 선택하고 입력란에 『제4작업』을 입력하고 [확인]을 클릭한다.

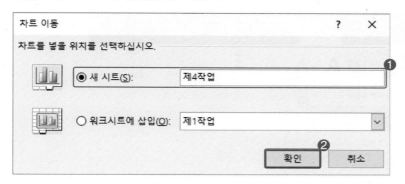

⑤ "제4작업" 시트에서 [홈] 탭 – [셀] 그룹 – [서식](📋)을 클릭하고 [시트 이동/복사]를 선택한다.

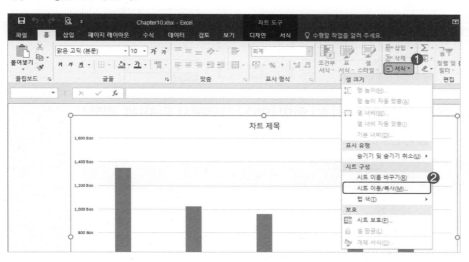

⑥ [이동/복사] 대화상자가 나타나면 '(끝으로 이동)'을 선택하고 [확인]을 클릭한다.

🎓 기적의 Tip

시트 이동
마우스로 드래그 앤 드롭해도 된다.

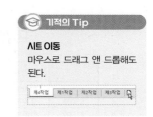

③ 도형에 그림자 효과를 지정하기 위해 [서식] 탭의 [도형 스타일] 그룹에서 [도형 효과]를 클릭한 후 [그림자] – [오프셋 오른쪽]을 선택한다.

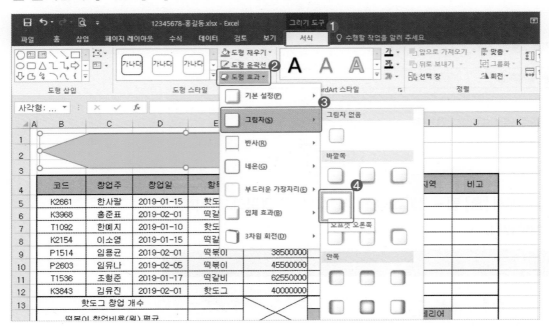

④ 도형에 『프랜차이즈 창업 현황』을 입력한 후 [홈] 탭의 [맞춤] 그룹에서 위/아래, 왼쪽/오른쪽 모두 [가운데 맞춤]을 설정한다.

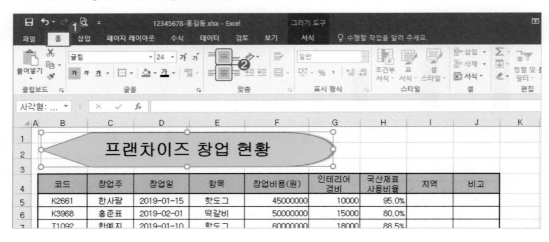

SECTION 03 **결재란 작성(그림으로 복사)**

① 결재란을 만들기 위해 내용이 입력되지 않은 행과 열 부분을 선택한다. 여기서는 [L16] 셀부터 작성한다.

① 차트 디자인을 지정하기 위해 [차트 도구] – [디자인] 탭에서 [빠른 레이아웃](▦)을 클릭하여 [레이아웃 3]을 선택한다. 그리고 [스타일 1]을 선택한다.

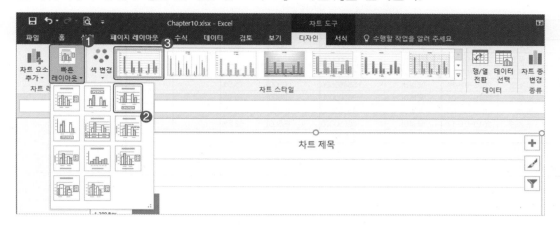

② 영역 서식을 지정하기 위해 차트 영역을 선택한 상태에서 [홈] 탭으로 이동하여 글꼴 '굴림', 크기 '11'를 설정한다.

③ [차트 도구] – [서식] 탭의 [현재 선택 영역] 그룹 – [선택 영역 서식]을 클릭한다.

⑧ 열 너비와 행 높이를 ≪출력형태≫와 같이 조절하고 숫자가 아닌 텍스트 부분은 [홈] 탭 – [맞춤] 그룹에서 가운데 맞춤(≡)한다.

코드	창업주	창업일	항목	창업비용(원)	인테리어 경비	국산재료 사용비율	지역	비고
K2661	한사랑	2019-01-15	핫도그	45000000	10000	95.0%		
K3968	홍준표	2019-02-01	떡갈비	50000000	15000	80.0%		
T1092	한예지	2019-01-10	핫도그	60000000	18000	88.5%		
K2154	이소영	2019-01-15	떡갈비	55455500	20000	75.5%		
P1514	임용균	2019-02-01	떡볶이	38500000	8000	70.0%		
P2603	임유나	2019-02-05	떡볶이	45500000	12000	85.0%		
T1536	조형준	2019-01-17	떡갈비	62550000	19500	82.5%		
K3843	김유진	2019-02-01	핫도그	40000000	9500	92.5%		
핫도그 창업 개수					최대 인테리어 경비			
떡볶이 창업비용(원) 평균					코드	K2661	인테리어 경비	

SECTION 02 제목 작성

① [삽입] 탭의 [일러스트레이션] 그룹에서 [도형](⬚)을 클릭한 후 [순서도: 화면 표시] (⬭)를 선택하고 마우스 드래그하여 도형을 그린다.

② 도형을 선택한 상태의 [홈] 탭 [글꼴] 그룹에서 글꼴은 '굴림', 크기는 '24'를 지정하고 [굵게]를 클릭한다. → [채우기 색]은 '노랑'을 선택하고 [글꼴 색]은 '검정, 텍스트 1'을 선택한다.

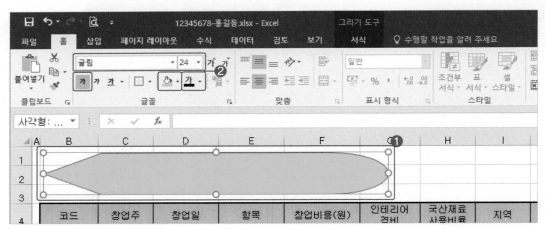

④ [차트 영역 서식] 대화상자가 나타나면 [채우기]에서 [그림 또는 질감 채우기]를 선택한 후 [질감]([📷▼])을 클릭하여 '양피지'를 선택하고 [닫기]를 클릭한다.

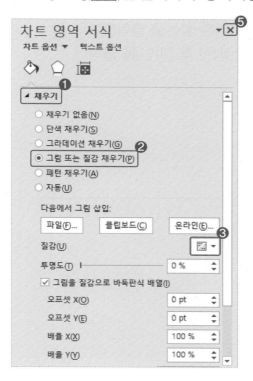

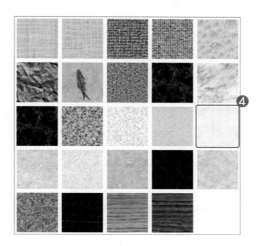

⑤ [차트 도구] – [서식] 탭에서 '그림 영역'을 선택한 후 [선택 영역 서식]을 클릭한다.

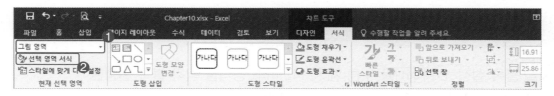

⑥ [그림 영역 서식] 탭에서 '단색 채우기'를 선택하고 '흰색, 배경 1'을 설정한다.

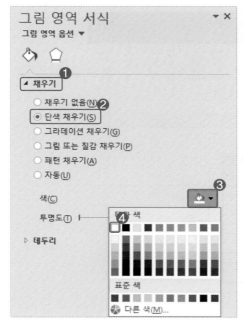

⑤ 대각선이 필요한 [F13:F14] 영역을 선택한 후 마우스 오른쪽 버튼을 클릭하여 [셀 서식]을 선택한다(Ctrl + 1).

⑥ [셀 서식] 대화상자에서 [테두리] 탭을 선택하여 선 스타일의 '가는 실선'을 클릭하고 [상향 대각선 테두리](◩), [하향 대각선 테두리](◪)를 각각 선택한 후 [확인]을 클릭한다.

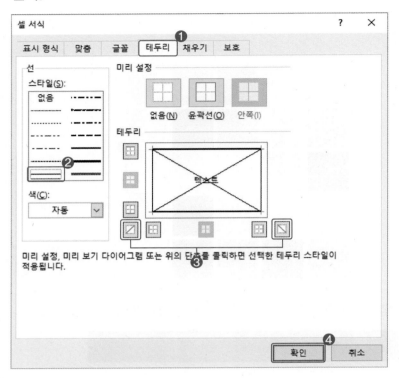

⑦ [B4:J4] 영역을 블록 설정하고 Ctrl 을 누른 채 [G14], [I14] 영역을 각각 블록 설정한다. → [홈] 탭의 [글꼴] 그룹에서 [채우기 색](◇▾)의 드롭다운 단추(▾)를 클릭하여 '주황'을 선택한다.

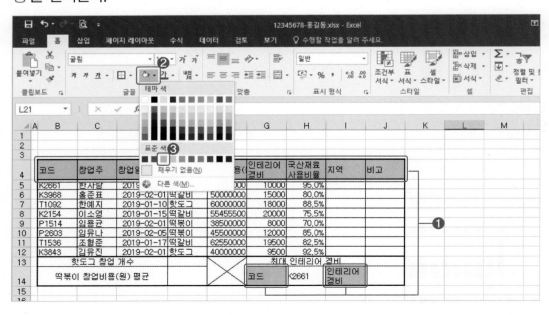

⑦ 차트 제목을 선택하여 글꼴 '굴림', 크기 '20', '굵게'로 『레드 와인 브랜드
별 수입 현황』을 입력한다.

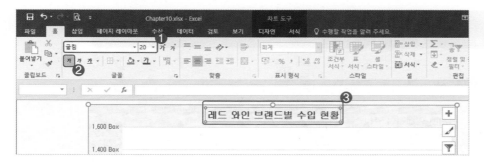

⑧ [차트 도구] – [서식] 탭의 [도형 스타일] 그룹에서 [도형 채우기]는 '흰색,
배경 1', [도형 윤곽선]은 '검정'으로 지정한다.

🎓 **기적의 Tip**

문제에서 제목 테두리 색은 지
정하지 않았으므로 적당히 구
분되는 임의의 색을 지정하도
록 한다.

SECTION 03 | 서식

① 수입 단가(단위:달러) 계열의 차트 종류를 변경하기 위해 차트 영역에서
마우스 오른쪽 클릭하여 [차트 종류 변경]을 선택한다.

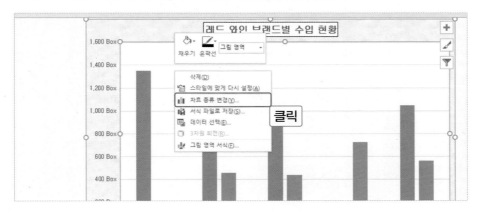

③ [B13:D13] 영역을 블록 설정하고 Ctrl 을 누른 채 [B14:D14], [F13:F14], [G13:I13] 영역을 블록 설정한 후 [홈] 탭의 [맞춤] 그룹에서 [병합하고 가운데 맞춤](圖)을 클릭한다.

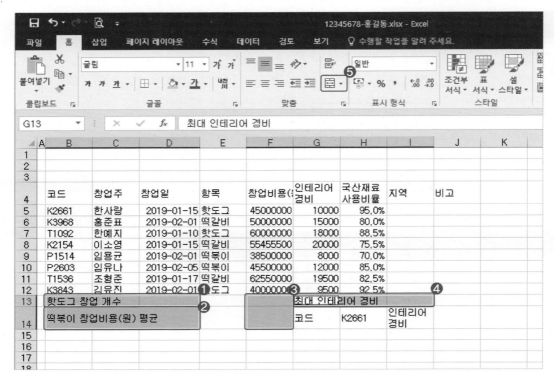

④ [B4:J4] 영역을 블록 설정하고 Ctrl 을 누른 채 [B5:J12], [B13:J14] 영역을 각각 블록 설정한다. → [홈] 탭의 [글꼴] 그룹에서 [테두리](田▼) 옆의 드롭다운 단추(▼)를 클릭하고 [모든 테두리](田)와 [굵은 바깥쪽 테두리](圖)를 선택한다.

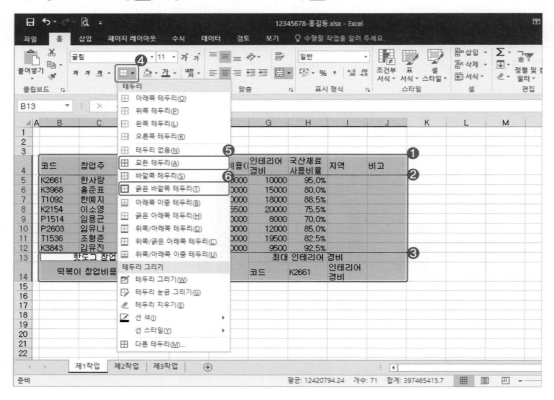

② [차트 종류 변경] 대화상자에서 '콤보'를 선택한 다음 '수입 단가(단위:달러)' 계열을 '표식이 있는 꺾은선형'으로 설정하고 [보조 축]에 체크한 후 [확인]을 누른다.

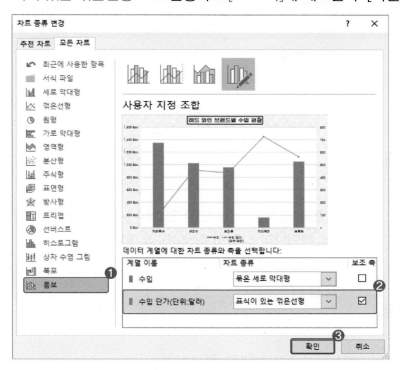

③ '수입 단가(단위:달러)' 계열을 선택한 후 마우스 오른쪽 클릭하여 [데이터 계열 서식]을 선택한다.

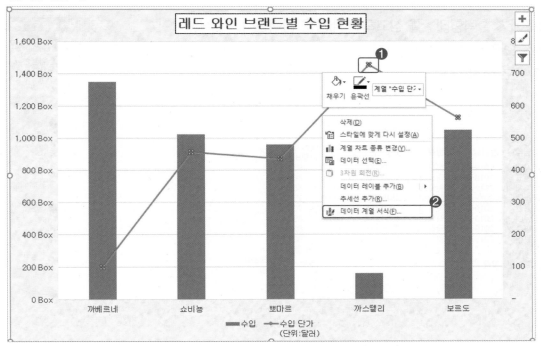

CHAPTER

02 풀이 따라하기

▶ 합격 강의

정답파일 Part 2 기출문제 따라하기₩기출문제 따라하기2.xlsx

| 제 1 작업 | 표 서식 작성 및 값 계산 | 240점 |

제1작업에서는 엑셀의 주요 기능인 표를 작성하고 조건에 따른 서식 변환 및 함수 사용 능력을 평가한다. 이어지는 작업들이 제1작업의 데이터를 기반으로 수행되므로 정확히 작성하도록 한다.

| SECTION 01 | 내용 입력과 서식 설정 |

① 본 도서 「PART01 – CHAPTER00」의 답안 작성요령 설명을 참고하여 전체 글꼴(굴림, 11pt)과 작업시트를 설정하고, 답안 파일을 "수험번호 – 성명"으로 저장한다.

② '제1작업' 시트에 ≪출력형태≫를 참고하여 내용을 입력한다. → [H5:H12] 영역은 마우스 오른쪽 클릭하여 [셀 서식]에서 [표시 형식]을 '백분율', [소수 자릿수]를 '1'로 설정한다.

> 🎓 기적의 Tip
>
> 한 셀에 두 줄을 입력할 때는 Alt + Enter 를 이용한다.

	A	B	C	D	E	F	G	H	I	J	K
1											
2											
3											
4		코드	창업주	창업일	항목	창업비용(	인테리어 경비	국산재료 사용비율	지역	비고	
5		K2661	한사랑	2019-01-15	핫도그	45000000	10000	95.0%			
6		K3968	홍준표	2019-02-01	떡갈비	50000000	15000	80.0%			
7		T1092	한예지	2019-01-10	핫도그	60000000	18000	88.5%			
8		K2154	이소영	2019-01-15	떡갈비	55455500	20000	75.5%			
9		P1514	임용균	2019-02-01	떡볶이	38500000	8000	70.0%			
10		P2603	임유나	2019-02-05	떡볶이	45500000	12000	85.0%			
11		T1536	조형준	2019-01-17	떡갈비	62550000	19500	82.5%			
12		K3843	김유진	2019-02-01	핫도그	40000000	9500	92.5%			
13		핫도그 창업 개수					최대 인테리어 경비				
14		떡볶이 창업비용(원) 평균					코드	K2661	인테리어 경비		
15											
16											
17											

④ [데이터 계열 서식] 탭에서 [채우기 및 선](◇)을 선택하고 [표식](✓)
－ [표식 옵션]을 클릭한다. → 형식을 네모(■)로 선택하고 크기는 '10'으
로 지정한다.

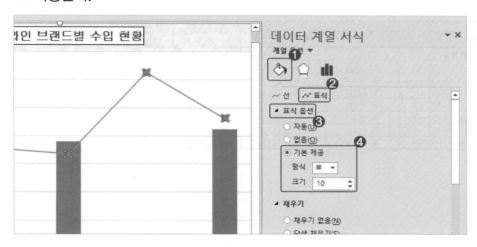

⑤ 레이블 값을 표시하기 위해 '수입' 계열의 '까스뗼리' 요소를 두 번 클릭하
여 선택한다. → [차트 도구] － [디자인] 탭의 [차트 요소 추가]를 클릭하여
[데이터 레이블] － [기타 데이터 레이블 옵션]을 선택한다.

🎓 기적의 Tip

계열 선택과 요소 선택
한 번 클릭하면 클릭한 계열이
선택되고, 한 번 더 클릭하면
요소가 선택된다.

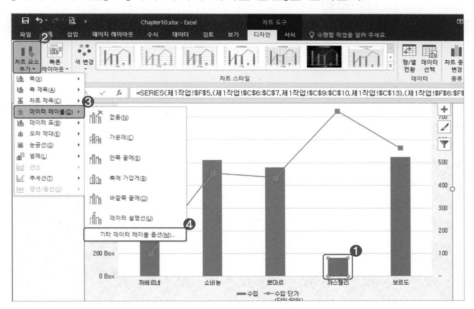

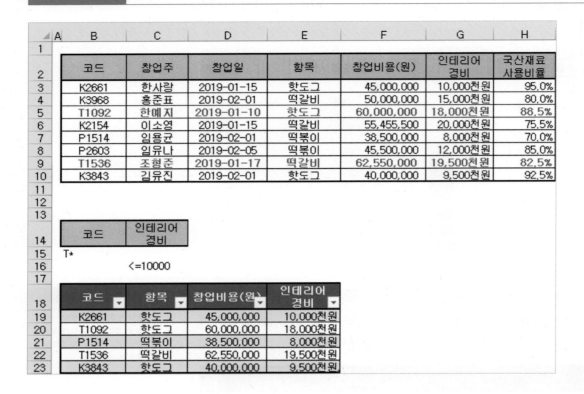

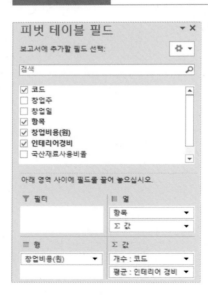

≪출력형태≫를 참고

⑥ [데이터 레이블 서식] 탭의 [레이블 옵션]에서 '계열 이름'과 '값'에 체크하고, 구분 기
호는 '(줄 바꿈)'을 선택한다.

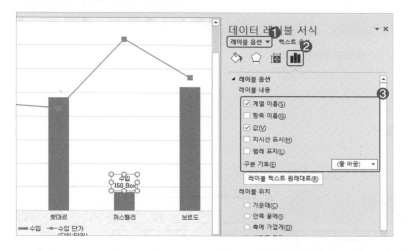

⑦ 눈금선을 마우스로 클릭하여 선택하고, 마우스 오른쪽 클릭하여 [눈금선 서식]을 선택
한다.

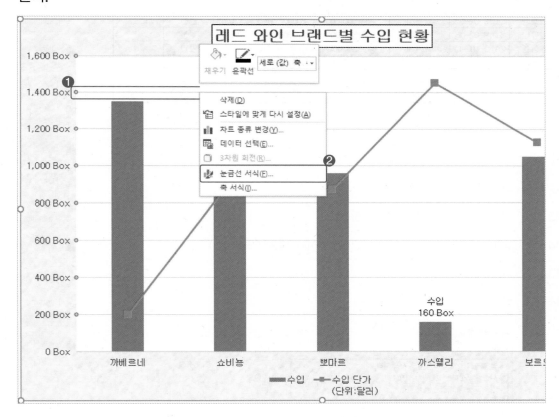

정답파일 Part 2 기출문제 따라하기\기출문제 따라하기2.xlsx

제 1 작업	표 서식 작성 및 값 계산	240점

프랜차이즈 창업 현황

확인	담당	팀장	부장

코드	창업주	창업일	항목	창업비용(원)	인테리어 경비	국산재료 사용비율	지역	비고
K2661	한사랑	2019-01-15	핫도그	45,000,000	10,000천원	95.0%	부천	1
K3968	홍준표	2019-02-01	떡갈비	50,000,000	15,000천원	80.0%	안양	6
T1092	한예지	2019-01-10	핫도그	60,000,000	18,000천원	88.5%	안산	3
K2154	이소영	2019-01-15	떡갈비	55,455,500	20,000천원	75.5%	부천	7
P1514	임용균	2019-02-01	떡볶이	38,500,000	8,000천원	70.0%	안산	8
P2603	임유나	2019-02-05	떡볶이	45,500,000	12,000천원	85.0%	부천	4
T1536	조형준	2019-01-17	떡갈비	62,550,000	19,500천원	82.5%	안산	5
K3843	김유진	2019-02-01	핫도그	40,000,000	9,500천원	92.5%	안양	2
핫도그 창업 개수			3개		최대 인테리어 경비			20,000
떡볶이 창업비용(원) 평균			42,000,000		코드	K2661	인테리어 경비	10,000

번호	기준셀	수식
(1)	I5	=CHOOSE(MID(B5,2,1),"안산","부천","안양")
(2)	J5	=RANK.EQ(H5,$H$5:$H$12)
(3)	E13	=DCOUNTA(B4:H12,4,E4:E5)
(4)	E14	=SUMIF(항목,"떡볶이",F5:F12)/COUNTIF(항목,"떡볶이")
(5)	J13	=MAX(G5:G12)
(6)	J14	=VLOOKUP(H14,B4:H12,6,0)
(7)	B5:J12	서식 규칙 편집 ? × 규칙 유형 선택(S): ► 셀 값을 기준으로 모든 셀의 서식 지정 ► 다음을 포함하는 셀만 서식 지정 ► 상위 또는 하위 값만 서식 지정 ► 평균보다 크거나 작은 값만 서식 지정 ► 고유 또는 중복 값만 서식 지정 ► 수식을 사용하여 서식을 지정할 셀 결정 규칙 설명 편집(E): 다음 수식이 참인 값의 서식 지정(O): =$F5>=60000000 미리 보기: 가나다AaBbCc 서식(F)... 확인 취소

⑧ [주 눈금선 서식] 탭에서 색을 '검정', 대시 종류를 '파선'으로 선택하고 닫는다.

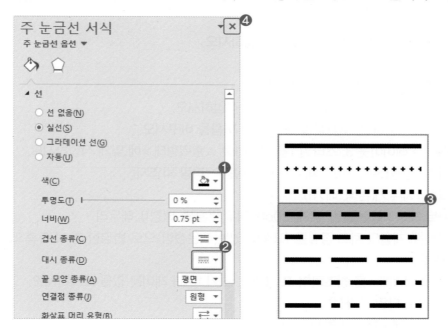

⑨ '세로 (값) 축'을 선택하고 [차트 도구] – [서식] 탭 – [도형 스타일] 그룹의 [도형 윤곽선]을 검은색으로 지정해 준다.

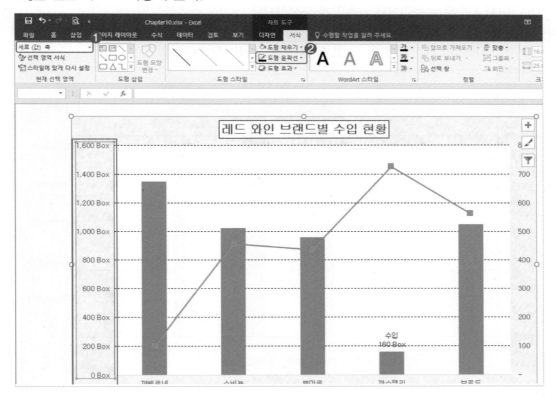

☞ "제1작업" 시트를 이용하여 조건에 따라 ≪출력형태≫와 같이 작업하시오.

조건	
	(1) 차트 종류 ⇒ 〈묶은 세로 막대형〉으로 작업하시오.
	(2) 데이터 범위 ⇒ "제1작업" 시트의 내용을 이용하여 작업하시오.
	(3) 위치 ⇒ "새 시트"로 이동하고, "제4작업"으로 시트 이름을 바꾸시오.
	(4) 차트 디자인 도구 ⇒ 레이아웃 3, 스타일 1을 선택하여 ≪출력형태≫에 맞게 작업하시오.
	(5) 영역 서식 ⇒ 차트 : 글꼴(굴림, 11pt), 채우기 효과(질감 – 파랑 박엽지)
	그림 : 채우기(흰색, 배경1)
	(6) 제목 서식 ⇒ 차트 제목 : 글꼴(굴림, 굵게, 20pt), 채우기(흰색, 배경1), 테두리
	(7) 서식 ⇒ 창업비용(원) 계열의 차트 종류를 〈표식이 있는 꺾은선형〉으로 변경한 후 보조 축으로 지정하시오.
	계열 : ≪출력형태≫를 참조하여 표식(네모, 크기 10)과 레이블 값을 표시하시오.
	눈금선 : 선 스타일 – 파선
	축 : ≪출력형태≫를 참조하시오.
	(8) 범례 ⇒ 범례명을 변경하고 ≪출력형태≫를 참조하시오.
	(9) 도형 ⇒ '모서리가 둥근 사각형 설명선'을 삽입한 후 ≪출력형태≫와 같이 내용을 입력하시오.
	(10) 나머지 사항은 ≪출력형태≫에 맞게 작성하시오.
출력형태	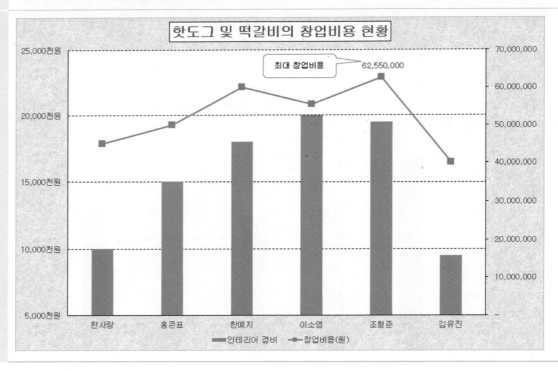

주의 시트명 순서가 차례대로 "제1작업", "제2작업", "제3작업", "제4작업"이 되도록 할 것.

⑩ 같은 방법으로 '가로 (항목) 축'과 '보조 세로 (값) 축'의 [도형 윤곽선]을 지정해 준다.

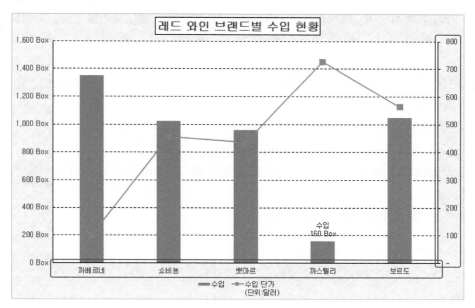

⑪ 세로 축 제목을 넣기 위해 [차트 도구] – [디자인] 탭의 [차트 요소 추가] (📊)에서 [축 제목] – [기본 세로]를 클릭한다.

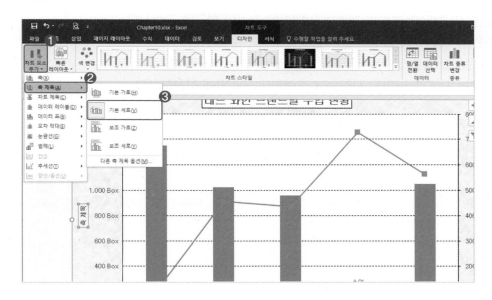

☞ "제1작업" 시트의 「B4:H12」 영역을 복사하여 "제2작업" 시트의 「B2」 셀부터 모두 붙여넣기를 한 후 다음의 조건과 같이 작업하시오.

조건	
	(1) 고급 필터 – 코드가 'T'로 시작하거나, 인테리어 경비가 '10,000' 이하인 자료의 코드, 항목, 창업비용(원), 인테리어 경비 데이터만 추출하시오. 　　　　　– 조건 범위 : 「B14」 셀부터 입력하시오. 　　　　　– 복사 위치 : 「B18」 셀부터 나타나도록 하시오. (2) 표 서식 – 고급필터의 결과셀을 채우기 없음으로 설정한 후 '표 스타일 보통 6'의 서식을 적용하시오. 　　　　　– 머리글 행, 줄무늬 행을 적용하시오.

제 3 작업 **피벗 테이블**   80점

☞ "제1작업" 시트를 이용하여 "제3작업" 시트에 조건에 따라 ≪출력형태≫와 같이 작업하시오.

조건	
	(1) 창업비용(원) 및 항목의 코드의 개수와 인테리어 경비의 평균을 구하시오. (2) 창업비용(원)을 그룹화하고, 항목을 ≪출력형태≫와 같이 정렬하시오. (3) 레이블이 있는 셀 병합 및 가운데 맞춤 적용 및 빈 셀은 '＊＊'로 표시하시오. (4) 행의 총합계는 지우고, 나머지 사항은 ≪출력형태≫에 맞게 작성하시오.

출력형태

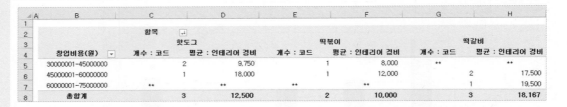

창업비용(원)	항목 ↓							
	핫도그		떡볶이		떡갈비			
	개수 : 코드	평균 : 인테리어 경비	개수 : 코드	평균 : 인테리어 경비	개수 : 코드	평균 : 인테리어 경비		
30000001-45000000	2	9,750	1	8,000	＊＊	＊＊		
45000001-60000000	1	18,000	1	12,000	2	17,500		
60000001-75000000	＊＊	＊＊	＊＊	＊＊	1	19,500		
총합계	3	12,500	2	10,000	3	18,167		

⑫ 축 제목에 마우스 오른쪽 클릭하여 [축 제목 서식]을 선택한다. → [축 제목 서식] 탭의
  [크기 및 속성](📷)을 클릭하고 텍스트 방향을 '가로'로 설정한다.

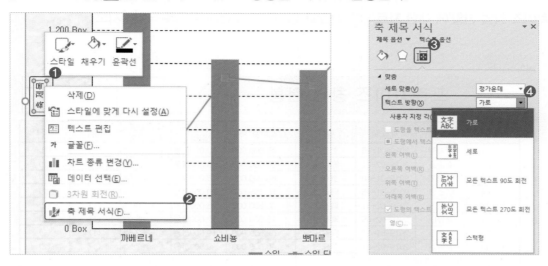

⑬ 축 제목을 『수입』으로 수정하여 입력하고 ≪출력형태≫와 동일한 위치로 이동시킨다.

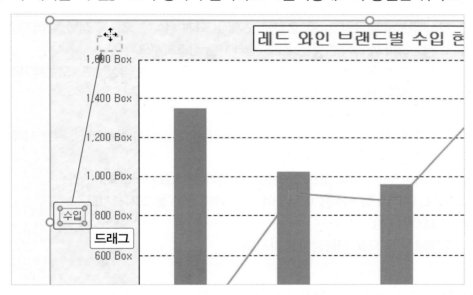

⑭ 보조 세로 축 제목 『단가』도 동일한 방법으로 [차트 요소 추가](📊)에서 [축 제
  목] – [보조 세로]를 클릭하여 추가해 준 후 ≪출력형태≫와 동일하게 조절한다.

☞ 다음은 '프랜차이즈 창업 현황'에 대한 자료이다. 자료를 입력하고 조건에 맞도록 작업하시오.

출력형태

	담당	팀장	부장
확인			

프랜차이즈 창업 현황

코드	창업주	창업일	항목	창업비용(원)	인테리어 경비	국산재료 사용비율	지역	비고
K2661	한사랑	2019-01-15	핫도그	45,000,000	10,000천원	95.0%	(1)	(2)
K3968	홍준표	2019-02-01	떡갈비	50,000,000	15,000천원	80.0%	(1)	(2)
T1092	한예지	2019-01-10	핫도그	60,000,000	18,000천원	88.5%	(1)	(2)
K2154	이소영	2019-01-15	떡갈비	55,455,500	20,000천원	75.5%	(1)	(2)
P1514	임용균	2019-02-01	떡볶이	38,500,000	8,000천원	70.0%	(1)	(2)
P2603	임유나	2019-02-05	떡볶이	45,500,000	12,000천원	85.0%	(1)	(2)
T1536	조형준	2019-01-17	떡갈비	62,550,000	19,500천원	82.5%	(1)	(2)
K3843	김유진	2019-02-01	핫도그	40,000,000	9,500천원	92.5%	(1)	(2)
핫도그 창업 개수			(3)		최대 인테리어 경비			(5)
떡볶이 창업비용(원) 평균			(4)		코드	K2661	인테리어 경비	(6)

조건

- 모든 데이터의 서식에는 글꼴(굴림, 11pt), 정렬은 숫자 및 회계 서식은 오른쪽 정렬, 나머지 서식은 가운데 정렬로 작성하며 예외적인 것은 ≪출력형태≫를 참조하시오.
- 제 목 ⇒ 도형(순서도: 화면 표시)과 그림자(오프셋 오른쪽)를 이용하여 작성하고 "프랜차이즈 창업 현황"을 입력한 후 다음 서식을 적용하시오
  (글꼴 – 굴림, 24pt, 검정, 굵게, 채우기 – 노랑).
- 임의의 셀에 결재란을 작성하여 그림으로 복사 기능을 이용하여 붙이기 하시오(단, 원본 삭제).
- 「B4:J4, G14, I14」 영역은 '주황'으로 채우기 하시오.
- 유효성 검사를 이용하여 「H14」 셀에 코드(「B5:B12」 영역)가 선택 표시되도록 하시오.
- 셀 서식 ⇒ 「G5:G12」 영역에 셀 서식을 이용하여 숫자 뒤에 '천원'을 표시하시오
  (예 : 10,000천원).
- 「E5:E12」 영역에 대해 '항목'으로 이름정의를 하시오.

☞ (1)~(6) 셀은 반드시 <u>주어진 함수</u>를 이용하여 값을 구하시오(결과값을 직접 입력하면 해당 셀은 0점 처리됨).

(1) 지역 ⇒ 코드의 두 번째 값이 1이면 '안산', 2이면 '부천', 3이면 '안양'으로 표시하시오(CHOOSE, MID 함수).
(2) 비고 ⇒ 국산재료 사용비율의 내림차순 순위를 구하시오(RANK.EQ 함수).
(3) 핫도그 창업 개수 ⇒ 결과값에 '개'를 붙이시오. 단, 조건은 입력데이터를 이용하시오
  (DCOUNTA 함수, & 연산자)(예 : 1개).
(4) 떡볶이 창업비용(원) 평균 ⇒ 정의된 이름(항목)을 이용하여 구하시오(SUMIF, COUNTIF 함수).
(5) 최대 인테리어 경비 ⇒ (MAX 함수)
(6) 인테리어 경비 ⇒ 「H14」 셀에서 선택한 코드에 대한 인테리어 경비를 구하시오(VLOOKUP 함수).
(7) 조건부 서식의 수식을 이용하여 창업비용(원)이 '60,000,000' 이상인 행 전체에 다음의 서식을 적용하시오
  (글꼴 : 파랑, 굵게).

① [차트 도구] – [디자인] 탭의 [데이터] 그룹에서 [데이터 선택](▦)을 클릭한다.

② [데이터 원본 선택] 대화상자가 나타나면 [범례 항목(계열)]의 '수입 단가(단위:달러)'를 선택한 후 [편집]을 클릭한다.

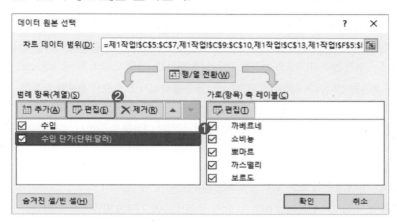

③ [계열 편집] 대화상자가 나타나면 '계열 이름'에 『수입 단가(단위:달러)』로 수정하여 입력한 후 [확인]을 클릭한다.

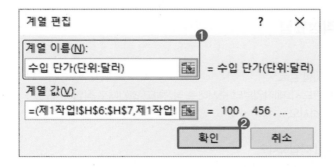

④ 다시 [데이터 원본 선택] 대화상자가 나타나면 [확인]을 클릭한다.

⑤ [삽입] 탭의 [일러스트레이션] 그룹에서 [도형] – [모서리가 둥근 사각형 설명선]을 선택한 후 ≪출력형태≫와 동일한 위치에 드래그하여 삽입한다.

과목	코드	문제유형	시험시간	수험번호	성명
한글엑셀	1122	B	60분		

수험자 유의사항

- 수험자는 문제지를 받는 즉시 문제지와 **수험표상의 시험과목(프로그램)이 동일한지 반드시 확인**하여야 합니다.
- 파일명은 본인의 "수험번호–성명"으로 입력하여 답안폴더(내 PC₩문서₩ITQ)에 하나의 파일로 저장해야 하며, 답안문서 파일명이 "수험번호–성명"과 일치하지 않거나, 답안파일을 전송하지 않아 미제출로 처리될 경우 실격 처리합니다(예:12345678–홍길동.xlsx).
- 답안 작성을 마치면 파일을 저장하고, '답안 전송' 버튼을 선택하여 감독위원 PC로 답안을 전송하십시오. 수험생 정보와 저장한 파일명이 다를 경우 전송되지 않으므로 주의하시기 바랍니다.
- 답안 작성 중에도 **주기적으로 저장하고, '답안 전송'**하여야 문제 발생을 줄일 수 있습니다. 작업한 내용을 저장하지 않고 전송할 경우 이전에 저장된 내용이 전송되니 이점 유의하시기 바랍니다.
- 답안문서는 지정된 경로 외의 다른 보조기억장치에 저장하는 경우, 지정된 시험 시간 외에 작성된 파일을 활용할 경우, 기타 통신수단(이메일, 메신저, 네트워크 등)을 이용하여 타인에게 전달 또는 외부 반출하는 경우는 부정 처리합니다.
- 시험 중 부주의 또는 고의로 시스템을 파손한 경우는 수험자가 변상해야 하며, 〈수험자 유의사항〉에 기재된 방법대로 이행하지 않아 생기는 불이익은 수험생 당사자의 책임임을 알려 드립니다.
- 문제의 조건은 MS오피스 2016 버전으로 설정되어 있으니 유의하시기 바랍니다.
- 시험을 완료한 수험자는 답안파일이 전송되었는지 확인한 후 감독위원의 지시에 따라 문제지를 제출하고 퇴실합니다.

답안 작성요령

- 온라인 답안 작성 절차
    수험자 등록 ⇒ 시험 시작 ⇒ 답안파일 저장 ⇒ 답안 전송 ⇒ 시험 종료
- 문제는 총 4단계, 즉 제1작업부터 제4작업까지 구성되어 있으며 반드시 제1작업부터 순서대로 작성하고 조건대로 작업하시오.
- 모든 작업시트의 A열은 열 너비 '1'로, 나머지 열은 적당하게 조절하시오.
- 모든 작업시트의 테두리는 ≪출력형태≫와 같이 작업하시오.
- 해당 작업란에서는 각각 제시된 조건에 따라 ≪출력형태≫와 같이 작업하시오.
- 답안 시트 이름은 "제1작업", "제2작업", "제3작업", "제4작업"이어야 하며 답안 시트 이외의 것은 감점 처리됩니다.
- 각 시트를 파일로 나누어 작업해서 저장할 경우 실격 처리됩니다.

⑥ 도형을 선택하고 [홈] 탭 – [글꼴] 그룹에서 '굴림', '11pt', '검정'을 설정한 후 『최소 Box』를 입력한다. → [맞춤] 그룹에서 위/아래, 왼쪽/오른쪽 모두 [가운데 맞춤]을 설정한다. → [채우기 색]은 '흰색'으로 선택한다.

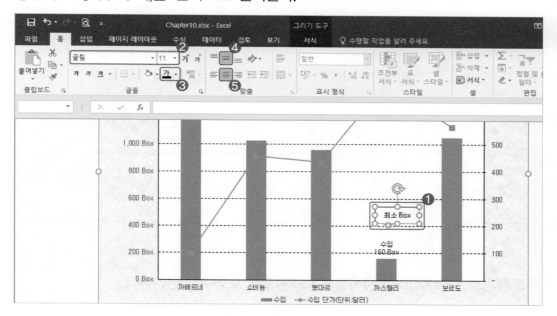

⑦ 도형의 노란색 조절점을 드래그하여 ≪출력형태≫와 동일한 모양으로 변경한다.

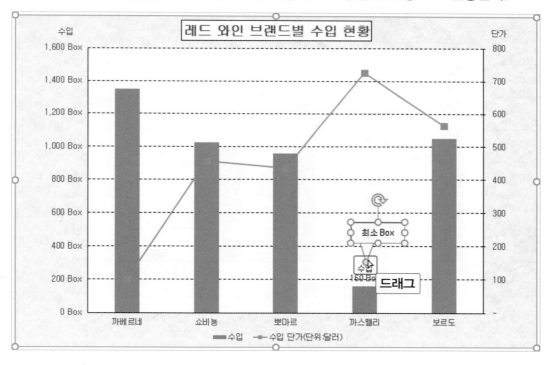

② 도형을 선택하고 [홈] 탭 – [글꼴] 그룹에서 '굴림', '11pt', '검정'을 설정한 후 『소형 SUV』를 입력한다. → [맞춤] 그룹에서 위/아래, 왼쪽/오른쪽 모두 [가운데 맞춤]을 설정한다. [채우기 색]은 '흰색'으로 선택한다.

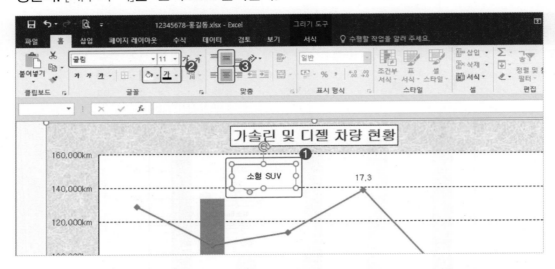

③ 도형의 노란색 조절점을 드래그하여 ≪출력형태≫와 동일한 모양으로 변경한다.

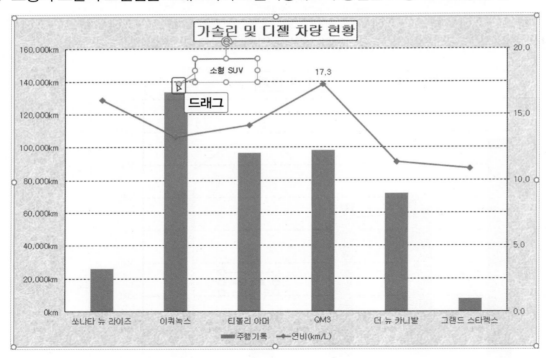

문제유형 ①   정답파일 ▶ 유형10_1번 문제.xlsx   정답파일 ▶ 유형10_1번 정답.xlsx

"제1작업" 시트를 이용하여 조건에 따라 ≪출력형태≫와 같이 작업하시오.

조건	
	(1) 차트 종류 ⇒ 〈묶은 세로 막대형〉으로 작업하시오.
	(2) 데이터 범위 ⇒ "제1작업" 시트의 내용을 이용하여 작업하시오.
	(3) 위치 ⇒ "새 시트"로 이동하고, "제4작업"으로 시트 이름을 바꾸시오.
	(4) 차트 디자인 도구 ⇒ 레이아웃 3, 스타일 1을 선택하여 ≪출력형태≫에 맞게 작업하시오.
	(5) 영역 서식 ⇒ 차트 : 글꼴(굴림, 11pt), 채우기 효과(회색 – 25%, 배경2)
	그림 : 채우기(흰색, 배경1)
	(6) 제목 서식 ⇒ 차트 제목 : 글꼴(굴림, 굵게, 20pt), 채우기(흰색, 배경1), 테두리
	(7) 서식 ⇒ 보증금 계열의 차트 종류를 〈표식이 있는 꺾은선형〉으로 변경한 후 보조 축으로 지정하시오.
	계열 : ≪출력형태≫를 참조하여 표식(다이아몬드, 크기 10)과 레이블 값을 표시하시오.
	눈금선 : 선 스타일 – 파선
	축 : ≪출력형태≫를 참조하시오.
	(8) 범례 ⇒ 범례명을 변경하고 ≪출력형태≫를 참조하시오.
	(9) 나머지 사항은 ≪출력형태≫에 맞게 작성하시오.

출력형태

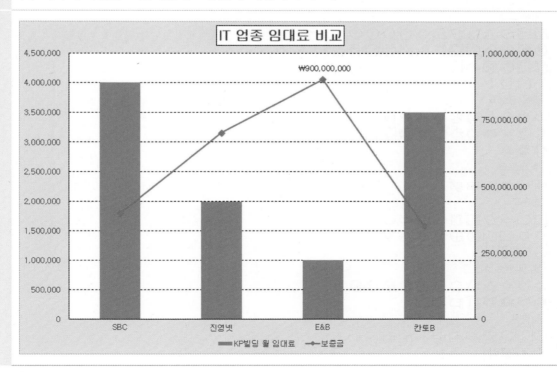

③ [계열 편집] 대화상자가 나타나면 '계열 이름'에 『연비(km/L)』로 수정하여
입력한 후 [확인]을 클릭한다.

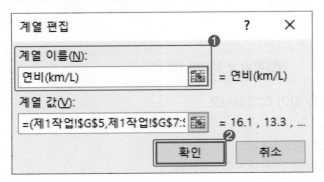

④ 다시 [데이터 원본 선택] 대화상자가 나타나면 [확인]을 클릭한다.

SECTION 06   **도형 삽입하기**

① [삽입] 탭의 [일러스트레이션] 그룹에서 [도형] – [모서리가 둥근 사각형
설명선]을 선택한 후 ≪출력형태≫와 동일한 위치에 드래그하여 삽입
한다.

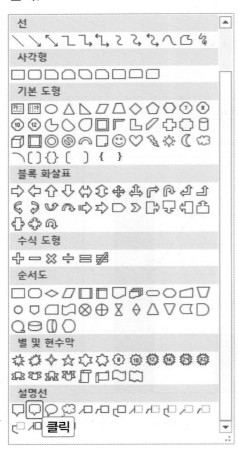

"제1작업" 시트를 이용하여 조건에 따라 ≪출력형태≫와 같이 작업하시오.

조건	
	(1) 차트 종류 ⇒ 〈묶은 세로 막대형〉으로 작업하시오.
	(2) 데이터 범위 ⇒ "제1작업" 시트의 내용을 이용하여 작업하시오.
	(3) 위치 ⇒ "새 시트"로 이동하고, "제4작업"으로 시트 이름을 바꾸시오.
	(4) 차트 디자인 도구 ⇒ 레이아웃 3, 스타일 1을 선택하여 ≪출력형태≫에 맞게 작업하시오.
	(5) 영역 서식 ⇒ 차트 : 글꼴(굴림, 11pt), 채우기 효과(질감 – 파랑 박엽지)
	그림 : 채우기(흰색, 배경1)
	(6) 제목 서식 ⇒ 차트 제목 : 글꼴(굴림, 굵게, 20pt), 채우기(흰색, 배경1), 테두리
	(7) 서식 ⇒ 매출액(원) 계열의 차트 종류를 〈표식이 있는 꺾은선형〉으로 변경한 후 보조 축으로 지정하시오.
	계열 : ≪출력형태≫를 참조하여 표식(네모, 크기 10)과 레이블 값을 표시하시오.
	눈금선 : 선 스타일 – 파선
	축 : ≪출력형태≫를 참조하시오.
	(8) 범례 ⇒ 범례명을 변경하고 ≪출력형태≫를 참조하시오.
	(9) 도형 ⇒ '모서리가 둥근 사각형 설명선'을 삽입한 후 ≪출력형태≫와 같이 내용을 입력하시오.
	(10) 나머지 사항은 ≪출력형태≫에 맞게 작성하시오.

출력형태	

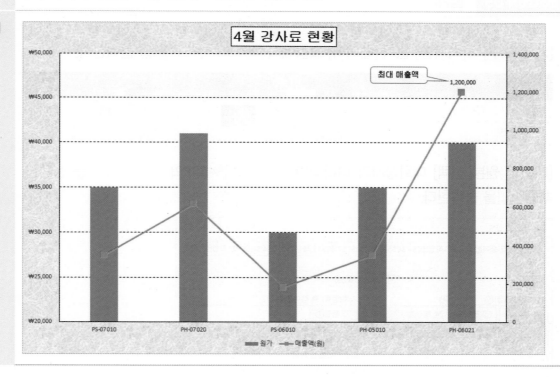

⑩ 같은 방법으로 '가로 (항목) 축'과 '세로 (값) 축'의 [도형 윤곽선]을 지정해준다.

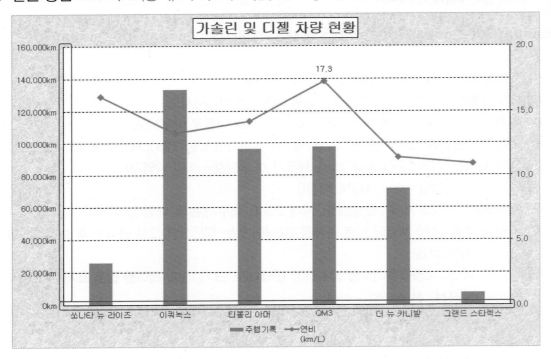

SECTION 05 | 범례

① [차트 도구] – [디자인] 탭의 [데이터] 그룹에서 [데이터 선택](🔲)을 클릭한다.

② [데이터 원본 선택] 대화상자가 나타나면 '범례 항목(계열)'의 '연비(km/L)'를 선택한 후 [편집]을 클릭한다.

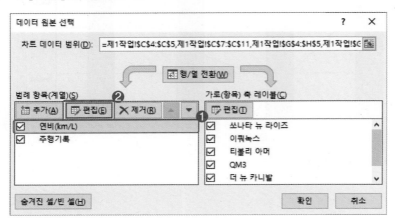

PART 02

기출문제 따라하기

⑧ '보조 세로 (값) 축'을 마우스 오른쪽 클릭한 후 [축 서식] 탭 – [축 옵션]의 '주 단위'에
『5.0』을 입력하고 탭을 닫는다.

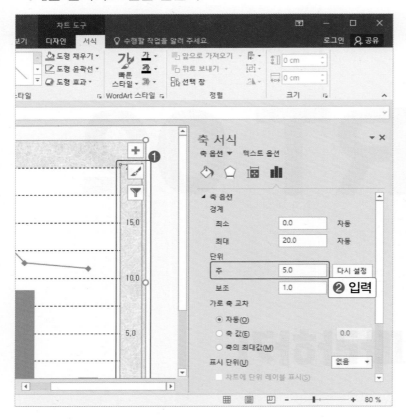

⑨ '보조 세로 (값) 축'을 선택한 상태에서 [차트 도구] – [서식] 탭 – [도형 스타일] 그룹의
[도형 윤곽선]을 검정으로 지정해 준다.

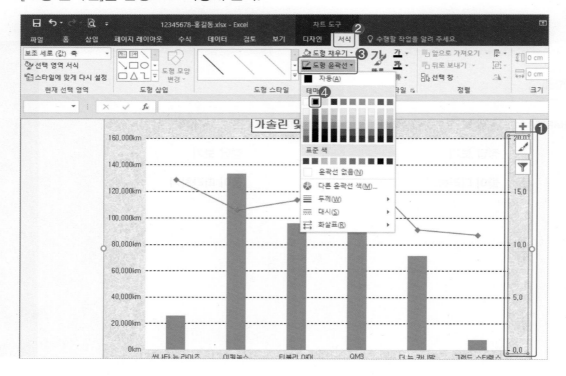

과목	코드	문제유형	시험시간	수험번호	성명
한글엑셀	1122	A	60분		

·· **수험자 유의사항** ··

- 수험자는 문제지를 받는 즉시 문제지와 **수험표상의 시험과목(프로그램)이 동일한지 반드시 확인**하여야 합니다.
- 파일명은 본인의 "수험번호–성명"으로 입력하여 답안폴더(내 PC\문서\ITQ)에 하나의 파일로 저장해야 하며, 답안문서 파일명이 "수험번호–성명"과 일치하지 않거나, 답안파일을 전송하지 않아 미제출로 처리될 경우 실격 처리합니다(예:12345678–홍길동.xlsx).
- 답안 작성을 마치면 파일을 저장하고, '답안 전송' 버튼을 선택하여 감독위원 PC로 답안을 전송하십시오. 수험생 정보와 저장한 파일명이 다를 경우 전송되지 않으므로 주의하시기 바랍니다.
- 답안 작성 중에도 **주기적으로 저장하고, '답안 전송'**하여야 문제 발생을 줄일 수 있습니다. 작업한 내용을 저장하지 않고 전송할 경우 이전에 저장된 내용이 전송되니 이점 유의하시기 바랍니다.
- 답안문서는 지정된 경로 외의 다른 보조기억장치에 저장하는 경우, 지정된 시험 시간 외에 작성된 파일을 활용할 경우, 기타 통신수단(이메일, 메신저, 네트워크 등)을 이용하여 타인에게 전달 또는 외부 반출하는 경우는 부정 처리합니다.
- 시험 중 부주의 또는 고의로 시스템을 파손한 경우는 수험자가 변상해야 하며, 〈수험자 유의사항〉에 기재된 방법대로 이행하지 않아 생기는 불이익은 수험생 당사자의 책임임을 알려 드립니다.
- 문제의 조건은 MS오피스 2016 버전으로 설정되어 있으니 유의하시기 바랍니다.
- 시험을 완료한 수험자는 답안파일이 전송되었는지 확인한 후 감독위원의 지시에 따라 문제지를 제출하고 퇴실합니다.

·· **답안 작성요령** ··

- 온라인 답안 작성 절차
  수험자 등록 ⇒ 시험 시작 ⇒ 답안파일 저장 ⇒ 답안 전송 ⇒ 시험 종료
- 문제는 총 4단계, 즉 제1작업부터 제4작업까지 구성되어 있으며 반드시 제1작업부터 순서대로 작성하고 조건대로 작업하시오.
- 모든 작업시트의 A열은 열 너비 '1'로, 나머지 열은 적당하게 조절하시오.
- 모든 작업시트의 테두리는 ≪출력형태≫와 같이 작업하시오.
- 해당 작업란에서는 각각 제시된 조건에 따라 ≪출력형태≫와 같이 작업하시오.
- 답안 시트 이름은 "제1작업", "제2작업", "제3작업", "제4작업"이어야 하며 답안 시트 이외의 것은 감점 처리됩니다.
- 각 시트를 파일로 나누어 작업해서 저장할 경우 실격 처리됩니다.

⑥ 눈금선을 마우스로 클릭하여 선택하고, 마우스 오른쪽 클릭하여 [눈금선 서식]을 선택한다.

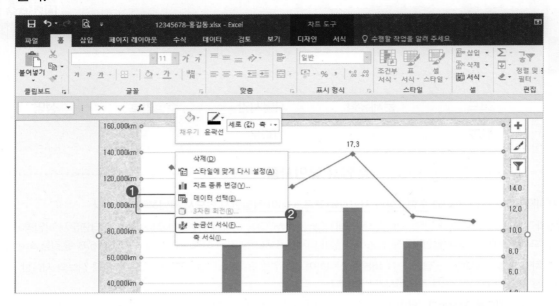

⑦ [주 눈금선 서식] 탭에서 색을 '검정', 대시 종류를 '파선'으로 선택하고 닫는다.

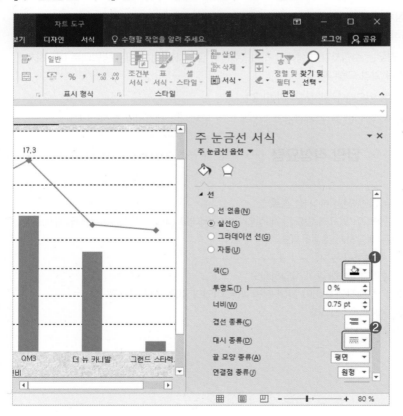
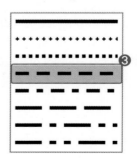

☞ 다음은 '신규 등록 중고차 상세 정보'에 대한 자료이다. 자료를 입력하고 조건에 맞도록 작업하시오.

출력형태

관리코드	모델명	연료	제조사	중고가 (만원)	연비 (km/L)	주행기록	연비 순위	직영점
HD1-002	쏘나타 뉴 라이즈	가솔린	현대	2,870	16.1	26,037	(1)	(2)
KA2-102	니로	하이브리드	기아	2,650	19.5	94,160	(1)	(2)
CB2-002	이쿼녹스	디젤	쉐보레	4,030	13.3	133,411	(1)	(2)
SY1-054	티볼리 아머	가솔린	쌍용	2,060	14.2	96,300	(1)	(2)
RN4-101	QM3	디젤	르노삼성	2,100	17.3	97,803	(1)	(2)
KA3-003	더 뉴 카니발	가솔린	기아	3,450	11.4	71,715	(1)	(2)
HD2-006	그랜드 스타렉스	디젤	현대	4,660	10.9	7,692	(1)	(2)
HD4-001	그랜저	하이브리드	현대	3,950	16.2	117,884	(1)	(2)
하이브리드 차량 연비(km/L) 평균			(3)			두 번째로 높은 중고가(만원)		(5)
가솔린 차량의 주행기록 합계			(4)			관리코드	HD1-002	연비 (km/L) (6)

제목 영역: 신규 등록 중고차 상세 정보 / 확인 담당 팀장 이사

조건

- 모든 데이터의 서식에는 글꼴(굴림, 11pt), 정렬은 숫자 및 회계 서식은 오른쪽 정렬, 나머지 서식은 가운데 정렬로 작성하며 예외적인 것은 《출력형태》를 참조하시오.
- 제 목 ⇒ 도형(양쪽 모서리가 잘린 사각형)과 그림자(오프셋 오른쪽)를 이용하여 작성하고 "신규 등록 중고차 상세 정보"를 입력한 후 다음 서식을 적용하시오 (글꼴 – 굴림, 24pt, 검정, 굵게, 채우기 – 노랑).
- 임의의 셀에 결재란을 작성하여 그림으로 복사 기능을 이용하여 붙이기 하시오(단, 원본 삭제).
- 「B4:J4, G14, I14」 영역은 '주황'으로 채우기 하시오.
- 유효성 검사를 이용하여 「H14」 셀에 관리코드(「B5:B12」 영역)가 선택 표시되도록 하시오.
- 셀 서식 ⇒ 「H5:H12」 영역에 셀 서식을 이용하여 숫자 뒤에 'km'를 표시하시오(예 : 26,037km).
- 「F5:F12」 영역에 대해 '중고가'로 이름정의를 하시오.

☞ (1)~(6) 셀은 반드시 주어진 함수를 이용하여 값을 구하시오(결과값을 직접 입력하면 해당 셀은 0점 처리됨).

(1) 연비 순위 ⇒ 연비(km/L)의 내림차순 순위를 구한 결과에 '위'를 붙이시오(RANK.EQ 함수, & 연산자)(예 : 1위).

(2) 직영점 ⇒ 관리코드의 세 번째 글자가 1이면 '서울', 2이면 '경기/인천', 그 외에는 '기타'로 구하시오 (IF, MID 함수).

(3) 하이브리드 차량 연비(km/L) 평균 ⇒ 셀서식을 이용하여 소수 둘째 자리까지 표시하시오 (SUMIF, COUNTIF 함수)(예 : 15.467 → 15.47).

(4) 가솔린 차량의 주행기록 합계 ⇒ 연료가 가솔린인 차량의 주행기록 합계를 구하시오. 단, 조건은 입력데이터를 이용하시오(DSUM 함수).

(5) 두 번째로 높은 중고가(만원) ⇒ 정의된 이름(중고가)을 이용하여 구하시오(LARGE 함수).

(6) 연비(km/L) ⇒ 「H14」 셀에서 선택한 관리코드에 대한 연비(km/L)를 구하시오(VLOOKUP 함수).

(7) 조건부 서식의 수식을 이용하여 연비(km/L)가 '16' 이상인 행 전체에 다음의 서식을 적용하시오 (글꼴 : 파랑, 굵게).

④ [데이터 계열 서식] 탭에서 [채우기 및 선]( )을 선택하고 [표식]( ) – [표식 옵션]을
   클릭한다. → '형식'을 다이아몬드(◆)로 선택하고 크기는 '10'으로 지정한다.

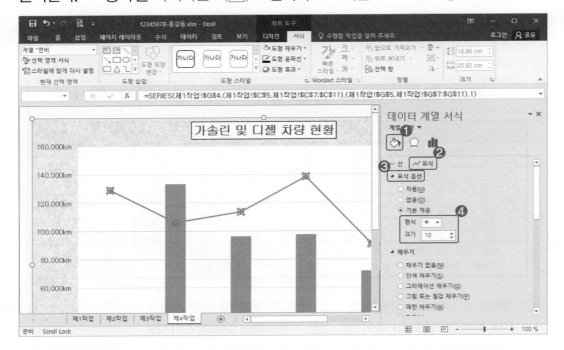

⑤ 레이블 값을 표시하기 위해 '연비(km/L)' 계열의 'QM3' 요소를 두 번 클릭하여 선
   택한다. → [차트 도구] – [디자인] 탭의 [차트 요소 추가]를 클릭하여 [데이터 레이
   블] – [위쪽]을 선택한다.

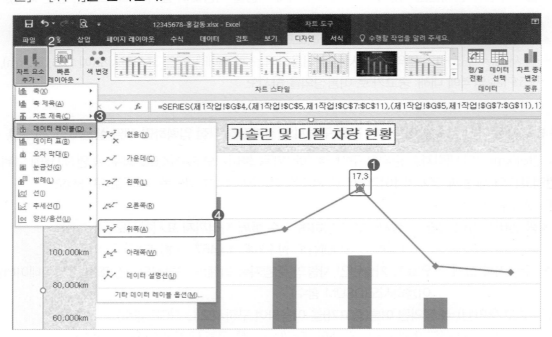

☞ "제1작업" 시트의 「B4:H12」 영역을 복사하여 "제2작업" 시트의 「B2」 셀부터 모두 붙여넣기를 한 후 다음의 조건과 같이 작업하시오.

조건

(1) 목표값 찾기 – 「B11:G11」 셀을 병합하여 "현대 자동차의 연비(km/L) 평균"을 입력한 후 「H11」 셀에 현대 자동차의 연비(km/L) 평균을 구하시오. 단, 조건은 입력데이터를 이용하시오(DAVERAGE 함수, 테두리, 가운데 맞춤).
　　　 – '현대 자동차의 연비(km/L) 평균'이 '15'가 되려면 쏘나타 뉴 라이즈의 연비(km/L)가 얼마가 되어야 하는지 목표값을 구하시오.

(2) 고급필터 – 관리코드가 'K'로 시작하거나 주행기록이 '100,000' 이상인 자료의 모델명, 연료, 중고가(만원), 연비(km/L) 데이터만 추출하시오.
　　　 – 조건 범위 : 「B14」 셀부터 입력하시오.
　　　 – 복사 위치 : 「B18」 셀부터 나타나도록 하시오.

☞ "제1작업" 시트의 「B4:H12」 영역을 복사하여 "제3작업" 시트의 「B2」 셀부터 모두 붙여넣기를 한 후 다음의 조건과 같이 작업하시오.

조건

(1) 부분합 – ≪출력형태≫처럼 정렬하고, 제조사의 개수와 중고가(만원)의 평균을 구하시오.
(2) 윤곽 – 지우시오.
(3) 나머지 사항은 ≪출력형태≫에 맞게 작성하시오.

출력형태

관리코드	모델명	연료	제조사	중고가 (만원)	연비 (km/L)	주행기록
KA2-102	니로	하이브리드	기아	2,650	19.5	94,160km
HD4-001	그랜저	하이브리드	현대	3,950	16.2	117,884km
		하이브리드 평균		3,300		
		하이브리드 개수	2			
CB2-002	이쿼녹스	디젤	쉐보레	4,030	13.3	133,411km
RN4-101	QM3	디젤	르노삼성	2,100	17.3	97,803km
HD2-006	그랜드 스타렉스	디젤	현대	4,660	10.9	7,692km
		디젤 평균		3,597		
		디젤 개수	3			
HD1-002	쏘나타 뉴 라이즈	가솔린	현대	2,870	16.1	26,037km
SY1-054	티볼리 아머	가솔린	쌍용	2,060	14.2	96,300km
KA3-003	더 뉴 카니발	가솔린	기아	3,450	11.4	71,715km
		가솔린 평균		2,793		
		가솔린 개수	3			
		전체 평균		3,221		
		전체 개수	8			

② [차트 종류 변경] 대화상자에서 '콤보'를 선택한 다음 '연비(km/L)' 계열을 '표식이 있는 꺾은선형'으로 설정하고 [보조 축]에 체크한다. → '주행기록' 계열은 '묶은 세로 막대형'으로 설정하고 [확인]을 누른다.

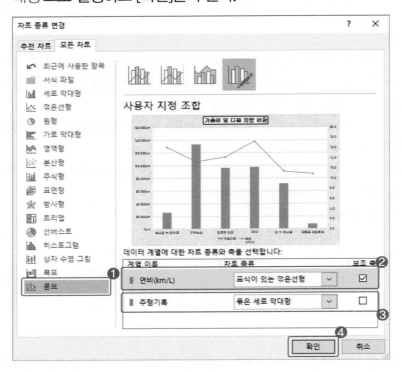

③ '연비(km/L)' 계열을 선택한 후 마우스 오른쪽 클릭하여 [데이터 계열 서식]을 선택한다.

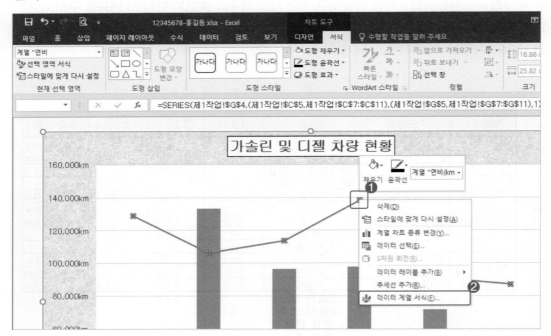

☞ "제1작업" 시트를 이용하여 조건에 따라 ≪출력형태≫와 같이 작업하시오.

조건	
	(1) 차트 종류 ⇒ 〈묶은 세로 막대형〉으로 작업하시오.
	(2) 데이터 범위 ⇒ "제1작업" 시트의 내용을 이용하여 작업하시오.
	(3) 위치 ⇒ "새 시트"로 이동하고, "제4작업"으로 시트 이름을 바꾸시오.
	(4) 차트 디자인 도구 ⇒ 레이아웃 3, 스타일 1을 선택하여 ≪출력형태≫에 맞게 작업하시오.
	(5) 영역 서식 ⇒ 차트 : 글꼴(굴림, 11pt), 채우기 효과(질감 – 파랑 박엽지)
	그림 : 채우기(흰색, 배경1)
	(6) 제목 서식 ⇒ 차트 제목 : 글꼴(굴림, 굵게, 20pt), 채우기(흰색, 배경1), 테두리
	(7) 서식 ⇒ 연비(km/L) 계열의 차트 종류를 〈표식이 있는 꺾은선형〉으로 변경한 후 보조 축으로 지정하시오.
	계열 : ≪출력형태≫를 참조하여 표식(다이아몬드, 크기 10)과 레이블 값을 표시하시오.
	눈금선 : 선 스타일 – 파선
	축 : ≪출력형태≫를 참조하시오.
	(8) 범례 ⇒ 범례명을 변경하고 ≪출력형태≫를 참조하시오.
	(9) 도형 ⇒ '모서리가 둥근 사각형 설명선'을 삽입한 후 ≪출력형태≫와 같이 내용을 입력하시오.
	(10) 나머지 사항은 ≪출력형태≫에 맞게 작성하시오.

출력형태

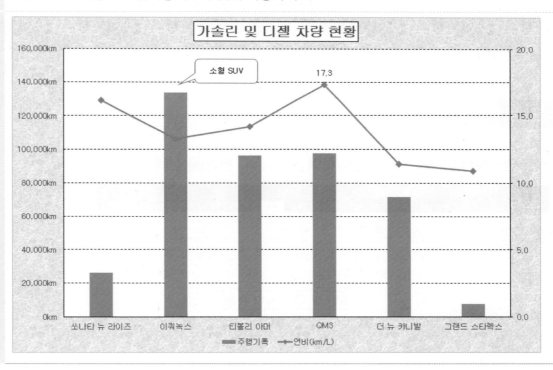

주의 시트명 순서가 차례대로 "제1작업", "제2작업", "제3작업", "제4작업"이 되도록 할 것.

① 차트 제목을 선택한 후 『가솔린 및 디젤 차량 현황』을 입력한다. → 글꼴
은 '굴림', '20pt', '굵게'를 설정하고 채우기 색은 '흰색, 배경 1'을 설정한다.

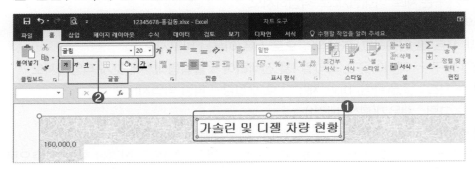

② [차트 도구] – [서식] 탭의 [도형 스타일] 그룹에서 [도형 윤곽선]을 클릭한
후 임의의 색을 지정해 준다.

🎓 **기적의 Tip**

문제에서 지시하지 않은 색은
채점대상이 아니므로 적당히
구분되는 임의의 색을 지정하
도록 한다.

① 차트 영역에서 마우스 오른쪽 클릭하여 [차트 종류 변경]을 선택한다.

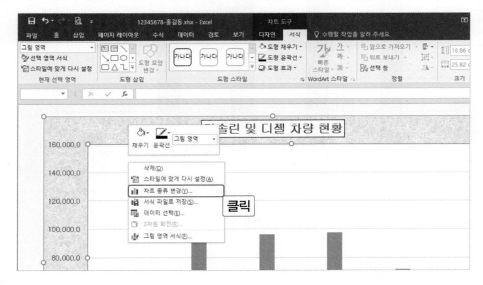

정답파일 Part 2 기출문제 따라하기₩기출문제 따라하기1.xlsx

| 제 1 작업 | 표 서식 작성 및 값 계산 | 240점 |

	A	B	C	D	E	F	G	H	I	J
1								확인	담당	팀장	이사
2			신규 등록 중고차 상세 정보								
3											
4		관리코드	모델명	연료	제조사	중고가 (만원)	연비 (km/L)	주행기록	연비 순위	직영점
5		HD1-002	쏘나타 뉴 라이즈	가솔린	현대	2,870	16.1	26,037km	4위	서울
6		KA2-102	니로	하이브리드	기아	2,650	19.5	94,160km	1위	경기/인천
7		CB2-002	이쿼녹스	디젤	쉐보레	4,030	13.3	133,411km	6위	경기/인천
8		SY1-054	티볼리 아머	가솔린	쌍용	2,060	14.2	96,300km	5위	서울
9		RN4-101	QM3	디젤	르노삼성	2,100	17.3	97,803km	2위	기타
10		KA3-003	더 뉴 카니발	가솔린	기아	3,450	11.4	71,715km	7위	기타
11		HD2-006	그랜드 스타렉스	디젤	현대	4,660	10.9	7,692km	8위	경기/인천
12		HD4-001	그랜저	하이브리드	현대	3,950	16.2	117,884km	3위	기타
13		하이브리드 차량 연비(km/L) 평균				17.85		두 번째로 높은 중고가(만원)			4,030
14		가솔린 차량의 주행기록 합계				194,052		관리코드	HD1-002	연비 (km/L)	16.1

번호	기준셀	수식
(1)	I5	=RANK.EQ(G5,$G$5:$G$12)&"위"
(2)	J5	=IF(MID(B5,3,1)="1","서울",IF(MID(B5,3,1)="2","경기/인천","기타"))
(3)	E13	=SUMIF(D5:D12,"하이브리드",G5:G12)/COUNTIF(D5:D12,"하이브리드")
(4)	E14	=DSUM(B4:H12,7,D4:D5)
(5)	J13	=LARGE(중고가,2)
(6)	J14	=VLOOKUP(H14,B5:G12,6,0)
(7)	B5:J12	서식 규칙 편집 ? × 규칙 유형 선택(S): ▶ 셀 값을 기준으로 모든 셀의 서식 지정 ▶ 다음을 포함하는 셀만 서식 지정 ▶ 상위 또는 하위 값만 서식 지정 ▶ 평균보다 크거나 작은 값만 서식 지정 ▶ 고유 또는 중복 값만 서식 지정 ▶ 수식을 사용하여 서식을 지정할 셀 결정 규칙 설명 편집(E): 다음 수식이 참인 값의 서식 지정(O): =$G5>=16 미리 보기: 가나다AaBbCc 서식(F)... 확인 취소

③ [차트 영역 서식] 탭의 [채우기]에서 '그림 또는 질감 채우기'를 선택한 후 [질감]( )
을 클릭하여 '파랑 박엽지'를 선택한다.

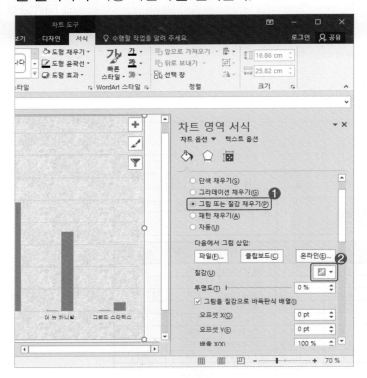
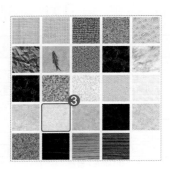

④ [차트 옵션]의 드롭다운 단추( )를 클릭하여 '그림 영역'을 선택한다. → [그림 영역
서식] 탭이 나타나면 '단색 채우기'를 클릭하고 '흰색, 배경1'을 선택한 후 [닫기]( )를
누른다.

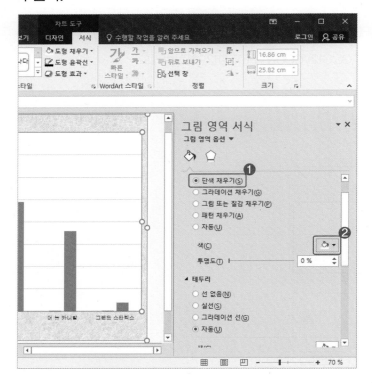

관리코드	모델명	연료	제조사	중고가 (만원)	연비 (km/L)	주행기록
HD1-002	쏘나타 뉴 라이즈	가솔린	현대	2,870	17.9	26,037km
KA2-102	니로	하이브리드	기아	2,650	19.5	94,160km
CB2-002	이쿼녹스	디젤	쉐보레	4,030	13.3	133,411km
SY1-054	티볼리 아머	가솔린	쌍용	2,060	14.2	96,300km
RN4-101	QM3	디젤	르노삼성	2,100	17.3	97,803km
KA3-003	더 뉴 카니발	가솔린	기아	3,450	11.4	71,715km
HD2-006	그랜드 스타렉스	디젤	현대	4,660	10.9	7,692km
HD4-001	그랜저	하이브리드	현대	3,950	16.2	117,884km
현대 자동차의 연비(km/L) 평균						15

관리코드	주행기록
K*	
	>=100000

모델명	연료	중고가 (만원)	연비 (km/L)
니로	하이브리드	2,650	19.5
이쿼녹스	디젤	4,030	13.3
더 뉴 카니발	가솔린	3,450	11.4
그랜저	하이브리드	3,950	16.2

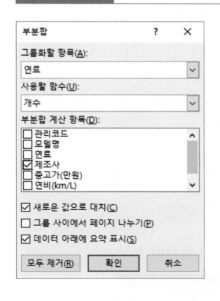

≪출력형태≫를 참고.

⑥ [차트 스타일] 그룹에서 '스타일 1'을 선택한다.

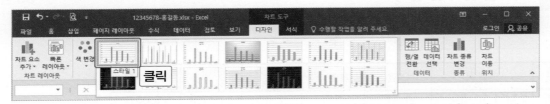

① 영역 서식을 지정하기 위해 차트 영역을 선택한 후 [홈] 탭의 [글꼴] 그룹에서 '굴림', '11pt'를 설정한다.

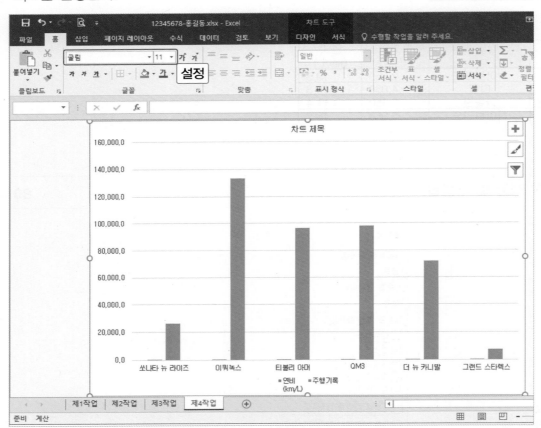

② [차트 도구] – [서식] 탭의 [현재 선택 영역] 그룹에서 [선택 영역 서식]을 클릭한다.

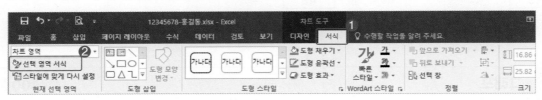

CHAPTER 01 풀이 따라하기

정답파일 Part 2 기출문제 따라하기₩기출문제 따라하기1.xlsx

제 1 작업	표 서식 작성 및 값 계산	240점

제1작업에서는 엑셀의 주요 기능인 표를 작성하고 조건에 따른 서식 변환 및 함수 사용 능력을 평가한다. 이어지는 작업들이 제1작업의 데이터를 기반으로 수행되므로 정확히 작성하도록 한다.

SECTION 01 내용 입력과 서식 설정

① 본 도서 「PART01 – CHAPTER00」의 답안 작성요령 설명을 참고하여 전체 글꼴(굴림, 11pt)과 작업시트를 설정하고, 답안 파일을 "수험번호 – 성명"으로 저장한다.

② "제1작업" 시트에 ≪출력형태≫를 참고하여 내용을 입력한다.

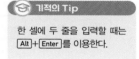

기적의 Tip
한 셀에 두 줄을 입력할 때는 Alt + Enter를 이용한다.

관리코드	모델명	연료	제조사	중고가 (만원)	연비 (km/L)	주행기록	연비 순위	직영점
HD1-002	쏘나타 뉴	가솔린	현대	2870	16.1	26037		
KA2-102	니로	하이브리드	기아	2650	19.5	94160		
CB2-002	이쿼녹스	디젤	쉐보레	4030	13.3	133411		
SY1-054	티볼리 아[	가솔린	쌍용	2060	14.2	96300		
RN4-101	QM3	디젤	르노삼성	2100	17.3	97803		
KA3-003	더 뉴 카니	가솔린	기아	3450	11.4	71715		
HD2-006	그랜드 스t	디젤	현대	4660	10.9	7692		
HD4-001	그랜저	하이브리드	현대	3950	16.2	117884		
하이브리드 차량 연비(km/L) 평균					두 번째로 높은 중고가(만원)			
가솔린 차량의 주행기록 합계					관리코드	HD1-002	연비 (km/L)	

② [차트 도구] – [디자인] 탭의 [위치] 그룹에서 [차트 이동](📊)을 클릭한다.

③ [차트 이동] 대화상자가 나타나면 '새 시트'를 선택하고 입력란에 『제4작업』을 입력한 후 [확인]을 클릭한다.

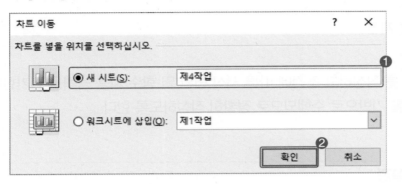

④ "제4작업" 시트를 "제3작업" 시트 뒤로 마우스 드래그하여 이동시킨다.

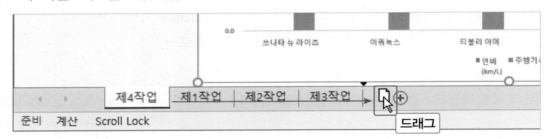

⑤ [차트 도구] – [디자인] 탭의 [차트 레이아웃] 그룹에서 [빠른 레이아웃](📊)을 눌러 '레이아웃 3'을 선택한다.

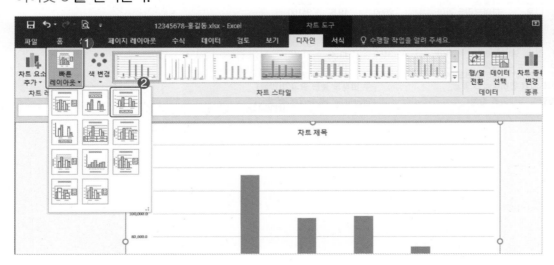

③ [B13:D13] 영역을 블록 설정하고 [Ctrl]을 누른 채 [B14:D14], [F13:F14], [G13:I13]
영역을 블록 설정한다. → [홈] 탭의 [맞춤] 그룹에서 [병합하고 가운데 맞춤](🔳)을
클릭한다.

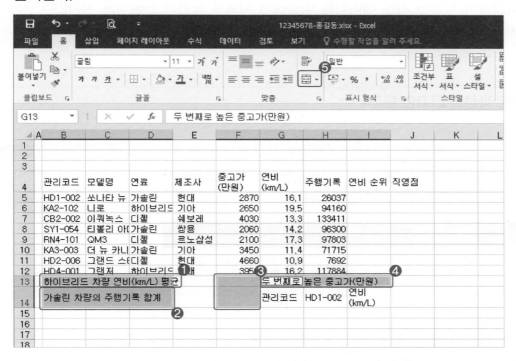

④ [B4:J4] 영역을 블록 설정하고 [Ctrl]을 누른 채 [B5:J12], [B13:J14] 영역을 각각 블록
설정한다. → [홈] 탭의 [글꼴] 그룹에서 [테두리](▦ ▾) 옆의 드롭다운 단추(▾)를 클릭
하고 [모든 테두리](⊞)와 [굵은 바깥쪽 테두리](🔲)를 선택한다.

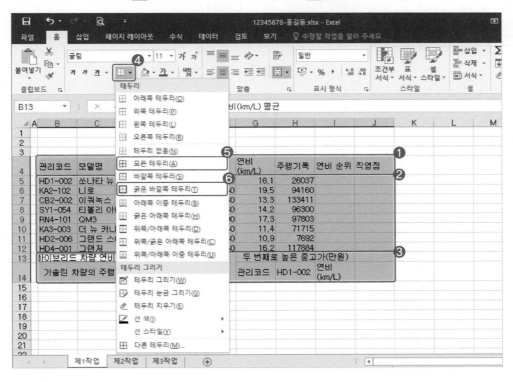

제4작업에서는 제1작업에서 작성한 기본 데이터를 이용하여 차트로 표현하는 능력을 평가한다. 차트의 종류, 차트 위치 및 서식, 차트의 옵션 등을 다루는 형태로 출제되고 있다.

SECTION 01 **차트 작성과 디자인 도구**

① "제1작업"의 [C4:C5] 영역을 블록 설정하고 Ctrl 을 누르면서 [G4:H5], [C7:C11], [G7:H11] 영역을 블록 설정한다. → [삽입] 탭의 [차트] 그룹에서 [2차원 세로 막대형]의 [묶은 세로 막대형]을 선택한다.

> **기적의 Tip**
>
> 차트에 사용할 데이터의 범위는 《출력형태》를 보고, 가로축에 표시된 데이터와 범례에 표시된 항목을 지정한다.

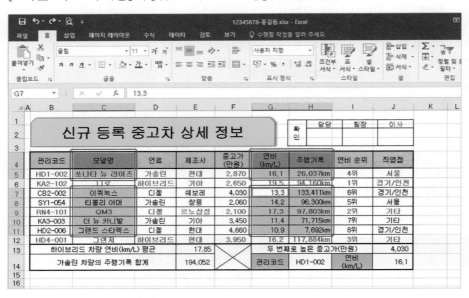

⑤ 대각선이 필요한 [F13:F14] 영역을 선택한 후 마우스 오른쪽 버튼을 클릭하여 [셀 서식]을 선택한다(Ctrl+1).

⑥ [셀 서식] 대화상자에서 [테두리] 탭을 선택하여 선 스타일의 '가는 실선'을 클릭하고 [상향 대각선 테두리](◹), [하향 대각선 테두리](◺)를 각각 선택한 후 [확인]을 클릭한다.

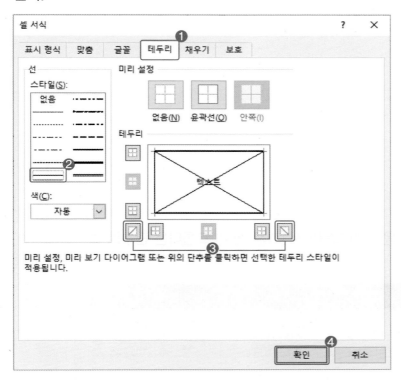

⑦ [B4:J4] 영역을 블록 설정하고 Ctrl을 누른 채 [G14], [I14] 영역을 각각 블록 설정한다. → [홈] 탭의 [글꼴] 그룹에서 [채우기 색](◇▾)의 드롭다운 단추(▾)를 클릭하여 '주황'을 선택한다.

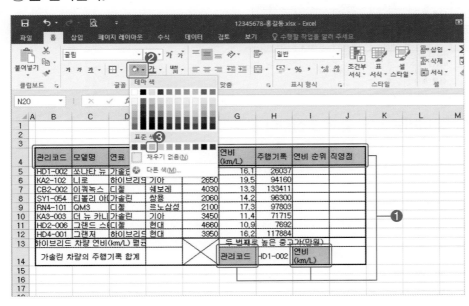

③ 다시 [데이터] 탭에서 [부분합]을 클릭하여 대화상자에서 [사용할 함수]를 '평균'으로 변경한다. → [부분합 계산 항목]에 '중고가(만원)'만 선택하고, '새로운 값으로 대치'를 클릭하여 선택해제한 후 [확인]을 클릭한다.

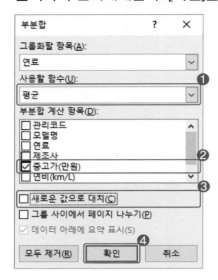

④ 윤곽을 지우기 위해 [데이터] 탭의 [윤곽선] 그룹에서 [그룹 해제] 드롭다운 단추를 클릭하고 [윤곽 지우기]를 선택한다.

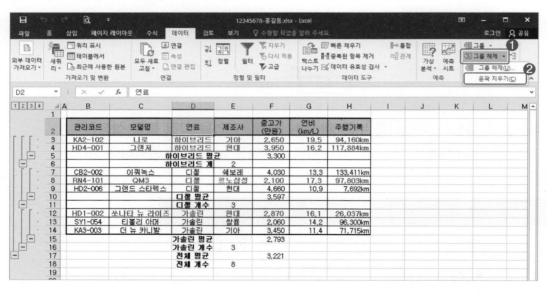

⑤ ≪출력형태≫를 참고하여 열 너비를 보기 좋게 조절한다.

⑧ 열 너비와 행 높이를 ≪출력형태≫와 같이 조절하고 숫자가 아닌 텍스트 부분은 [홈]
탭 – [맞춤] 그룹에서 가운데 맞춤(▤)한다.

관리코드	모델명	연료	제조사	중고가 (만원)	연비 (km/L)	주행기록	연비 순위	직영점
HD1-002	쏘나타 뉴 라이즈	가솔린	현대	2870	16.1	26037		
KA2-102	니로	하이브리드	기아	2650	19.5	94160		
CB2-002	이쿼녹스	디젤	쉐보레	4030	13.3	133411		
SY1-054	티볼리 아머	가솔린	쌍용	2060	14.2	96300		
RN4-101	QM3	디젤	르노삼성	2100	17.3	97803		
KA3-003	더 뉴 카니발	가솔린	기아	3450	11.4	71715		
HD2-006	그랜드 스타렉스	디젤	현대	4660	10.9	7692		
HD4-001	그랜저	하이브리드	현대	3950	16.2	117884		
하이브리드 차량 연비(km/L) 평균					두 번째로 높은 중고가(만원)			
가솔린 차량의 주행기록 합계					관리코드	HD1-002	연비 (km/L)	

SECTION 02 제목 작성

① 제목이 삽입될 [1:3]행의 머리글을 블록 설정한 후 3행과 4행 사이에서 드래그하여 행
높이를 적당한 크기로 조절한다.

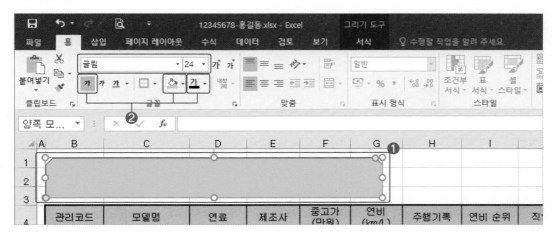

② [삽입] 탭의 [일러스트레이션] 그룹에서 [도형](▨)을 클릭한 후 [양쪽 모서리가 잘린
사각형](▱)을 선택하고 마우스 드래그하여 도형을 그린다.

③ 도형을 선택한 상태의 [홈] 탭 [글꼴] 그룹에서 글꼴은 '굴림', 크기는 '24'를 지정하고
[굵게]를 클릭한다. → [채우기 색]은 '노랑'을 선택하고 [글꼴 색]은 '검정, 텍스트 1'을
선택한다.

④ [D2] 셀(연료)을 선택한다. → [데이터] 탭의 [정렬 및 필터] 그룹에서 [텍스트 내림차순 정렬](흭)을 선택한다.

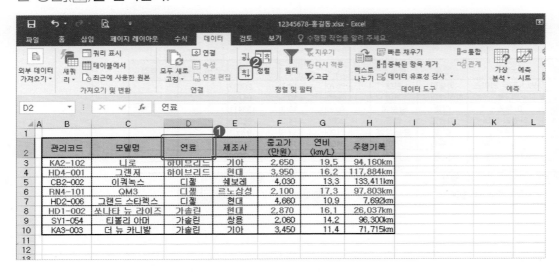

SECTION 02 **부분합**

① 표 안([B2:H10])에 셀 포인터를 두고 [데이터] 탭의 [윤곽선] 그룹에서 [부분합](圖)을 클릭한다.

② [부분합] 대화상자가 나타나면 [그룹화할 항목]에 '연료'를, [사용할 함수]에 '개수'를, [부분합 계산 항목]에 '제조사'만 선택하고 [확인]을 클릭한다.

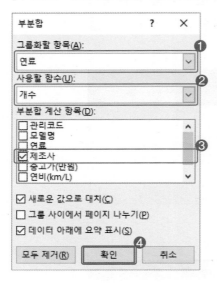

④ 도형에 그림자 효과를 지정하기 위해 [서식] 탭의 [도형 스타일] 그룹에서 [도형 효과]
를 클릭한 후 [그림자] – [오프셋 오른쪽]을 선택한다.

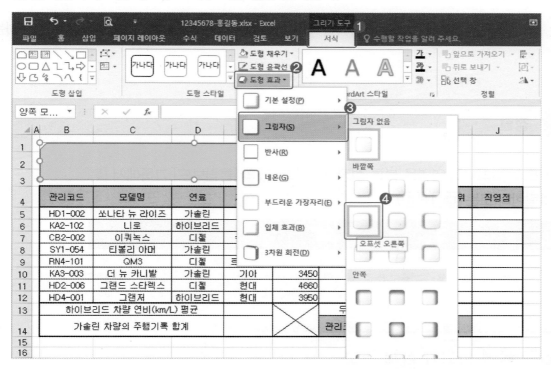

⑤ 도형에 『신규 등록 중고차 상세 정보』를 입력한 후 [홈] 탭의 [맞춤] 그룹에서 위/아래,
왼쪽/오른쪽 모두 [가운데 맞춤]을 설정한다.

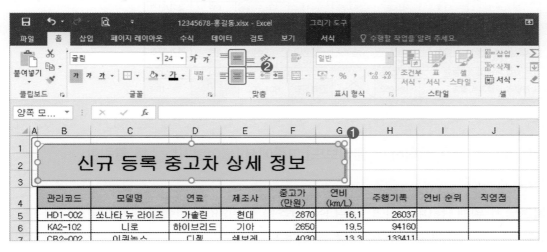

SECTION 03 **결재란 작성(그림으로 복사)**

---

① 결재란을 만들기 위해 내용이 입력되지 않은 행과 열 부분을 선택한다. 여기서는
[L16] 셀부터 작성한다.

제3작업에서는 제1작업에서 작성한 기본 데이터를 이용하여 특정 필드에 대한 합계, 평균 등을 구하는 능력을 평가한다.

SECTION 01　정렬

① "제1작업" 시트의 [B4:H12] 영역을 블록 설정한 후 [홈] 탭의 [클립보드] 그룹에서 [복사](📋)를 클릭한다(또는 Ctrl + C).

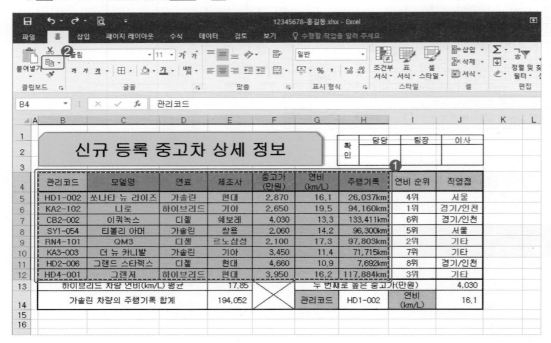

② "제3작업" 시트의 [B2] 셀을 클릭하고 [클립보드] 그룹에서 [붙여넣기](📋)를 클릭한다(또는 Ctrl + V).

③ 열 너비도 붙여넣기 위해 [붙여넣기]의 드롭다운 단추를 클릭하여 [선택하여 붙여넣기]를 선택하고 '열 너비'를 체크하여 [확인]을 클릭한다.

② '확인'이 입력될 두 개의 셀을 블록 설정한 후 마우스 오른쪽 클릭하여 [셀 서식]을 선택한다.

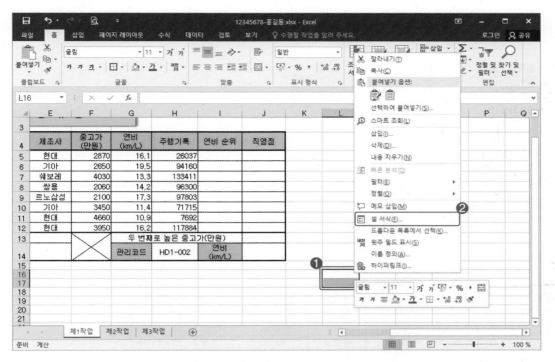

③ [셀 서식] 대화상자에서 [맞춤] 탭을 클릭하고 [방향]을 세로로 써진 '텍스트'를 선택한다. 그 다음 '셀 병합'에 체크한 후 [확인]을 클릭한다.

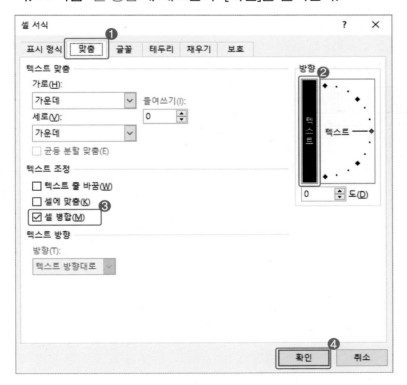

④ [고급 필터] 대화상자에서 '다른 장소에 복사'를 선택한다. → [목록 범위]에 『B2:H10』,
[조건 범위]에 『B14:C16』, [복사 위치]에 『B18:E18』을 지정한 후 [확인]을 클릭한다.

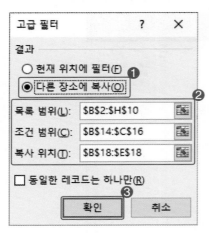

	A	B	C	D	E	F	G	H	I
1									
2		관리코드	모델명	연료	제조사	중고가 (만원)	연비 (km/L)	주행기록	
3		HD1-002	쏘나타 뉴 라이즈	가솔린	현대	2,870	17.9	26,037km	
4		KA2-102	니로	하이브리드	기아	2,650	19.5	94,160km	
5		CB2-002	이쿼녹스	디젤	쉐보레	4,030	13.3	133,411km	
6		SY1-054	티볼리 아머	가솔린	쌍용	2,060	14.2	96,300km	
7		RN4-101	QM3	디젤	르노삼성	2,100	17.3	97,803km	
8		KA3-003	더 뉴 카니발	가솔린	기아	3,450	11.4	71,715km	
9		HD2-006	그랜드 스타렉스	디젤	현대	4,660	10.9	7,692km	
10		HD4-001	그랜저	하이브리드	현대	3,950	16.2	117,884km	
11		현대 자동차의 연비(km/L) 평균						15	
12									
13									
14		관리코드	주행기록						
15		K*							
16			>=100000						
17									
18		모델명	연료	중고가 (만원)	연비 (km/L)				
19		니로	하이브리드	2,650	19.5				
20		이쿼녹스	디젤	4,030	13.3				
21		더 뉴 카니발	가솔린	3,450	11.4				
22		그랜저	하이브리드	3,950	16.2				
23									

④ 텍스트를 입력하고 행 높이와 열 너비를 조절해 준다.

⑤ 결재란에 해당하는 [L16:O17] 영역을 블록 설정한 후 [홈] 탭 – [글꼴] 그룹의 테두리 설정에서 [모든 테두리](⊞)를 선택한다.

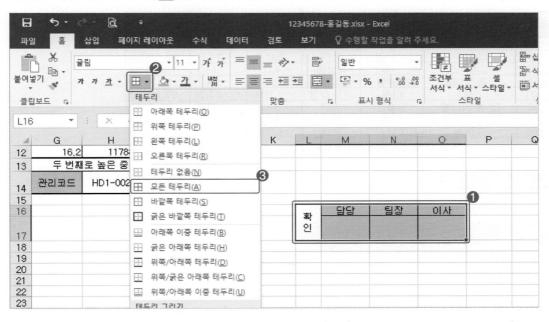

① 조건 위치를 지정하기 위해 [B2] 셀과 [H2] 셀을 복사하여 [B14] 셀에 붙여넣기한 후 [B15] 셀에 『K*』, [C16] 셀에 『>=100000』을 입력한다.

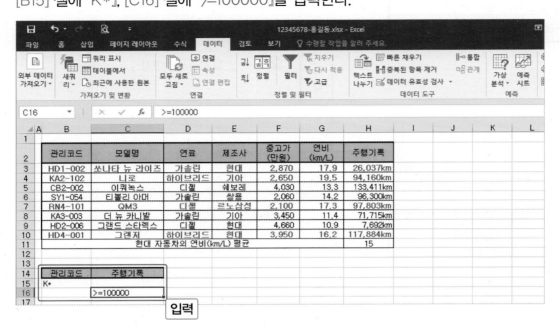

② [C2:D2] 영역을 블록 설정하고 [Ctrl]을 누른 채 [F2:G2] 영역도 블록 설정한 후 복사하여 [B18] 셀에 붙여넣기 한다.

관리코드	모델명	연료	제조사	중고가(만원)	연비(km/L)	주행기록
HD1-002	쏘나타 뉴 라이즈	가솔린	현대	2,870	17.9	26,037km
KA2-102	니로	하이브리드	기아	2,650	19.5	94,160km
CB2-002	이쿼녹스	디젤	쉐보레	4,030	13.3	133,411km
SY1-054	티볼리 아머	가솔린	쌍용	2,060	14.2	96,300km
RN4-101	QM3	디젤	르노삼성	2,100	17.3	97,803km
KA3-003	더 뉴 카니발	가솔린	기아	3,450	11.4	71,715km
HD2-006	그랜드 스타렉스	디젤	현대	4,660	10.9	7,692km
HD4-001	그랜저	하이브리드	현대	3,950	16.2	117,884km
현대 자동차의 연비(km/L) 평균						15

관리코드	주행기록		
K*			
	>=100000		

모델명	연료	중고가(만원)	연비(km/L)

붙여넣기

③ [B2:H10] 영역을 블록 설정한 후 [데이터] 탭의 [정렬 및 필터] 그룹에서 [고급]을 클릭한다.

⑥ 결재란이 블록 설정된 상태에서 [홈] 탭 – [클립보드] 그룹 – [복사](📋)의 드롭다운
단추(▼)를 클릭하고 [그림으로 복사]를 선택한다.

⑦ [그림 복사] 대화상자가 나타나면 [확인]을 클릭한다.

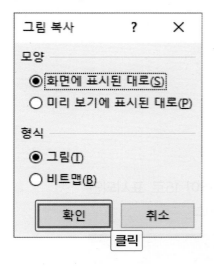

⑧ [홈] 탭 – [클립보드] 그룹의 [붙여넣기](📋)를 클릭한 후 그림의 위치를 마우스 드래
그하여 조절한다.

⑨ [H11] 셀을 선택하고 [데이터] 탭 – [예측] 그룹에서 [가상 분석] – [목표값 찾기]를 클릭한다.

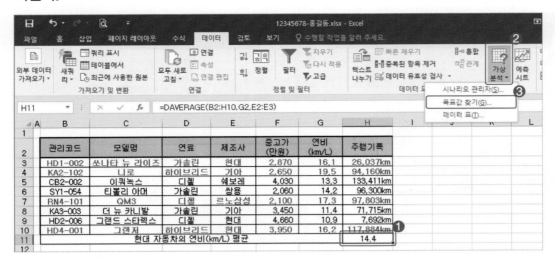

⑩ [목표값 찾기] 대화상자에서 [수식 셀]에 『H11』, [찾는 값]에 『15』, [값을 바꿀 셀]에는 『$G$3』을 입력하거나 마우스로 직접 [G3] 셀을 클릭하여 지정한 후 [확인]을 클릭한다.

⑪ 이어서 나오는 [목표값 찾기 상태] 대화상자에서 목표값과 현재값이 15로 표시되면 [확인]을 클릭한다. [G3] 셀의 값이 '17.9'로 바뀐 것을 확인할 수 있다.

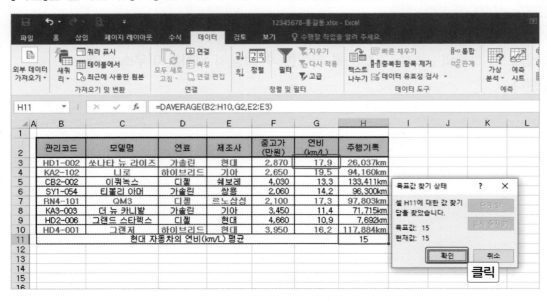

⑨ 결재란의 원본을 삭제하기 위해 [L16:O17] 영역을 블록 설정한 후 [홈] 탭 – [셀] 그룹에서 [삭제](🖳)를 클릭한다.

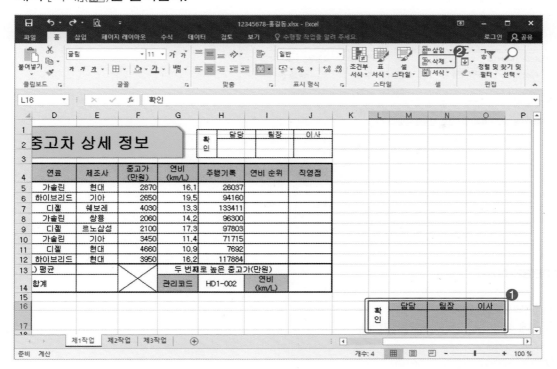

유효성 검사

① [H14] 셀을 선택하고 [데이터] 탭 – [데이터 도구] 그룹에서 [데이터 유효성 검사](🖳)를 클릭한다.

⑦ [함수 인수] 대화상자에서 [Database]에 『B2:H10』, [Field]에 『G2』, [Criteria]에 『E2:E3』을 입력한 후 [확인]을 클릭한다.

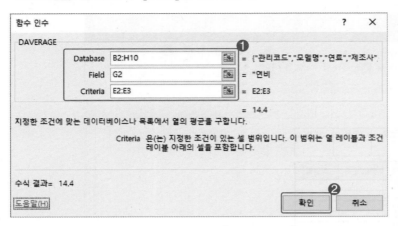

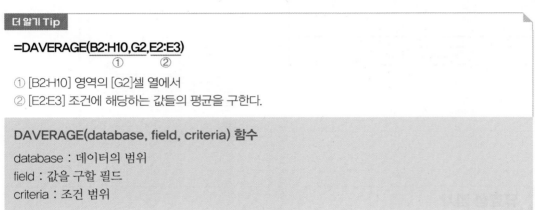

더 알기 Tip

=DAVERAGE(B2:H10,G2,E2:E3)
　　　　　　　　① 　　 ②

① [B2:H10] 영역의 [G2]셀 열에서
② [E2:E3] 조건에 해당하는 값들의 평균을 구한다.

DAVERAGE(database, field, criteria) 함수

database : 데이터의 범위
field : 값을 구할 필드
criteria : 조건 범위

⑧ [B11:H11] 영역을 블록 설정한다. → [홈] 탭 – [글꼴] 그룹에서 [테두리](⊞▾) 옆의 드롭다운 단추(▾)를 클릭하여 [모든 테두리](⊞)를 선택하고 [맞춤] 그룹에서 [가운데 맞춤](≡)을 설정한다.

② [데이터 유효성] 대화상자의 [설정] 탭에서 [제한 대상]을 '목록'으로 지정한다. [원본]의 빈 입력란을 클릭하여 커서를 위치하고 마우스로 [B5:B12] 영역을 블록 지정한 후 [확인]을 클릭한다.

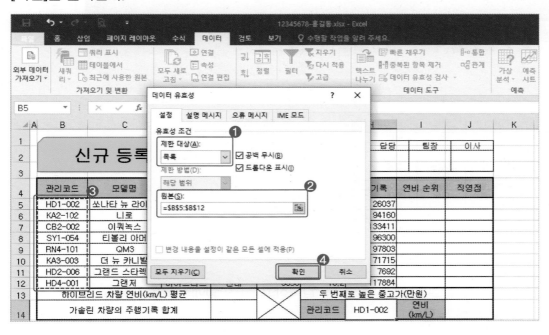

③ 데이터 유효성 검사가 적용된 [H14] 셀을 클릭하면, 콤보 단추가 표시된다. 이 단추를 누르면 [B5:B12] 영역의 셀 값이 목록으로 표시된다.

🎓 기적의 Tip

데이터 유효성 검사의 제한 대상을 '목록'으로 지정하는 경우(2가지)

– 워크시트의 셀 영역을 지정할 때는 직접 셀 영역을 드래그하면 편하다.

– 표시될 목록 값을 쉼표(,)로 구분하여 직접 입력하는 방법도 있다. 입력란이 좁아도 계속 입력할 수 있다.

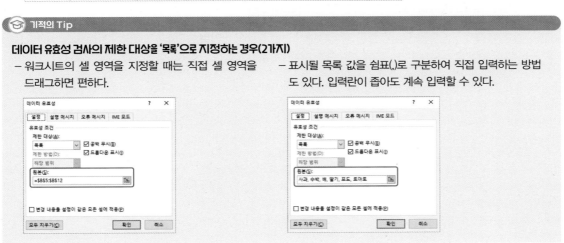

⑤ [B11:G11] 영역을 블록 설정한 후 [홈] 탭의 [맞춤] 그룹에서 [병합하고 가운데 맞춤] ()을 클릭한다.

⑥ [B11] 셀에 『현대 자동차의 연비(km/L) 평균』을 입력하고 [H11] 셀에 『=DAVERAGE』 를 입력한 후 Ctrl + A 를 누른다.

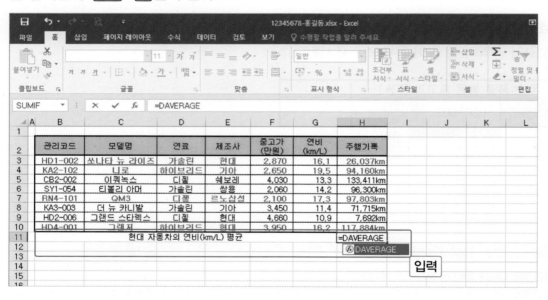

① '주행기록'에 대한 셀 서식을 지정하기 위해 [H5:H12] 영역을 블록 지정한 후 마우스 오른쪽 클릭하여 [셀 서식]을 선택한다.

② [셀 서식] 대화상자의 [표시 형식] 탭을 선택하고 '사용자 지정'을 클릭한다. → '#,##0'을 선택하고 『"km"』을 뒤에 직접 입력한 다음 [확인]을 클릭한다.

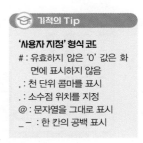

기적의 Tip

'사용자 지정' 형식 코드
: 유효하지 않은 '0' 값은 화면에 표시하지 않음
, : 천 단위 콤마를 표시
. : 소수점 위치를 지정
@ : 문자열을 그대로 표시
_ - : 한 칸의 공백 표시

③ '중고가'가 입력된 [F5:F12] 영역을 블록 지정한 후 [셀 서식]에서 [표시 형식]을 '회계', 기호는 '없음'으로 설정하여 준다.

③ 열 너비도 붙여넣기 위해 [붙여넣기]의 드롭다운 단추를 클릭하여 [선택하여 붙여넣기]를 선택한다.

④ [선택하여 붙여넣기] 대화상자에서 '열 너비'를 선택하고 [확인]을 클릭한다.

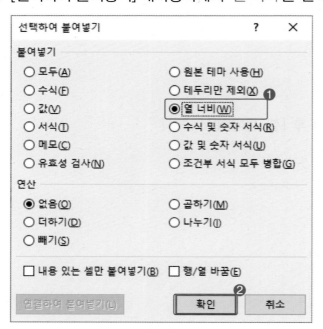

④ '연비'가 입력된 [G5:G12] 영역을 블록 지정한 후 [셀 서식]에서 [표시 형식]을 '사용자 지정'하고 『#,##0.0_ - 』로 설정하여 숫자 뒤에 공백을 한 칸 들어가게 한다.

제2작업에서는 제1작업에서 작성한 기본 데이터를 이용하여 목표값을 찾거나 정확한 조건 지정으로 필터링하는 형태의 문제들이 출제된다.

SECTION 01 목표값 찾기

① "제1작업" 시트의 [B4:H12] 영역을 블록 설정한다. → [홈] 탭의 [클립보드] 그룹에서 [복사](📋)를 클릭한다(또는 Ctrl + C).

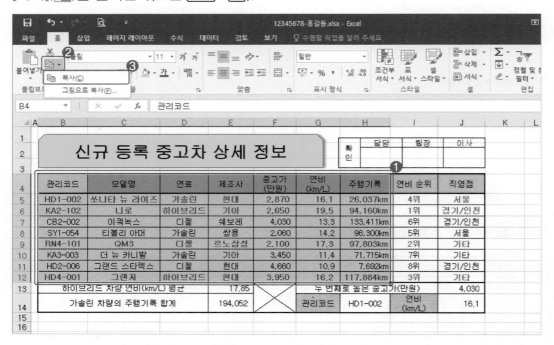

② "제2작업" 시트의 [B2] 셀을 클릭하고 [클립보드] 그룹에서 [붙여넣기](📋)를 클릭한다(또는 Ctrl + V).

① 이름 정의가 필요한 [F5:F12] 영역을 블록 설정한 후 마우스 오른쪽 클릭
하여 [이름 정의]를 선택한다.

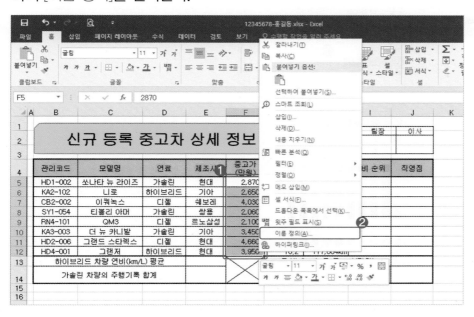

② [새 이름] 대화상자의 이름에 『중고가』를 입력하고 [확인]을 클릭한다.

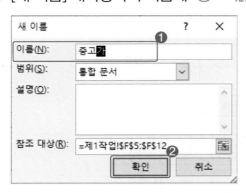

🎓 **기적의 Tip**

정의할 영역을 블록 설정한 후
[수식 입력줄] 왼쪽의 [이름 상
자]에 정의할 이름을 직접 입
력해도 된다.

🎓 **기적의 Tip**

[수식] 탭 – [정의된 이름] 그
룹 – [이름 관리자]에서 정의
된 이름을 관리할 수 있다.

③ [셀 서식] 대화상자에서 [글꼴 스타일]은 '굵게', [색]은 '파랑'으로 설정하고 [확인]을 클릭한다. 이어서 [새 서식 규칙] 대화상자에서도 [확인]을 클릭한다.

① [I5:I12] 영역을 블록 설정한 후 [수식] 탭 – [함수 삽입](fx)을 클릭한다.

② [함수 마법사] 대화상자가 나타나면 [함수 검색]에 『RANK.EQ』를 입력하여 검색을 누른다. → [함수 선택]에서 'RANK.EQ'를 선택하고 [확인]을 클릭한다.

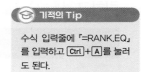

기적의 Tip

수식 입력줄에 『=RANK.EQ』를 입력하고 Ctrl + A 를 눌러도 된다.

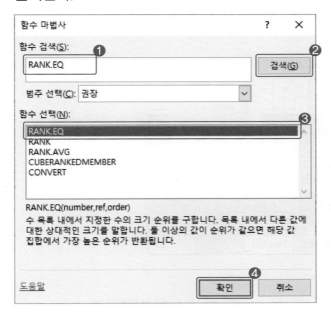

③ [함수 인수] 대화상자가 나타나면 [Number]에는 'G5'를 입력한다. → [Ref]에는 『G5』를 먼저 입력한 후 F4 를 눌러 절대주소를 만든다. → 이어서 『:G12』를 입력한 후 F4 를 눌러 절대주소를 만든다. → 마지막으로 Ctrl +[확인]을 클릭한다.

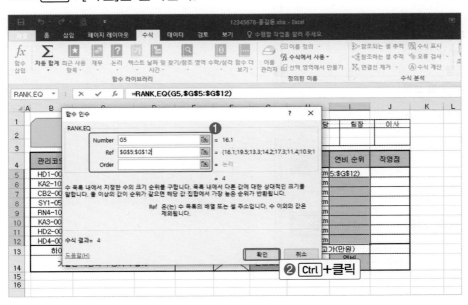

① [B5:J12] 영역을 블록 설정한 후 [홈] 탭의 [스타일] 그룹에서 [조건부 서식](📋)을 클릭하고 [새 규칙](📊)을 선택한다.

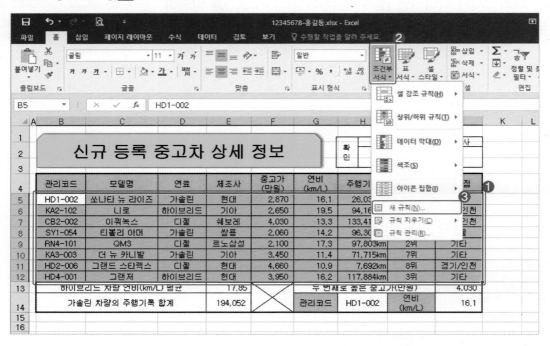

② [새 서식 규칙] 대화상자에서 '▶수식을 사용하여 서식을 지정할 셀 결정'을 선택하고 『=$G5>=16』을 입력한 후 [서식]을 클릭한다.

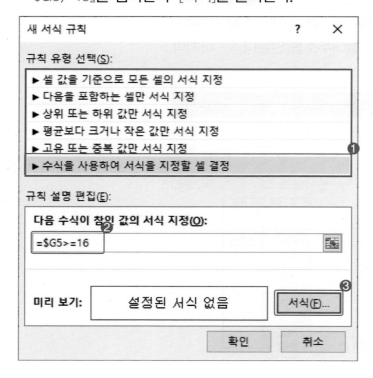

=RANK.EQ(G5,$G$5:$G$12)
         ①   ②

① [G5] 셀의 순위를
② [G5:G12] 영역 안에서 구한다.

RANK.EQ(number, ref, [order]) 함수

number : 순위를 구하려는 셀
ref : 숫자 목록의 범위
order : 순위 결정 방법을 지정. 0이거나 생략하면 내림차순, 0이 아니면 오름차순

④ [I5:I12] 영역이 블록 설정된 상태에서 수식 입력줄에 『&"위"』를 이어서 입력하고 [Ctrl]
+[Enter]를 누른다.

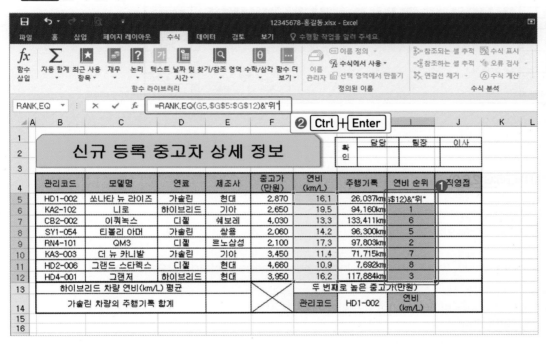

⑤ 직영점에 해당하는 [J5:J12] 영역을 블록 설정한 후 수식 입력줄에 『=IF』를 입력하고
[Ctrl]+[A]를 누른다.

⑬ [J14] 셀에 『=VLOOKUP』를 입력하고 [Ctrl]+[A]를 누른다. → [함수 인수] 대화상자에
서 [Lookup_value]에 『H14』, [Table_array]에 『B5:G12』, [Col_index_num]에 『6』,
[Range_lookup]에 『0』을 입력한 후 [확인]을 클릭한다.

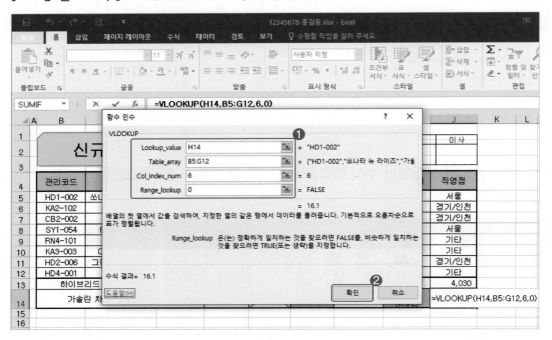

더 알기 Tip

=VLOOKUP(H14,B5:G12,6,0)
           ①   ②

① [H14] 셀에 있는 값을 B열에서 조회하여
② 해당하는 행의 6번째 열에 있는 값을 반환한다.

VLOOKUP(lookup_value, table_array, col_index_num, [range_lookup]) 함수

lookup_value : 조회하려는 값
table_array : 조회 값이 있는 범위(조회 값이 B열에 있으면 B로 시작)
col_index_num : 반환 값이 포함된 범위의 열 번호
[range_lookup] : 0(FALSE)이면 정확히 일치, 1(TRUE 또는 생략)이면 근사값 반환

⑥ [Logical_test]에 『MID(B5,3,1)="1"』, [Value_if_true]에 『"서울"』, [Value_if_false]에
『IF(MID(B5,3,1)="2","경기/인천","기타")』를 입력하고 Ctrl+[확인]을 클릭한다.

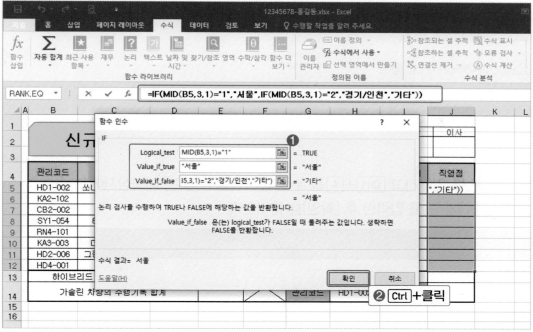

=IF(MID(B5,3,1)="1","서울",IF(MID(B5,3,1)="2","경기/인천","기타"))
　　　　　　　　　①　　　　　　　　　　　　　　　　②　　　　　　　　③

① [B5] 셀의 텍스트 중 세번째 글자가 "1"이면 "서울"을 반환한다.
② "2"이면 "경기/인천"을 반환한다.
③ "1"이나 "2"가 아니면 "기타"를 반환한다.

MID(text, start_num, num_chars) 함수

text : 추출할 문자가 들어 있는 문자열
start_num : 텍스트에서 추출할 첫 문자의 위치
num_chars : 텍스트에서 반환할 문자의 개수

⑦ 하이브리드 차량 연비 평균을 구하기 위해 [E13] 셀을 선택하고 『=SUMIF』를 입력 후
Ctrl+A를 누른다.

=DSUM(B4:H12,7,D4:D5)
　　　　　①　　②

① [B4:H12] 영역의 7번째 열인 '주행기록'에서
② 연료가 '가솔린'인 것만 합계를 낸다.

DSUM(database, field, criteria) 함수

database : 지정할 셀 범위
field : 함수에 사용되는 열 위치를 숫자 또는 텍스트로 지정
criteria : 지정한 조건이 있는 셀 범위

⑫ [J13] 셀에 『=LARGE』를 입력하고 Ctrl + A 를 누른다. → [함수 인수] 대화상자에서 [Array]에 『중고가』, [K]에 『2』를 입력한 후 [확인]을 클릭한다.

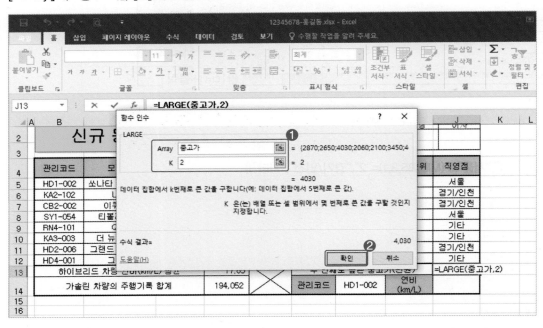

=LARGE(중고가,2)
　　　　①　　②

① 중고가로 이름 정의한 데이터 중에서
② 2번째로 큰 값을 반환

LARGE(array, k) 함수

array : 데이터 범위
k : 범위에서 가장 큰 값을 기준으로 한 상대 순위

⑧ [Range]에 『D5:D12』, [Criteria]에 『"하이브리드"』, [Sum_range]에 『G5:G12』를 입력하고 [확인]을 클릭한다.

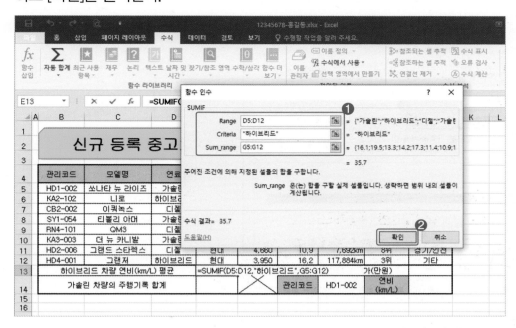

⑨ [E13] 셀의 수식에 『/COUNTIF』를 이어서 입력하고 Ctrl + A 를 누른다. → [함수 인수] 대화상자에서 [Range]에 『D5:D12』, [Criteria]에 『"하이브리드"』를 입력하고 [확인]을 누른다.

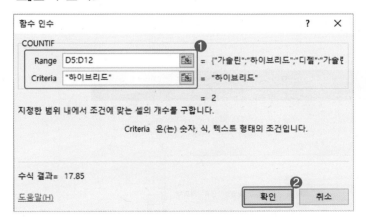

더 알기 Tip

=SUMIF(D5:D12,"하이브리드",G5:G12)/COUNTIF(D5:D12,"하이브리드")
　　　　　　　②　　　　　　　　　　　　　　　　②

① [D5:D12] 범위에서 "하이브리드"인 것의 연비를 찾아 모두 합한다.
② 그것을 "하이브리드"의 개수를 구해 나눈다.

SUMIF(range, criteria, [sum_range]) 함수

range : 조건을 적용할 셀 범위
criteria : 추가할 셀을 정의하는 조건
sum_range : range 인수에 지정되지 않은 셀을 추가할 때

⑩ [E13] 셀에서 마우스 오른쪽 클릭하여 [셀 서식]을 선택한다. → 대화상자에서 [범주]를 '숫자'로 선택하고 소수 자릿수를 '2'로 설정한 후 [확인]을 누른다.

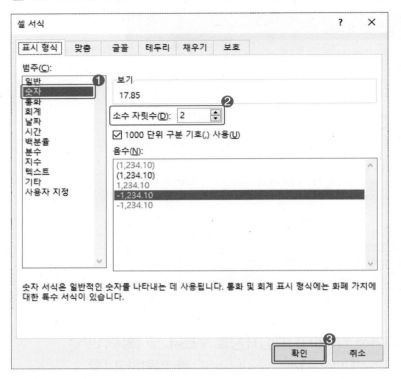

⑪ [E14] 셀에서 『=DSUM』을 입력하고 [Ctrl]+[A]를 누른다. → [함수 인수] 대화상자에서 [Database]에 『B4:H12』, [Field]에 『7』, [Criteria]에 『D4:D5』를 입력하고 [확인]을 누른다.

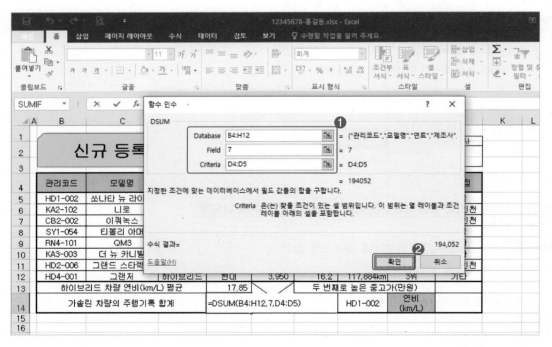